中英文对照

Chinese/English

天津滨海新区统计年鉴2023

TIANJIN BINHAI NEW AREA STATISTICAL YEARBOOK

• 天津市滨海新区统计局 编

∘ Compiled by Tianjin Binhai New Area Bureau of Statistics

中国统计出版社
China Statistics Press

图书在版编目（CIP）数据

天津滨海新区统计年鉴. 2023 = Tianjin Binhai New Area Statistical Yearbook 2023 : 汉英对照 / 天津市滨海新区统计局编. -- 北京 : 中国统计出版社, 2023.12
ISBN 978-7-5230-0333-6

Ⅰ. ①天… Ⅱ. ①天… Ⅲ. ①统计资料—滨海新区—2023—年鉴—汉、英 Ⅳ. ①C832.213-54

中国国家版本馆CIP数据核字(2023)第217551号

天津滨海新区统计年鉴 2023

作　　者／天津市滨海新区统计局
责任编辑／张　洁
封面设计／黄　晨
彩页设计／李雪燕
出版发行／中国统计出版社有限公司
地　　址／北京市丰台区西三环南路甲6号　邮政编码/100073
电　　话／邮购（010）63376909　书店（010）68783171
网　　址／http://www.zgtjcbs.com
印　　刷／鑫艺佳利（天津）印刷有限公司
经　　销／新华书店
开　　本／880mm×1230mm　1/16
字　　数／450千字
印　　张／14.5　彩页0.5
版　　别／2023年12月第1版
版　　次／2023年12月第1次印刷
定　　价／392.00元

本书附同版本CD-ROM一张，光盘内容以书面文字为准。
如有印装差错，由本社发行部调换。

滨海新地标
New Landmark of Binhai New Area

滨海一中关村科技园
Binhai - Zhongguancun Science Park

京津合作示范区
Beijing-Tianjin Cooperation Demonstration Zone

经开区中心商务片区
Central Business District of TEDA

天津经济技术开发区第一小学二部
Tianjin Economic-Technological Development Area No.1 Primary School Branch

临港湿地公园
Lingang Wetland Park

王府井奥莱·新燕莎小镇
Wangfujing Outlets · New Yansha Town

东疆亲海公园
Dongjiang Qinhai Park

东疆东部沿海岸线
Dongjiang East Coastal Line

中新天津生态城和睦路樱花
Cherry Blossoms on Harmony Road of China-Singapore Tianjin Eco-city

中新天津生态城百旗广场
Baiqi Square of China-Singapore Tianjin Eco-city

故道河
Gudao River

中航直升机飞行表演
AVIC Helicopter Flight Show

云账户技术（天津）有限公司
Cloud Account Technology (Tianjin) Co., Ltd.

曙光信息产业股份有限公司
Dawning Information Industry Co.,Ltd.

《天津滨海新区统计年鉴 2023》

编辑委员会

Tianjin Binhai New Area Statistical Yearbook 2023

Editorial Board and Staff

编者说明

一、《天津滨海新区统计年鉴》是一部全面反映天津滨海新区经济和社会发展情况的权威性工具书，创刊于2000年，以后逐年出版。年鉴以其丰富翔实的统计数据全面反映滨海新区经济和社会发展情况，为社会各界了解、认识滨海新区提供科学的参考依据。

二、2023版《天津滨海新区统计年鉴》分十二篇，系统收录了天津滨海新区2022年经济和社会各方面的统计数据，以及其他重要历史年份的主要统计数据。为方便读者使用，书后附有统计指标解释。全书中英文对照，配有光盘。

三、年鉴中的主要统计数据来源于统计系统的统计年报、少部分来源于滨海新区有关部门及市相关部门的统计资料。

四、年鉴中所使用的度量衡单位均采用国际统一标准计量单位，行业分类标准均采用国家标准GB/T 4754-2017。

五、年鉴中数据合计数和相对数由于四舍五入取舍不同而产生的计算误差，均未做机械调整。

六、年鉴中“空格”表示该项统计指标无数据、数据不足表中最小单位或数据不详，“#”表示其中的主要项。

七、由于统计方法制度的变化以及与不同年份有关专业的普查、调查、清查结果数据相衔接等原因，年鉴中部分指标的历史年度数据会有所调整，读者在使用以往的历史资料时，凡数据与本年鉴不一致的均以本年鉴为准。

八、《天津滨海新区统计年鉴》在编辑过程中，得到了市、区有关部门和单位的大力支持，在此致以真诚的谢意！限于我们编辑水平和经验的欠缺，不足之处，敬请广大读者给予批评指正。

Preface

Ⅰ. *Tianjin Binhai New Area Statistical Yearbook* is a statistics publication to reflect various aspects of Tianjin Binhai New Area's economic and social development, which was started in 2000 and published by year after. With plentiful and detailed statistical materials, the yearbook shows us basic condition of Binhai New Area's economic and social development, and provides scientific references for people to know Binhai New Area.

Ⅱ. *Tianjin Binhai New Area Statistical Yearbook 2023* is complied by 12 chapters, including data of Tianjin Binhai New Area's economic and social development in 2022, and main statistical indicators in other important historical years. In order to help readers using these statistical materials better, *Explanatory Notes on Main Statistical Indicators* are attached after. The book is written in Chinese & English, and is equipped with electric CD.

Ⅲ. The major data sources of this book are annual statistical report of statistics system, a few from statistics data of Binhai New Area's departments and related municipal departments.

Ⅳ. The units of measurement used in this book are internationally standard measurement units; sector listed is classified by the standard of GB/T 4754-2017.

Ⅴ. Statistical discrepancies due to rounding are not adjusted in this book.

Ⅵ. In this yearbook, {(blank)} indicates the data not available or the figure is not large enough to be measured with the smallest unit in the table. "#" indicates the major items of the total.

Ⅶ. As a result of change of statistics institution and keeping consistent with data of census, surveys and checks, some data in this yearbook are different from former yearbooks. When using historical data, users should take the data of this book as standard.

Ⅷ. In the editing process of *Tianjin Binhai New Area Statistical Yearbook*, we have been concerned and supported by the related departments and units. We deeply thanks for this all. Based on our limited level, perhaps there are some mistakes in this book, we welcome all of the readers give us your criticism.

篇目索引

篇　目	起始页码

SUBJECT INDEX

SUBJECTS		PAGE

目　录
CONTENTS

2022 年天津市滨海新区国民经济和社会发展统计公报
Statistical Communique on the 2022 National Economic and Social Development of Tianjin Binhai New Area

第一篇　综　合
Chapter 1　General Survey

第二篇　人口、就业和劳动工资
Chapter 2　Population, Employment and Labor Wages

第三篇　农　业
Chapter 3　Agriculture

第四篇　工　业
Chapter 4　Industry

第五篇　固定资产投资、房地产和建筑业
Chapter 5　Investment in Fixed Assets, Real Estate and Construction

第八篇 对外经济贸易

Chapter 8 International Trade and Economic Cooperation

第九篇 能源生产和消费

Chapter 9 Energy Production and Consumption

第十篇 人民生活、社会事业和其他

Chapter 10 People's Livelihoods, Social Undertakings and Others

第十一篇 城建环保和交通邮电

Chapter 11 Urban Construction, Environment Protection, Transport, Postal and Telecommunication Services

第十二篇 科技、教育及文化体育卫生

Chapter 12 Science and Technology, Education, Culture, Sports and Public Health

2022年天津市滨海新区国民经济和社会发展统计公报

天津市滨海新区统计局

2023年3月30日

2022年，面对国内外复杂严峻的形势变化和风险挑战，滨海新区坚持以习近平新时代中国特色社会主义思想为指导，坚决贯彻习近平总书记对天津工作“三个着力”重要要求和“疫情要防住、经济要稳住、发展要安全”重要指示，全面落实稳住经济大盘的系列决策部署，在区委、区政府的坚强领导下，坚持贯彻新发展理念，科学统筹疫情防控和经济社会发展，全区经济实现恢复性增长，营商环境持续优化，民生福祉增强，绿色转型发展稳步推进，现代化滨城建设迈出坚实步伐。

一、综合

经济运行整体平稳。经市统计局初步核算，全区生产总值比上年增长1.1%。其中，第一产业下降6.1%，第二产业增长1.3%，第三产业增长0.9%。三次产业结构为0.4∶48.5∶51.1。

营商环境持续优化。持续深化“放管服”改革，实行“一制三化”审批16.83万件，落实“证照分离”备案、承诺、优化审批事项1.09万件。在自贸区率先推行“市场主体登记确认制”，高效登记8705例。全年新增市场主体7.93万户，同比增长21.5%。其中，新增内资企业2.53万户，包括国有控股企业565户，民营企业2.47万户。新增外资企业329户，新增个体工商户5.37万户。全年全区城镇新增就业9.78万人，同比增长1.1%；年末城镇调查失业率4.6%。

居民收入稳定增长。全年城镇居民人均可支配收入61594元，比上年增长3.4%。其中，工资性收入45528元，增长4.6%；经营净收入2191元，下降3.0%；财产净收入4687元，下降4.3%；转移净收入9188元，增长3.1%。全年城镇居民生活性消费支出31342元，下降3.5%。其中，食品烟酒支出10524元，增长3.0%；衣着支出3074元，下降6.8%；居住支出5002元，下降16.0%；生活用品及服务支出2218元，下降9.1%；交通通信支出4241元，增长6.0%；教育文化娱乐支出2748元，下降7.6%；医疗保健支出2475元，增长13.4%；其他用品及服务支出1060元，下降24.4%。

绿色转型发展稳步推进。全年万元地区生产总值能耗比上年下降2.3%。全年风电、太阳能发电等清洁能源发电量21.75亿千瓦时，占总发电量的5.8%，比上年提高0.5个百分点。

二、农业

全年农林牧渔业总产值50.64亿元，可比下降5.5%。其中，种植业产值10.72亿元，增长0.1 %；畜牧业产值18.03亿元，增长8.4%；渔业产值20.25亿元，下降8.4%。农林牧渔专业及辅助性活动产值1.64亿元，下降48.6%。

全年新增设施农业面积100亩，新增节水灌溉工程面积1386亩。年末共有农民专业合作社880家，其中市级农民专业合作社示范社12家、国家级农民专业合作社示范社5家。全区共有国家级龙头企业3家，市级龙头企业28家。累计建成放心菜基地21个，放心蛋鸡保供基地11个，放心生猪保供基地4个，奶牛保供基地3个。

主要农副产品产量

产品名称	单位	产量	比上年增长（±%）
粮　食	万吨	11.27	0.4
肉　类	万吨	2.82	18.0
奶　类	万吨	15.43	-1.4
禽　蛋	万吨	2.76	0.3
水　果	万吨	4.51	6.4
蔬　菜	万吨	7.41	18.7

三、工业和建筑业

全年全区规上工业增加值下降0.9%。在规模以上工业中，分控股情况看，国有控股企业增加值下降2.6%，集体控股企业增长15.4%，私人控股企业增长2.4%，港澳台商控股企业增长4.8%，外商控股企业下降 7.0%。分门类看，采矿业增加值增长4.7%，制造业下降3.2%，电力、热力、燃气及水生产和供应业下降18.6%。分行业看，石油和天然气开采业增加值增长4.7%，石油、煤炭及其他燃料加工业增长0.1%，农副食品加工业增长27.2%，医药制造业增长6.6%，仪器仪表制造业增长9.5%。

主要工业产品产量

产品名称	单位	产量	比上年增长（%）
原　油	万吨	3575.26	4.9
发电量	亿千瓦时	376.27	-10.0
天然气	亿立方米	41.17	5.5
钢　材	万吨	490.58	-11.8
服务机器人	万套	41.63	-24.5
集成电路	万块	112640.65	-24.5
锂离子电池	万只（自然只）	105767.94	15.2
新能源汽车	万辆	1.26	-50.0

全年建筑业总产值2674.35亿元，比上年增长8.8%。全区土木工程建筑业产值1435.50亿元，增长20.0%；房屋建筑业产值1067.62亿元，增长0.7%；建筑安装业产值118.14亿元，增长2.6%。商品房施工面积2512.51万平方米，下降11.5%，其中住宅施工面积1840.23万平方米，下降4.8%。年末全区具有特级、一级资质的总专包建筑业企业121家。

四、服务业

全年批发和零售业增加值比上年增长1.7%，交通运输、仓储和邮政业增长2.5%，住宿和餐饮业下降9.0%，金融业增长1.1%，房地产业下降6.5%，其他服务业增长4.6%。全年规模以上服务业企业营业收入6760.20亿元，比上年增长7.5%，营业利润251.56亿元，比上年增加211.69亿元。其中租赁和商务服务业营业收入增长39.9%，科学研究和技术服务业营业收入增长13.6%。

全年港口货物吞吐量5.49亿吨，比上年增长3.7%。集装箱吞吐量2102.13万TEU，增长3.7%。机场旅客吞吐量584.17万人次，下降61.4%；机场货邮吞吐量13.15万吨，下降32.5%。

邮政业务总量53.99亿元，比上年增长6.2%，邮政业务收入66.75亿元，增长1.2%。全年快递业务量4.95亿件，增长17.1%，快递业务收入60.88亿元，增长0.9%。电信业务总量32.27亿元，比上年下降3.8%。公网电话本地通话量80.34亿分钟，长途光缆线路总长度761.7公里。全区互联网用户255.8万户：其中宽带接入用户48.9万户，光纤接入用户96.8万户。公网固定电话用户63.4万户，移动电话用户300.4万户，5G基站6623个。

国家全域旅游示范区加快建设，中新天津生态城获批京津地区首个省级旅游度假区，滨海文化中心入选国家级夜间文化和旅游消费集聚区。

五、国内贸易

商业运行总体平稳。全年商品销售额比上年增长4.7%。限额以上商品销售额中，石油及制品类、化工材料及制品类以及粮油食品类持续发挥主要拉动作用，全年销售额增长较快，分别增长26.8%、14.1%和11.0%。

消费市场持续恢复。全年社会消费品零售总额比上年增长2.0%，实现稳步复苏。2022年，全区新建菜市场3个，连锁便利店26个。开展第二届滨城国际消费季活动，发放消费券5000万元，直接拉动消费16.7亿元。各商业载体推出“购滨城•促消费”系列活动，促进大宗商品消费。重点打造“游、购、品、赏”四张夜间经济名片，推出文化中心艺趣公园、智慧山那山、海昌极地世界等夜间经济街区消费活动。

消费结构提档升级。限额以上单位商品零售额中，消费升级类商品零售额增长较快。其中，家用电器和音像器材类零售额比上年增长1.1倍，智能家用电器和音像器材增长4.0倍，新能源汽车增长2.4倍，书报杂志类增长38.3%，文化办公用品类增长4.3倍。

六、固定资产投资

全年固定资产投资（不含农户）比上年下降3.2%。分产业看，第一产业投资下降65.2%；第二产业投资增长7.3%，其中工业投资增长7.1%；第三产业投资下降10.6%，其中交通运输仓储和邮电业增长2.1%，水利环境和公共设施管理业增长49.9%，居民服务、修理和其他服务业增长1.1倍，房地产业下降19.9%。基础设施投资比上年增长14.4%，占新区投资额比重22.4%。

七、财政金融

全区一般公共预算收入505.4亿元，比上年下降11.7%，剔除留抵退税因素，可比下降4.3%。其中，税收收入420.6亿元，同比下降16.8%，可比下降8.4%，占一般公共预算收入的比重为83.2%。从主体税种看，增值税123.6亿元，下降26.6%；企业所得税126.9亿元，下降13.6%；个人所得税31.6亿元，下降17.4%。一般公共预算支出684.6亿元，下降15.3%。其中，教育支出82.6亿元，下降0.5%；社会保障与就业支出29.9亿元，增长10.7%；医疗卫生与计划生育支出28.6亿元，增长12.6%。

年末全区金融机构（含外资）本外币各项存款余额8099.27亿元，比上年末增长11.0%；各项贷款余额13451.93亿元，比上年末增长1.7%。年末全区共有各类上市企业53家；新三板挂牌公司59家；证券法人机构1家，证券公司分支机构29家，证券投资咨询机构2家；基金法人机构1家，基金销售机构2家；期货分支机构6家；融资租赁企业1293家；保理企业568家。年末，证券机构开立证券账户117.17万户，比上年下降1.0%。全年证券机构交易总额8491.87亿元，增长4.1%。全年共有5家发行人发行绿色公司债券11只，金额82.32亿元。

八、对外开放

全年实际使用外资50亿美元，增长15.0%。全年实际利用内资1790亿元，增长26.0%。

全年进出口总额6300.8亿元，同比下降0.6%。其中，出口2372亿元，下降3.0%。天津港新开通4条“一带一路”及RCEP新航线，集装箱吞吐量2102.13万TEU，同比增长3.7%。积极探索跨境电商“线下保税展示+线上扫码交易”O2O新零售模式，推动跨境电商综合试验区建设。

九、协同发展

推动北京非首都功能承接清单化、项目化，引进北京重大项目62个，协议投资额620.8亿元，中央企事业单位新设机构123个，注册资金715.7亿元。

推进中埃泰达苏伊士经贸合作区提档升级建设。吸引浙商控股、TLS、华信中安、埃及东方物流、CIC、MESCO等多家企业落户合作区，成为埃及全境内政策和服务最优的中埃贸易平台。累计入驻企业134家，实际投资额15.11亿美元，累计销售33.96亿美元。

发挥滨海优势助力乡村振兴，持续强化产业合作、劳务协作和消费帮扶，全年共引导10家企业落户甘肃省张家川县、合作市，企业投资额1.14亿元。引导8家企业落户青海省黄南州，企业投资额0.35亿元。持续东西部“结对认亲”工作，推动全区干部及民营企业家与西部群众开展“结对认亲”157组，捐助款物11.6万元，落实帮扶举措385个。

十、城市建设和公用事业

年末全区公路里程数1647.65公里。其中：国道里程163.85公里，省道276.20公里，县级公路里程171.94公里，乡级公路里程129.90公里，村级公路里程552.76公里，高速公路353.00公里。国省县级公路桥梁224座，乡村公路桥梁60座，专用公路桥梁12座。全年新开公交线路3条，年末公交线路达到191条。全年更新公交车辆6部、客运车辆134部。

全年新增供热面积476.17万平方米。生活垃圾分类设备不断完善，分类质量不断提升，全年收集运输生活垃圾71.06万吨。主要采用垃圾压缩车直运和垃圾转运站转运两种模式将生活垃圾进行无害化处理，城市生活垃圾无害化处理率达100%。

十一、教育和科学技术

全区拥有各级各类学校、幼儿园共计 492 所，在校生总计 28.29 万人，教职工总计 2.75 万人。其中，高职院校 1 所，在校学生 8017 人；中职学校 13 所，在校学生 7288 人；高中学校 32 所，在校学生 2.98 万人；初中学校 62 所，在校学生 5.48 万人；小学 97 所，在校学生 12.88 万人；特教学校 3 所，在校学生 363 人；幼儿园 284 所，在园幼儿 5.38 万人。

国家高新技术企业累计超过 4600 家，国家科技型中小企业 4492 家。天津市雏鹰企业 2460 家、瞪羚企业 185 家、科技领军（培育）企业 161 家。共有市级以上研发机构 575 家：重点实验室 153 家，其中国家级 17 家；工程技术（研究）中心 109 家，其中国家级 20 家；企业技术中心 280 家，其中国家级 36 家；技术创新中心 9 家；产业创新中心 2 家；产业技术研究院 12 家；制造业创新中心 7 家；海河实验室 3 家。已建成市级以上众创空间 66 家，市级以上科技企业孵化器 35 家。全年签订技术合同 2969 项，技术合同成交额 624.2 亿元，增长 35.8%。

新区入选国家知识产权强市建设示范城市，获批筹建茶淀玫瑰香葡萄国家地理标志产品保护示范区。制定知识产权融资风险补偿资金管理办法与运营基金管理办法，全市首单知识产权融资租赁产品 5410 万元项目、首期 4100 万运营基金项目顺利落地。探索知识产权证券化“滨海模式”，先后在国企、民企领域成功发行 2 单产品。其中，“天银渤化（科创票据）”创下全国国有企业知识产权证券化第一单。围绕 28 个细分新兴产业和 30 家领军企业开展专利导航，天大滨海工业研究院全市首发 16 件高价值发明专利开放许可清单，指导企业获评中国专利奖 11 项、天津市专利奖 42 项，其中，康希诺生物新冠病毒疫苗斩获中国专利金奖。

十二、文化、卫生和体育

全区共有文化馆 1 个，公共图书馆 4 个，博物馆 3 个、美术馆 1 个，街乡镇综合文化站 21 个。承办第十三届中国艺术节决赛活动，新区原创作品《疫“懂”的心》荣获第十九届群星奖，成功举办第九届社区文化艺术节等系列群众性文化活动。

北京大学滨海医院改扩建、空港医院二期、市中心妇产科医院滨海院区加快建设。坚持人民至上、生命至上，强化内外同防、双向发力，积极应对疫情反复冲击，全力保障人民群众生命健康安全。扎实开展爱国卫生运动，顺利通过国家卫生区复审。管理社区高血压、糖尿病患者 26.6 万余人，实施天津市妇女儿童健康惠民项目 25 项。心脑血管疾病初筛 29683 人、大肠癌初筛 103560 人，已婚适龄妇女妇科常见病筛查 1.6 万人次，肺结核病人报告率 100%。

为满足居民就近健身的需求，建成社区健身园 127 个、社区体育园 15 个、多功能运动场 3 个、健身步道 3 条、笼式足球场 2 个、社区滑冰场 1 个。全年申报等级运动员共 237 人，其中一级运动员 42 人，二级运动员 183 人，三级运动员 12 人。现有等级裁判员 369 人，其中国家级 18 人，一级 136 人，二级 158 人，三级 57 人。

十三、生态环保

29 家单位纳入土壤污染重点监管单位名录，完成土壤和地下水自行监测，防控新增土壤污染。重点建设用地安全利用率达到 100%。系统治理水污染，启动泰达第一污水处理厂和大港港东污水处理厂尾水湿地净化、生态补水、资源化利用项目。年末 16 个地表水考核断面水质均达标，12 条入海河流累计水质达到五类及以上，达标率 100%。

空气质量持续改善，新区环境空气质量综合指数 4.30，比上年改善 4.2%。全年 $PM_{2.5}$ 平均浓度 36 微克/立方米，比上年改善 5.3%。环境空气质量达标天数 278 天，比上年增加 13 天。水环境质量整体稳定，2022 年水环境质量综合指数 1.70，比上年改善 6.7%。城市饮用水源地水质达标率 100%，全年自来水供水量 27886.72 万立方米。全区共有天津市北大港湿地自然保护区、天津古海岸与湿地国家级自然保护区两个自然保护区，总面积 371.42 平方公里。

十四、市场监管

年末全区共有对外开展服务并获得天津市资

质认定证书的检验检测机构174家，约占全市总数的27.1%，获得国家级资质认定的检验检测机构35家，拥有国家市场总局授权的质检中心10家。全年检定强制检定计量器具3.36万台。

积极营造放心消费环境，全年办理消费者投诉举报5.92万件，挽回经济损失1034.23万元。全年“跟班”检查学校食堂和供餐企业4282户次，创建区级销售环节食品安全管理示范店130家。深入开展药品安全专项整治“利剑行动”和“两品一械”专项整治，立案250件、结案238件，移交公安机关案件线索4件。深入开展城镇燃气安全“百日行动”，完成问题隐患整改验收1500项，完成城镇燃气压力管道法定检验2235千米。排查老旧小区电梯4607部，整改问题隐患480个。

十五、社会保障和社会救助

进一步落实新增定点医疗机构开通跨省异地就医直接结算服务常态化机制。年末开通异地就医门诊结算的定点医疗机构158家，开通异地就医住院联网结算的定点医疗机构38家，试点开通门诊慢特病异地就医直接结算的医疗机构40家。年末全区参加基本医疗保险人数209.35万人，其中城镇职工医疗保险参保人数153.95万人，城乡居民医疗保险参保人数55.39万人。

年末全区拥有各类养老机构（含已备案运营和在建养老机构）28个，共有床位6398张，收养人员1500人。已建成社区老年日间照料中心（站）152家，服务床位1200张。城市低保对象6000人，农村低保对象4470人。救助站1个，救助209人次。福利院1个，收养人员110人。残疾人康复服务取得新进展，实施各类康复救助项目，全年完成白内障救助审批127例，实施复明手术109例。开展残疾人就业援助活动，举办滨海新区残疾人网络专场招聘会，提供就业岗位100个；鼓励残疾人自主创业，向自主创业残疾人发放自主创业补贴，向残疾人个体工商户发放保险补贴。

注：1.本公报中数据均为初步统计数。

2.全区生产总值、各产业增加值绝对数按现价计算，增长速度按可比价格计算。

3.规模以上工业企业是指年主营业务收入2000万元及以上的全部法人工业企业。

4.规模以上服务业企业是指年营业收入2000万元及以上的交通运输、仓储和邮政业，信息传输、软件和信息技术服务业，水利、环境和公共设施管理业，卫生行业法人单位；年营业收入1000万元及以上的房地产业（不含房地产开发经营），租赁和商务服务业，科学研究和技术服务业，教育行业法人单位；年营业收入500万元及以上的居民服务、修理和其他服务业，文化、体育和娱乐业，社会工作行业法人单位。

5.限额以上批发业企业是指年主营业务收入2000万元及以上的批发业企业；限额以上零售业企业是指年主营业务收入500万元及以上的零售业企业；限额以上住宿和餐饮业企业是指年主营业务收入200万元及以上的住宿和餐饮业企业。

6.固定资产投资（不含农户）统计口径范围为计划总投资500万元及以上的固定资产项目投资及全部房地产开发项目投资。

7.电信业务总量按上年价格计算。

8.邮政行业业务总量按2020年价格计算。

9.进出口指标为海关通报数据。

10.目前2022年决算尚未完成，公共财政支出数为预算执行数。

资料来源：

本公报中营商环境、市场监管以及知识产权数据来自滨海新区市场监督管理局；居民人均可支配收支数据来自国家统计局滨海新区调查队；现代都市农业数据来自天津市滨海新区农业农村委员会；邮政数据来自天津市滨海新区邮政管理局；电信数据来自天津市通信管理局；财政数据来自天津市滨海新区财政局；存贷款数据来自中国人民银行滨海新区中心支行；金融数据来自中国证券监督管理委员会天津监管局、天津市滨海新区金融工作局；国内贸易、对外开放数据来自天津市滨海新区商务和投资促进局；协同发展数据来自天津市滨海新区发展和改革委员会、天津市滨海新区商务和投资促进局；交通运输数据来自天津市滨海新区交通运输局；公用事业数据来自天津市滨海新区城市管理委员会；教育和体育事业数据来自天津市滨海新区教育体育局；科技创新数据来自天津市滨海新区科学技术局；文化数据来自天津市滨海新区文化和旅游局；卫生数据来自天津市滨海新区卫生健康委员会；生态环保数据来自天津市滨海新区生态环境局、天津市滨海新区水务局；医疗保障数据来自天津市滨海新区医疗保障局；残疾人相关数据来自天津市滨海新区残疾人联合会；社会救助服务数据来自天津市滨海新区民政局；其他数据来自天津市滨海新区统计局。

1 综合

General Survey

1-1 行政建制(2022年底)
Administrative Divisions, End of 2022

单位：个 (unit)

项 目	Item	居民委员会 Residents' Committees	村民委员会 Village Committees
合 计	**Total**	**346**	**139**
天津港保税区	TPFTZ	9	
滨海高新区	Binhai HI-TECH Area	5	
东疆综合保税区	Dongjiang Comprehensive Bonded Zone	1	
中新天津生态城	China-Singapore Tianjin Eco-city	19	
塘沽街	Tanggu Street	12	
新港街	Xingang Street	15	
新村街	Xincun Street	14	
新北街	Xinbei Street	17	
杭州道街	Hangzhoudao Street	29	
新河街	Xinhe Street	14	
大沽街	Dagu Street	17	
北塘街	Beitang Street	15	4
胡家园街	Hujiayuan Street	19	19
汉沽街	Han'gu Street	13	10
寨上街	Zhaishang Street	11	2
茶淀街	Chadian Street	12	12
杨家泊镇	Yangjiabo Town		13
大港街	Dagang Street	34	
海滨街	Haibin Street	39	6
古林街	Gulin Street	23	5
泰达街	TEDA Street	20	
新城镇	Xincheng Town	5	5
太平镇	Taiping Town	1	19
小王庄镇	Xiaowangzhuang Town	1	20
中塘镇	Zhongtang Town	1	24

资料来源：天津市滨海新区民政局
Source: Tianjin Binhai New Area Bureau of Civil Affairs

1-2 滨海新区建成区面积
Developed Area of Binhai New Area

单位：平方公里 (sq.km)

项　目	Item	2021	2022
城市建成区面积	**Urban Developed Area**	**427.24**	**439.12**
直管区	**Direct Supervision Area**	**169.59**	**187.23**
开发区	**Development Area**	**257.65**	**251.89**
经济技术开发区	TEDA	111.05	104.85
天津港保税区	TPFTZ	75.91	74.74
滨海高新区	Binhai HI-TECH Area	36.57	36.64
东疆综合保税区	Dongjiang Comprehensive Bonded Zone	14.02	14.30
中新天津生态城	China-Singapore Tianjin Eco-city	20.10	21.36
城市现状建设用地	**Urban Current Construction Land**	**386.91**	**380.67**
居住用地	Dwelling	56.28	61.60
公共管理与公共服务设施用地	Public Facilities of Management and Service	19.65	21.29
商业服务业设施用地	Facilities for Business Service	26.96	27.53
工业用地	Industry	125.61	126.58
物流仓储用地	Logistics and Warehouse	35.31	35.94
道路与交通设施用地	Facilities for Road and Transportation	62.75	51.34
公用设施用地	Public Facilities of Administration	9.04	9.50
绿地与广场用地	Green Land and Plaza	51.31	46.89

资料来源：天津市规划和自然资源局滨海新区分局
Source: Tianjin Municipal Bureau of Planning and Natural Resources, Binhai New Area Branch

1-3 海域使用情况
Statistics on Use of Sea Area

单位：公顷 (hectare)

海域使用类型	Type of Sea Area	2021	2022
总　计	**Total**	**808.19**	**530.74**
渔业用海	Use for Fishery	440.58	196.08
交通运输用海	Use for Transportation	57.06	67.23
工业用海	Use for Industry	221.66	251.28
旅游娱乐用海	Use for Tourism and Entertainment	69.30	14.11
造地工程用海	Use for Landfill Engineering	19.59	1.73
特殊用海	Use for Special		0.31

数据来源：天津市滨海新区海洋局
Source:Tianjin Binhai New Area Oceanic Bureau

1-4 气象资料
Meteorological Data

指　标	Item	单　位	Unit	2021	2022
平均气温	Average Temperature	℃	℃	13.9	13.3
最高气温	Highest Temperature	℃	℃	36.3	40.0
最低气温	Lowest Temperature	℃	℃	-19.2	-13.5
平均相对湿度	Average Relative Humidity	%	%	60	62
日照时数	Hours of Sunshine	小时	hour	2355.4	2340.2
降水量	Precipitation	毫米	mm	1114.9	561.8
雾天数	Foggy Days	天	day	16	16
大雾天数	Great Foggy Days	天	day	6	8
轻雾天数	Thin Foggy Days	天	day	10	8

资料来源：天津市滨海新区气象局
Source: Tianjin Binhai New Area Meteorological Service

1-5 法人和产业活动单位数(2022年底)(按登记注册类型分)

Number of Judicial Entities and Establishments, End of 2022 (Grouped by Registered Type)

单位：个 (unit)

项目	Item	合计 Total	法人单位 Judicial Entities	#企业法人 Enterprise Judicial Entities	产业活动单位 Establishments	#企业 Enterprises
总计	**Total**	**121908**	**112504**	**109350**	**9404**	**9327**
内资企业	**Domestic-funded Enterprises**	**116626**	**108788**	**105635**	**7838**	**7761**
国有企业	State-owned Enterprises	1871	1484	361	387	312
集体企业	Collective-owned Enterprises	282	252	213	30	30
股份合作企业	Cooperative Enterprises	95	83	78	12	12
联营企业	Joint Ownership Enterprises	69	41	35	28	28
国有联营企业	State Joint Ownership	33	11	10	22	22
集体联营企业	Collective Joint Ownership	16	12	11	4	4
国有与集体联营企业	State-owned and Collective Joint Ownership	5	5	5		
其他联营企业	Others	15	13	9	2	2
有限责任公司	Limited Liability Corporations	22720	20461	20402	2259	2259
国有独资公司	Sole State-owned Corporations	585	469	468	116	116
其他有限责任公司	Other Limited Liability Corporations	22135	19992	19934	2143	2143
股份有限公司	Share Holding Corporations Ltd.	1509	824	819	685	685
私营企业	Private Enterprises	87961	83655	83432	4306	4306
私营独资企业	Sole Private Enterprises	3092	2988	2908	104	104
私营合伙企业	Private Partnership	3580	3552	3500	28	28
私营有限责任公司	Private Limited Liability Corporations	80604	76518	76428	4086	4086
私营股份有限公司	Private Share Holding Corporations Ltd.	685	597	596	88	88
其他企业	Others	2119	1988	295	131	129
港澳台商投资企业	**Enterprises with Investment from Hong Kong, Macao and Taiwan**	**2253**	**1719**	**1718**	**534**	**534**
与港澳台商合资经营企业	Hong Kong, Macao and Taiwan Joint Venture	807	765	764	42	42
与港澳台商合作经营企业	Hong Kong, Macao and Taiwan Cooperative Operation	14	13	13	1	1
港澳台商独资企业	Hong Kong, Macao and Taiwan Funded Solely	1300	879	879	421	421
港澳台商投资股份有限公司	Hong Kong, Macao and Taiwan Share Holding Corporations Ltd.	75	36	36	39	39
其他港澳台投资企业	Others	57	26	26	31	31
外商投资企业	**Foreign Funded Enterprises**	**3029**	**1997**	**1997**	**1032**	**1032**
中外合资经营企业	Chinese-foreign Joint Venture	657	568	568	89	89
中外合作经营企业	Chinese-foreign Cooperative Operation	25	22	22	3	3
外资企业	Foreign Investment Enterprise	2088	1268	1268	820	820
外商投资股份有限公司	Foreign-funded Share Holding Corporations Ltd.	112	55	55	57	57
其他外商投资	Other Foreign Investment	147	84	84	63	63

1-6 法人和产业活动单位数(2022年底)(按行业类别分)
Number of Judicial Entities and Establishments, End of 2022 (Grouped by Sector)

单位：个 (unit)

项目	Item	合计 Total	法人单位 Judicial Entities	#企业法人 Enterprise Judicial Entities	产业活动单位 Establishments
总计	**Total**	**121908**	**112504**	**109350**	**9404**
农、林、牧、渔业	**Agriculture, Forestry, Animal Husbandry and Fishery**	**976**	**966**	**375**	**10**
采矿业	**Mining**	**98**	**44**	**44**	**54**
煤炭开采和洗选业	Mining and Washing of Coal	10	4	4	6
石油和天然气开采业	Extraction of Petroleum and Natural Gas	13	5	5	8
黑色金属矿采选业	Mining and Processing of Ferrous Metal Ores	2	2	2	
非金属矿采选业	Mining and Processing of Non-metal Ores	6	4	4	2
开采专业及辅助性活动	Professional and Support Activities for Mining	64	27	27	37
其他采矿业	Mining of Other Ores	3	2	2	1
制造业	**Manufacturing**	**6777**	**6474**	**6473**	**303**
农副食品加工业	Processing of Food from Agricultural Products	105	103	103	2
食品制造业	Manufacture of Food	157	146	146	11
酒、饮料和精制茶制造业	Manufacture of Liquor, Beverages and Refined Tea	46	44	44	2
纺织业	Manufacture of Textile	60	53	53	7
纺织服装、服饰业	Manufacture of Textile Wearing and Apparel	70	68	68	2
皮革、毛皮、羽毛及其制品和制鞋业	Manufacture of Leather, Fur, Feather and Related Products, Footwear	23	20	20	3
木材加工及木、竹、藤、棕、草制品业	Processing of Timber, Manufacture of Wood, Bamboo, Rattan, Palm and Straw Products	125	120	120	5
家具制造业	Manufacture of Furniture	61	61	61	
造纸及纸制品业	Manufacture of Paper and Paper Products	134	133	133	1
印刷和记录媒介复制业	Printing and Reproduction of Recording Media	102	100	100	2
文教、工美、体育和娱乐用品制造业	Manufacture of Articles for Culture, Education, Industrial Art, Sport Activity and Amusement	78	78	78	
石油、煤炭及其他燃料加工业	Processing of Petroleum, Coal and Other Fuels	58	55	55	3
化学原料及化学制品制造业	Manufacture of Raw Chemical Materials and Chemical Products	501	477	477	24
医药制造业	Manufacture of Medicines	141	134	134	7
化学纤维制造业	Manufacture of Chemical Fibers	6	5	5	1
橡胶和塑料制品业	Manufacture of Rubber and Plastics Products	383	371	371	12
非金属矿物制品业	Manufacture of Non-metallic Mineral Products	340	317	317	23
黑色金属冶炼和压延加工业	Smelting and Pressing of Ferrous Metals	55	53	53	2
有色金属冶炼和压延加工业	Smelting and Pressing of Non-ferrous Metals	41	41	41	
金属制品业	Manufacture of Metal Products	704	685	685	19
通用设备制造业	Manufacture of General Purpose Machinery	805	756	756	49
专用设备制造业	Manufacture of Special Purpose Machinery	718	692	692	26
汽车制造业	Manufacture of Automobiles	266	240	240	26
铁路、船舶、航空航天和其他运输设备制造业	Manufacture of Railway, Ship, Aerospace and Other Transport Equipments	139	128	128	11
电气机械和器材制造业	Manufacture of Electrical Machinery and Apparatus	383	375	375	8

1-6 续表 1 continued

单位：个 (unit)

项目	Item	合计 Total	法人单位 Judicial Entities	#企业法人 Enterprise Judicial Entities	产业活动单位 Establishments
计算机、通信和其他电子设备制造业	Manufacture of Computers, Communication and Other Electronic Equipment	354	342	342	12
仪器仪表制造业	Manufacture of Measuring Instruments	267	262	262	5
其他制造业	Other Manufacture	66	54	54	12
废弃资源综合利用业	Comprehensive Utilization of Waste Resources	29	28	28	1
金属制品、机械和设备修理业	Repair Service of Metal Products, Machinery and Equipment	560	533	532	27
电力、热力、燃气及水生产和供应业	**Production and Supply of Electricity, Heat, Gas and Water**	**370**	**337**	**334**	**33**
电力、热力生产和供应业	Production and Supply of Electric Power and Heat Power	216	203	201	13
燃气生产和供应业	Production and Supply of Gas	66	53	53	13
水的生产和供应业	Production and Supply of Water	88	81	80	7
建筑业	**Construction**	**7875**	**7351**	**7351**	**524**
房屋建筑业	Building Engineering	1203	1033	1033	170
土木工程建筑业	Civil Engineering	1940	1771	1771	169
建筑安装业	Building Installation	1685	1606	1606	79
建筑装饰、装修和其他建筑业	Building Decoration and Others	3047	2941	2941	106
批发和零售业	**Wholesale and Retail Trades**	**33034**	**31019**	**31009**	**2015**
批发业	Wholesale	24454	23793	23785	661
零售业	Retail	8580	7226	7224	1354
交通运输、仓储和邮政业	**Transportation, Storage and Post Services**	**8130**	**7438**	**7429**	**692**
铁路运输业	Railway Transport	19	15	15	4
道路运输业	Highway Transport	1936	1708	1703	228
水上运输业	Waterway Transport	349	329	327	20
航空运输业	Air Transport	132	123	122	9
管道运输业	Pipeline Transport	10	9	9	1
多式联运和运输代理业	Intermodality and Forwarding Agency	4475	4207	4206	268
装卸搬运和仓储业	Loading, Unloading and Storage	1056	993	993	63
邮政业	Post Services	153	54	54	99
住宿和餐饮业	**Accommodation and Catering Services**	**1984**	**1435**	**1434**	**549**
住宿业	Accommodation	363	279	278	84
餐饮业	Catering Services	1621	1156	1156	465
信息传输、软件和信息技术服务业	**Information Transmission, Software and IT Services**	**8082**	**7434**	**7424**	**648**
电信、广播电视和卫星传输服务	Telecommunications, Broadcasting, Television and Satellite Transmission Services	171	72	72	99
互联网和相关服务	Internet and Related Services	676	617	616	59
软件和信息技术服务业	Software and IT Services	7235	6745	6736	490
金融业	**Financial Intermediation**	**5287**	**4233**	**4226**	**1054**
货币金融服务	Monetary and Financial Services	3590	2950	2945	640
资本市场服务	Capital Market Services	1052	1005	1005	47
保险业	Insurance	372	49	49	323
其他金融业	Other Financial Intermediation	273	229	227	44

1-6 续表 2 continued

单位：个 (unit)

项 目	Item	合 计 Total	法 人 单 位 Judicial Entities	#企业法人 Enterprise Judicial Entities	产业活动单位 Establishments
房地产业	**Real Estate**	**4160**	**3671**	**3669**	**489**
租赁和商务服务业	**Leasing and Business Services**	**19040**	**17332**	**17173**	**1708**
租赁业	Leasing Services	2021	1522	1519	499
商务服务业	Business Services	17019	15810	15654	1209
科学研究和技术服务业	**Scientific Research and Technical Services**	**17222**	**16400**	**16306**	**822**
研究与试验发展	R&D	1204	1150	1122	54
专业技术服务业	Special Technical Services	4491	4047	4009	444
科技推广和应用服务业	Science and Technology Generalizing and Application Services	11527	11203	11175	324
水利、环境和公共设施管理业	**Management for Water Conservancy, Environment and Public Facilities**	**503**	**477**	**434**	**26**
水利管理业	Management for Water Conservancy	31	27	16	4
生态保护和环境治理业	Ecological Protection and Management for Environment	82	80	75	2
公共设施管理业	Management for Public Facilities	365	350	326	15
土地管理业	Management for Land	25	20	17	5
居民服务、修理和其他服务业	**Resident Services, Repair and Other Services**	**2212**	**2016**	**1974**	**196**
居民服务业	Resident Services	797	705	669	92
机动车、电子产品和日用产品修理业	Motor Vehicle, Electronic Products and Household Products Repair Industry	888	824	824	64
其他服务业	Other Services	527	487	481	40
教 育	**Education**	**1510**	**1448**	**819**	**62**
卫生和社会工作	**Health Care and Social Work**	**538**	**502**	**343**	**36**
卫 生	Health Care	421	389	293	32
社会工作	Social Work	117	113	50	4
文化、体育和娱乐业	**Culture, Sports and Entertainment**	**2736**	**2613**	**2533**	**123**
新闻和出版业	News Publication	32	31	26	1
广播、电视、电影和录音制作业	Broadcast, TV, Movies and Record Production	720	673	670	47
文化艺术业	Culture and Art	1040	1006	967	34
体 育	Sports	303	288	260	15
娱乐业	Entertainment	641	615	610	26
公共管理、社会保障和社会组织	**Public Management, Social Security and Social Organizations**	**1374**	**1314**		**60**
中国共产党机关	Chinese Communist Party Agencies	36	35		1
国家机构	Government Agencies	515	458		57
人民政协、民主党派	The People's Political Consultative Conference Committees and Democratic Parties	7	7		
社会保障	Social Security	8	8		
群众团体、社会团体和其他成员组织	Mass Organizations, Social Organizations and Other Groups	333	331		2
基层群众自治组织及其他组织	Grass-roots Mass Autonomous Organizations and Others	475	475		

1-7 国民经济主要指标
Main Indicators of Economic Development

项目 Item	单位 Unit	2021	2022	2022比2021年增长(%) Increase Rate in 2022 over 2021(%)
户籍人口户数	万户	57.60	59.04	2.5
Registered Households	10000 households			
户籍人口	万人	153.85	156.32	1.6
Registered Population	10000 persons			
男　性	万人	78.26	79.39	1.4
Male	10000 persons			
女　性	万人	75.59	76.93	1.8
Female	10000 persons			
地区生产总值	亿元	6626.64	6981.86	1.1
Gross Domestic Product	100 million yuan			
第一产业	亿元	28.37	24.71	-6.1
Primary Industry	100 million yuan			
第二产业	亿元	3130.00	3385.93	1.3
Secondary Industry	100 million yuan			
第三产业	亿元	3468.27	3571.21	0.9
Tertiary Industry	100 million yuan			
农林牧渔业总产值	亿元	52.41	49.00	-6.5
Gross Output Value of Agriculture, Forestry, Animal Husbandry and Fishery	100 million yuan			
房屋竣工面积	万平方米	259.54	321.58	23.9
Floor Space of Buildings Completed	10000 sq.m			
#住　宅	万平方米	182.98	244.88	33.8
Residential Buildings	10000 sq.m			
一般公共预算收入	亿元	572.41	505.41	-11.7
General Public Budget Revenue	100 million yuan			
一般公共预算支出	亿元	807.91	684.59	-15.3
General Public Budget Expenditure	100 million yuan			
港口货物吞吐量	万吨	52954	54902	3.7
Volume of Freight Handled in Ports	10000 tons			

注：2021年地区生产总值为最终核实数据。
Note: Gross domestic product in 2021 is the final verified data.

1-7 续表 continued

项 目 Item	单 位 Unit	2021	2022	2022比2021年增长(%) Increase Rate in 2022 over 2021(%)
外贸出口总额 Total Value of Exports	亿元 100 million yuan	2445.30	2372.00	-3.0
邮电业务总量 Business Volume of Postal and Telecommunication Services	亿元 100 million yuan	3.39	3.41	0.4
直接利用外资 Foreign Direct Investment				
新设企业家数 Number of Newly Established Enterprises	个 unit	481	313	-34.9
合同外资额 Foreign Investment Contracted	亿美元 USD 100 million	278.91	130.79	-53.1
实际使用外资 Actual Use of Foreign Capital	亿美元 USD 100 million	43.24	50.45	16.7
金融机构人民币存款余额 RMB Deposits of Financial Institutions	亿元 100 million yuan	6847.65	7760.53	13.3
#住户存款余额 Saving Deposits of Households	亿元 100 million yuan	3132.44	3679.66	17.5
金融机构人民币贷款余额 RMB Loans of Financial Institutions	亿元 100 million yuan	12945.47	13285.43	2.6
"四上"企业从业人员平均工资 Average Remuneration of Employment Personnel in Four Kinds of Enterprises above Designated Size or with Qualification Level	元 yuan	123947	125425	1.2
卫生机构数 Health Care Institutions	个 unit	739	764	3.4
#医院 Hospitals	个 unit	55	53	-3.6
卫生机构床位数 Beds in Health Care Institutions	张 unit	8880	8933	0.6
卫生技术人员 Health Technical Personnel	人 person	17408	17619	1.2
#医 生 Doctors	人 person	7452	7355	-1.3

1-8 滨海新区国民经济主要指标占全市比重(2022年)
Main Statistics on Binhai New Area Economic Development as Percentage of Municipality, 2022

指 标 Item	单 位 Unit	全 市 Municipality	滨海新区 Binhai New Area	占全市比重(%) As Percentage of Municipality(%)
常住人口	万人	1363.00	202.38	14.8
Permanent Population	10000 persons			
户籍人口户数	万户	433.07	59.04	13.6
Registered Households	10000 households			
户籍人口	万人	1161.30	156.32	13.5
Registered Population	10000 persons			
男 性	万人	575.67	79.39	13.8
Male	10000 persons			
女 性	万人	585.63	76.93	13.1
Female	10000 persons			
地区生产总值	亿元	16311.34	6981.86	42.8
Gross Domestic Product	100 million yuan			
第一产业	亿元	273.15	24.71	9.0
Primary Industry	100 million yuan			
第二产业	亿元	6038.93	3385.93	56.1
Secondary Industry	100 million yuan			
第三产业	亿元	9999.26	3571.21	35.7
Tertiary Industry	100 million yuan			
农林牧渔业总产值	亿元	521.43	49.00	9.4
Gross Output Value of Agriculture, Forestry, Animal Husbandry and Fishery	100 million yuan			
房屋竣工面积	万平方米	1532.85	321.58	21.0
Floor Space of Buildings Completed	10000 sq.m			
#住 宅	万平方米	1111.87	244.88	22.0
Residential Buildings	10000 sq.m			
一般公共预算收入	亿元	1846.69	505.41	27.4
General Public Budget Revenue	100 million yuan			
一般公共预算支出	亿元	2729.83	684.59	25.1
General Public Budget Expenditure	100 million yuan			
港口货物吞吐量	万吨	54902	54902	100.0
Volume of Freight Handled in Ports	10000 tons			

1-8 续表 continued

指 标 Item	单 位 Unit	全 市 Municipality	滨海新区 Binhai New Area	占全市比重(%) As Percentage of Municipality(%)
直接利用外资				
Foreign Direct Investment				
新设企业家数	个	496	313	63.1
Number of Newly Established Enterprises	unit			
合同外资额	亿美元	149.25	130.79	87.6
Foreign Investment Contracted	USD 100 million			
实际使用外资	亿美元	59.50	50.45	84.8
Actual use of Foreign Capital	USD 100 million			
金融机构人民币存款余额	亿元	39342.67	7760.53	19.7
RMB Deposits of Financial Institutions	100 million yuan			
#住户存款余额	亿元	19211.25	3679.66	19.2
Saving Deposits of Households	100 million yuan			
金融机构人民币贷款余额	亿元	41650.32	13285.43	31.9
RMB Loans of Financial Institutions	100 million yuan			
卫生机构数	个	6282	764	12.2
Health Care Institutions	unit			
#医院	个	435	53	12.2
Hospitals	unit			
卫生机构床位数	张	68538	8933	13.0
Beds in Health Care Institutions	unit			
卫生技术人员	人	124415	17619	14.2
Health Technical Personnel	person			
#医 生	人	52550	7355	14.0
Doctors	person			

1-9 滨海新区生产总值
Gross Domestic Product of Binhai New Area

单位：亿元 (100 million yuan)

项目	Item	2022	2022比2021年增长(%) Increase Rate in 2022 over 2021(%)
全区生产总值	**Gross Domestic Product**	**6981.86**	**1.1**
农、林、牧、渔业	Farming, Forestry, Animal Husbandry and Fishery	27.42	-5.4
工　业	Industry	3144.45	-0.9
建筑业	Construction	327.19	7.7
批发和零售业	Wholesale and Retail Trade	728.21	1.7
交通运输、仓储和邮政业	Transportation, Storage and Post Services	338.68	2.5
住宿和餐饮业	Accommodation and Catering Services	26.12	-9.0
金融业	Finance Intermediation	1026.14	1.1
房地产业	Real Estate	167.50	-6.5
其他服务业	Other Services	1196.15	4.6
按三次产业分	**Grouped by Three Industry**		
第一产业	Primary Industry	24.71	-6.1
第二产业	Secondary Industry	3385.93	1.3
第三产业	Tertiary Industry	3571.21	0.9
构　成(%)	**Composition (%)**		
全区生产总值	**Gross Domestic Product**	**100.0**	
农、林、牧、渔业	Farming, Forestry, Animal Husbandry and Fishery	0.4	
工　业	Industry	45.0	
建筑业	Construction	4.7	
批发和零售业	Wholesale and Retail Trade	10.4	
交通运输、仓储和邮政业	Transportation, Storage and Post Services	4.9	
住宿和餐饮业	Accommodation and Catering Services	0.4	
金融业	Finance Intermediation	14.7	
房地产业	Real Estate	2.4	
其他服务业	Other Services	17.1	
按三次产业分	**Grouped by Three Industry**		
第一产业	Primary Industry	0.4	
第二产业	Secondary Industry	48.5	
第三产业	Tertiary Industry	51.1	

1-10 国内招商引资情况
Domestic Investment

项　目	Item	2021	2022
项目数(个)	**Number of Contracts (item)**	**590**	**803**
经济技术开发区	TEDA	86	99
天津港保税区	TPFTZ	105	182
滨海高新区	Binhai HI-TECH Area	136	254
东疆综合保税区	Dongjiang Comprehensive Bonded Zone	39	26
中新天津生态城	China-Singapore Tianjin Eco-city	71	87
其　他	Others	153	155
实际到位额(万元)	**Domestic Investment Actually Used (10000 yuan)**	**14193014**	**17905856**
按区域分组	**By Region**		
经济技术开发区	TEDA	4040738	5641193
天津港保税区	TPFTZ	4003328	4421101
滨海高新区	Binhai HI-TECH Area	2404068	3211221
东疆综合保税区	Dongjiang Comprehensive Bonded Zone	1800476	2239703
中新天津生态城	China-Singapore Tianjin Eco-city	1210975	1558381
其　他	Others	733429	834257
按资金投向分组	**By Industry Invested**		
农　业	Agriculture	30366	2692
工　业	Industry	3744437	4036495
建筑业	Construction	151803	323987
交通运输仓储业	Transportation, Storage	477633	899194
批发零售贸易业	Wholesale and Retail Trades	256338	399633
住宿和餐饮业	Accommodation and Catering Services		7593
房地产业	Real Estate	786020	1495534
其　他	Others	8746417	10740728

资料来源：天津市滨海新区商务和投资促进局，表1-11同。
Source: Commerce and Investment Promotion Bureau of Tianjin Binhai New Area. Same as table 1-11.

1-11 历年国内招商引资情况
Domestic Investment in Every Year

年 份 Year	项目数 (个) Number of Contracts (item)	投资协议额 (亿元) Domestic Investment Contracted (100 million yuan)	实际到位额 (亿元) Domestic Investment Actually Used (100 million yuan)
1999	48	10.98	6.04
2000	284	14.78	7.99
2001	133	15.53	10.65
2002	138	21.58	14.59
2003	503	36.12	25.41
2004	719	76.60	52.71
2005	797	109.47	89.83
2006	647		103.25
2007	716		132.18
2008	539		191.54
2009	453		306.48
2010	396		352.20
2011	612		459.38
2012	716		604.99
2013	693		786.50
2014	984		892.45
2015	631		1077.55
2016	1694		1165.08
2018	583		823.55
2019	896		929.91
2020	638		1153.18
2021	590		1419.30
2022	803		1790.59

注：2006年开始取消投资协议额指标。
Note: Domestic Investment Contracted have been canceled since 2006.

2

人口、就业和劳动工资

Population, Employment and Labor Wages

2-1 户籍人口数及户数
Registered Population and Households

项　目	Item	单　位	Unit	2021	2022
户籍人口	**Registered Population**	**万 人**	**10000 persons**	**153.85**	**156.32**
按性别构成分	**By Sex**				
男性人口	Male	万 人	10000 persons	78.26	79.39
女性人口	Female	万 人	10000 persons	75.59	76.93
性别比	Sex Ratio	女=100	female=100	103.53	103.20
按年龄构成分	**By Age**				
0-17岁	Age 0-17	万 人	10000 persons	29.17	29.93
18-34岁	Age 18-34	万 人	10000 persons	32.50	30.96
35-59岁	Age 35-59	万 人	10000 persons	59.77	61.54
60岁及以上	Age 60 and over	万 人	10000 persons	32.41	33.89
户籍户数	**Registered Households**	**万 户**	**10000 households**	**57.60**	**59.04**
户规模	Household Size	人/户	person/household	2.67	2.65
年平均人口	**Average Annual Population**	**万 人**	**10000 persons**	**151.81**	**155.15**
人口密度	**Population Density**	**人/平方公里**	**person/sq.km**	**677.74**	**688.61**

资料来源：天津市滨海新区公安局,表2-2至2-5同。
Source: Tianjin Binhai New Area Public Security Bureau. Same as table 2-2 to 2-5.

2-2 历年户籍人口性别构成(2002-2022年)
Composition of Registered Population by Sex, 2002-2022

单位：%　　(%)

年　份 Year	按性别分 By Sex		
	男　性 Male	女　性 Female	性别比(女=100) Sex Ratio(female=100)
2002	51.68	48.32	106.96
2003	51.65	48.35	106.84
2004	51.57	48.43	106.49
2005	51.53	48.47	106.32
2006	51.47	48.53	106.07
2007	51.43	48.57	105.88
2008	51.37	48.63	105.63
2009	51.48	48.53	106.07
2010	51.48	48.52	106.12
2011	51.53	48.47	106.30
2012	51.55	48.45	106.41
2013	51.45	48.55	105.98
2014	51.45	48.55	105.97
2015	51.53	48.47	106.33
2016	66.04	62.14	106.27
2017	67.34	64.12	105.02
2018	70.25	67.33	104.34
2019	74.39	71.55	103.97
2020	76.19	73.51	103.65
2021	78.26	75.59	103.53
2022	79.39	76.93	103.20

2-3 各种特征年龄组的户籍人口(2022年)
Registered Population by Age Groups, 2022

单位：人 (person)

年龄组	Age Groups	合计 Total	男 Male	女 Female
按学龄人口分组	**Grouped by School Age**			
0-2岁	Age 0-2	33260	17278	15982
3-5岁	Age 3-5	55565	28633	26932
6-14岁	Age 6-14	166226	87627	78599
15-17岁	Age 15-17	44197	23630	20567
18-21岁	Age 18-21	48657	25454	23203
按婚育人口分组	**Grouped by Marriage Age and Child-bearing Age**			
进入法定婚龄人口	Reaching Legal Marriage Age	1227540	611255	616285
育龄妇女人口	Women at Child-bearing Age	365843		365843
按劳动人口分组	**Grouped by Labor Age**			
进入劳龄人口	Reaching Labor Age	1291470	651481	639989
进入劳动年龄内人口	Within Labor Age	899752	484974	414778
按老年人口分组	**Grouped by Aged Population**			
65岁及以上人口	Age 65 and over	252428	122815	129613
80岁及以上人口	Age 80 and over	47910	22684	25226

2-4 开发区户籍人口数及户数(2022年)
Registered Households and Population by Developed Area, 2022

项目 Item	单位 Unit	经济技术开发区 TEDA	天津港保税区 TPFTZ	滨海高新区 Binhai HI-TECH Area	东疆综合保税区 Dongjiang Comprehensive Bonded Zone	中新天津生态城 China-Singapore Tianjin Eco-city
总人口 Total Population	万人 10000 persons	11.90	4.13	1.88	0.48	8.91
男性人口 Male	万人 10000 persons	6.05	2.35	1.03	0.25	4.46
女性人口 Female	万人 10000 persons	5.85	1.78	0.85	0.23	4.45
性别比 Sex Ratio	女=100 female=100	103.35	131.39	120.19	112.03	100.25
总户数 Total Households	万户 10000 households	3.50	1.00	0.46	0.12	3.35
户规模 Household Size	人/户 person/household	3.40	4.15	4.12	3.93	2.66

2-5 户籍人口变动情况
Change of Registered Population

指标 Item	单位 Unit	2021	2022
人口迁入数	人	97066	72536
Immigration	person		
人口迁入率	‰	63.09	46.40
Immigration Rate	‰		
人口迁出数	人	61898	49839
Emigration	person		
人口迁出率	‰	40.23	31.88
Emigration Rate	‰		
人口机械增长数	人	41475	24687
Population Growth from Migration	person		
人口机械增长率	‰	26.96	15.79
Rate of Population Growth from Migration	‰		

2-6 婚姻登记和生育情况
Marriage Registration and Fertility Status

指标 Itcm	单位 Unit	2021	2022
婚姻登记情况			
Marriage Registration			
结婚对数	对	12344	10368
Marriages	couple		
离婚对数	对		
Divorces	couple		
#法院判决	对	945	1182
Ruled by Court	couple		
民政协议离婚	对	5711	5672
Approved by Civil Administration Agencies	couple		
生育情况			
Fertility Status			
一孩率	%	58.20	58.1
Family Planning Rate	%		
二孩率	%	38.87	37.3
Two-child Rate	%		

资料来源：天津市滨海新区民政局和卫生健康委
Source: Tianjin Binhai New Area Bureau of Civil Affairs and Tianjin Binhai New Area Health Commission

2-7 “四上”企业从业人员(2022年)

Number of Employment Personnel in Four Kinds of Enterprises above Designated Size or with Qualification Level, 2022

指　　标	Item	绝对数(人) Number (person)	构　成(%) Composition in Percentage(%)
总　　计	**Total**	**1023651**	**100.0**
按登记注册类型分	**Grouped by Registration Status**		
内资企业	Domestic-funded Enterprises	747605	73.0
国有企业	State-owned Enterprises	9006	0.9
集体企业	Collective-owned Enterprises	197	
港澳台商投资企业	Enterprises with Investment from Hong Kong, Macao and Taiwan	105794	10.3
外商投资企业	Foreign Funded Enterprises	170252	16.6
按国民经济行业分	**Grouped by Sector**		
第一产业	Primary Industry		
农林牧渔业	Agriculture, Forestry, Animal Husbandry and Fishery		
第二产业	Secondary Industry	494733	48.3
工　业	Industry	377400	36.9
建筑业	Construction	117333	11.5
第三产业	Tertiary Industry	528918	51.7
批发和零售业	Wholesale and Retail Trades	75870	7.4
交通运输、仓储和邮政业	Transportation, Storage and Post Services	67039	6.5
住宿和餐饮业	Accommodation and Catering Services	12351	1.2
信息传输、软件和信息技术服务业	Information Transmission, Software and IT Services	69075	6.7
金融业	Financial Intermediation		
房地产业	Real Estate	28489	2.8
租赁和商务服务业	Leasing and Business Services	151355	14.8
科学研究和技术服务业	Scientific Research and Technical Services	61301	6.0
水利、环境和公共设施管理业	Management for Water Conservancy, Environment and Public Facilities	5971	0.6
居民服务、修理和其他服务业	Resident Services, Repair and Other Services	48337	4.7
教　育	Education	2647	0.3
卫生和社会工作	Health Care and Social Work	3317	0.3
文化、体育和娱乐业	Culture, Sports and Entertainment	3166	0.3
公共管理、社会保障和社会组织	Public Management, Social Security and Social Organizations		

2-8 开发区“四上”企业从业人员(2022年)
Employment Personnel in Four Kinds of Enterprises above Designated Size or with Qualification Level by Developed Area, 2022

单位：人 (person)

项目	Item	经济技术开发区 TEDA	天津港保税区 TPFTZ	滨海高新区 Binhai HI-TECH Area
总计	**Total**	**398513**	**254402**	**135479**
按登记注册类型分	**Grouped by Registration Status**			
内资企业	Domestic-funded Enterprises	207683	220529	110585
国有企业	State-owned Enterprises		5258	2241
集体企业	Collective-owned Enterprises			
港澳台商投资企业	Enterprises with Investment from Hong Kong, Macao and Taiwan	67584	10634	11507
外商投资企业	Foreign Funded Enterprises	123246	23239	13387
按国民经济行业分	**Grouped by Sector**			
第一产业	Primary Industry			
农林牧渔业	Agriculture, Forestry, Animal Husbandry and Fishery			
第二产业	Secondary Industry	223338	95274	71422
工业	Industry	198306	58921	51010
建筑业	Construction	25032	36353	20412
第三产业	Tertiary Industry	175175	159128	64057
批发和零售业	Wholesale and Retail Trades	9939	22767	6192
交通运输、仓储和邮政业	Transportation, Storage and Post Services	16603	21224	5242
住宿和餐饮业	Accommodation and Catering Services	4429	2090	3090
信息传输、软件和信息技术服务业	Information Transmission, Software and IT Services	27174	15180	19740
金融业	Financial Intermediation			
房地产业	Real Estate	9354	5437	3417
租赁和商务服务业	Leasing and Business Services	41227	80220	2242
科学研究和技术服务业	Scientific Research and Technical Services	18941	11005	22825
水利、环境和公共设施管理业	Management for Water Conservancy, Environment and Public Facilities	2650	145	253
居民服务、修理和其他服务业	Resident Services, Repair and Other Services	40858	360	446
教育	Education	2557	4	
卫生和社会工作	Health Care and Social Work	1050	43	571
文化、体育和娱乐业	Culture, Sports and Entertainment	393	653	39
公共管理、社会保障和社会组织	Public Management, Social Security and Social Organizations			

2-8 续表 continued

单位：人 (person)

项目	Item	东疆综合保税区 Dongjiang Comprehensive Bonded Zone	中新天津生态城 China-Singapore Tianjin Eco-city
总计	**Total**	**49485**	**32690**
按登记注册类型分	**Grouped by Registration Status**		
内资企业	Domestic-funded Enterprises	38974	23889
国有企业	State-owned Enterprises	32	371
集体企业	Collective-owned Enterprises		
港澳台商投资企业	Enterprises with Investment from Hong Kong, Macao and Taiwan	7500	6170
外商投资企业	Foreign Funded Enterprises	3011	2631
按国民经济行业分	**Grouped by Sector**		
第一产业	Primary Industry		
农林牧渔业	Agriculture, Forestry, Animal Husbandry and Fishery		
第二产业	Secondary Industry	1420	8356
工业	Industry	246	3280
建筑业	Construction	1174	5076
第三产业	Tertiary Industry	48065	24334
批发和零售业	Wholesale and Retail Trades	21299	6084
交通运输、仓储和邮政业	Transportation, Storage and Post Services	10374	1270
住宿和餐饮业	Accommodation and Catering Services	215	708
信息传输、软件和信息技术服务业	Information Transmission, Software and IT Services	2751	4167
金融业	Financial Intermediation		
房地产业	Real Estate	2911	1944
租赁和商务服务业	Leasing and Business Services	6287	6075
科学研究和技术服务业	Scientific Research and Technical Services	724	1589
水利、环境和公共设施管理业	Management for Water Conservancy, Environment and Public Facilities	512	824
居民服务、修理和其他服务业	Resident Services, Repair and Other Services	2517	50
教育	Education	77	
卫生和社会工作	Health Care and Social Work	29	55
文化、体育和娱乐业	Culture, Sports and Entertainment	369	1568
公共管理、社会保障和社会组织	Public Management, Social Security and Social Organizations		

2-9 “四上”企业从业人员平均人数(2022年)

Average Number of Employment Personnel in Four Kinds of Enterprises above Designated Size or with Qualification Level, 2022

项　　目	Item	绝对数(人) Number (person)	构　成(%) Composition in Percentage(%)
总　　计	**Total**	**1046760**	**100.0**
按登记注册类型分	**Grouped by Registration Status**		
内资企业	Domestic-funded Enterprises	762389	72.8
国有企业	State-owned Enterprises	8943	0.9
集体企业	Collective-owned Enterprises	198	
港澳台商投资企业	Enterprises with Investment from Hong Kong, Macao and Taiwan	111392	10.6
外商投资企业	Foreign Funded Enterprises	172979	16.5
按国民经济行业分	**Grouped by Sector**		
第一产业	Primary Industry		
农林牧渔业	Agriculture, Forestry, Animal Husbandry and Fishery		
第二产业	Secondary Industry	502044	48.0
工　业	Industry	383138	36.6
建筑业	Construction	118906	11.4
第三产业	Tertiary Industry	544716	52.0
批发和零售业	Wholesale and Retail Trades	77491	7.4
交通运输、仓储和邮政业	Transportation, Storage and Post Services	67273	6.4
住宿和餐饮业	Accommodation and Catering Services	12916	1.2
信息传输、软件和信息技术服务业	Information Transmission, Software and IT Services	76116	7.3
金融业	Financial Intermediation		
房地产业	Real Estate	29931	2.9
租赁和商务服务业	Leasing and Business Services	153994	14.7
科学研究和技术服务业	Scientific Research and Technical Services	61638	5.9
水利、环境和公共设施管理业	Management for Water Conservancy, Environment and Public Facilities	6212	0.6
居民服务、修理和其他服务业	Resident Services, Repair and Other Services	49648	4.7
教　育	Education	2857	0.3
卫生和社会工作	Health Care and Social Work	3298	0.3
文化、体育和娱乐业	Culture, Sports and Entertainment	3342	0.3
公共管理、社会保障和社会组织	Public Management, Social Security and Social Organizations		

2-10 开发区"四上"企业从业人员平均人数(2022年)

Average Number of Employment Personnel in Four Kinds of Enterprises above Designated Size or with Qualification Level by Developed Area, 2022

单位：人 (person)

项目	Item	经济技术开发区 TEDA	天津港保税区 TPFTZ	滨海高新区 Binhai HI-TECH Area
总计	**Total**	**413463**	**254479**	**138315**
按登记注册类型分	**Grouped by Registration Status**			
内资企业	Domestic-funded Enterprises	214852	220280	113829
国有企业	State-owned Enterprises		5153	2274
集体企业	Collective-owned Enterprises			
港澳台商投资企业	Enterprises with Investment from Hong Kong, Macao and Taiwan	71434	10800	11590
外商投资企业	Foreign Funded Enterprises	127177	23399	12896
按国民经济行业分	**Grouped by Sector**			
第一产业	Primary Industry			
农林牧渔业	Agriculture, Forestry, Animal Husbandry and Fishery			
第二产业	Secondary Industry	231450	94752	70225
工业	Industry	205438	58589	49866
建筑业	Construction	26012	36163	20359
第三产业	Tertiary Industry	182013	159727	68090
批发和零售业	Wholesale and Retail Trades	9913	22788	6320
交通运输、仓储和邮政业	Transportation, Storage and Post Services	17535	20706	5213
住宿和餐饮业	Accommodation and Catering Services	4504	1933	3574
信息传输、软件和信息技术服务业	Information Transmission, Software and IT Services	31295	15453	21606
金融业	Financial Intermediation			
房地产业	Real Estate	9637	5544	3579
租赁和商务服务业	Leasing and Business Services	41600	81364	2637
科学研究和技术服务业	Scientific Research and Technical Services	18561	10734	23870
水利、环境和公共设施管理业	Management for Water Conservancy, Environment and Public Facilities	2695	137	259
居民服务、修理和其他服务业	Resident Services, Repair and Other Services	42067	351	430
教育	Education	2758	11	
卫生和社会工作	Health Care and Social Work	966	44	559
文化、体育和娱乐业	Culture, Sports and Entertainment	482	662	43
公共管理、社会保障和社会组织	Public Management, Social Security and Social Organizations			

2-10 续表 continued

单位：人 (person)

项　目	Item	东疆综合保税区 Dongjiang Comprehensive Bonded Zone	中新天津生态城 China-Singapore Tianjin Eco-city
总　计	**Total**	**50908**	**33724**
按登记注册类型分	**Grouped by Registration Status**		
内资企业	Domestic-funded Enterprises	40183	25048
国有企业	State-owned Enterprises	31	375
集体企业	Collective-owned Enterprises		
港澳台商投资企业	Enterprises with Investment from Hong Kong, Macao and Taiwan	7636	7357
外商投资企业	Foreign Funded Enterprises	3089	1319
按国民经济行业分	**Grouped by Sector**		
第一产业	Primary Industry		
农林牧渔业	Agriculture, Forestry, Animal Husbandry and Fishery		
第二产业	Secondary Industry	1540	6787
工　业	Industry	244	1825
建筑业	Construction	1296	4962
第三产业	Tertiary Industry	49368	26937
批发和零售业	Wholesale and Retail Trades	21720	7031
交通运输、仓储和邮政业	Transportation, Storage and Post Services	10306	1190
住宿和餐饮业	Accommodation and Catering Services	196	781
信息传输、软件和信息技术服务业	Information Transmission, Software and IT Services	2769	4930
金融业	Financial Intermediation		
房地产业	Real Estate	3590	2154
租赁和商务服务业	Leasing and Business Services	6507	6642
科学研究和技术服务业	Scientific Research and Technical Services	701	1476
水利、环境和公共设施管理业	Management for Water Conservancy, Environment and Public Facilities	488	979
居民服务、修理和其他服务业	Resident Services, Repair and Other Services	2603	50
教　育	Education	79	
卫生和社会工作	Health Care and Social Work	31	66
文化、体育和娱乐业	Culture, Sports and Entertainment	378	1638
公共管理、社会保障和社会组织	Public Management, Social Security and Social Organizations		

2-11 “四上”企业从业人员工资总额(2022年)

Total Remuneration of Employment Personnel in Four Kinds of Enterprises above Designated Size or with Qualification Level, 2022

项目	Item	绝对数(千元) Absolute Value (1000 yuan)	构成(%) Composition in Percentage(%)
总计	**Total**	**131290288**	**100.0**
按登记注册类型分	**Grouped by Registration Status**		
内资企业	Domestic-funded Enterprises	91072849	69.4
国有企业	State-owned Enterprises	1561622	1.2
集体企业	Collective-owned Enterprises	16096	
港澳台商投资企业	Enterprises with Investment from Hong Kong, Macao and Taiwan	14403663	11.0
外商投资企业	Foreign Funded Enterprises	25813776	19.7
按国民经济行业分	**Grouped by Sector**		
第一产业	Primary Industry		
农林牧渔业	Agriculture, Forestry, Animal Husbandry and Fishery		
第二产业	Secondary Industry	65440970	49.8
工业	Industry	51776850	39.4
建筑业	Construction	13664120	10.4
第三产业	Tertiary Industry	65849318	50.2
批发和零售业	Wholesale and Retail Trades	11352381	8.6
交通运输、仓储和邮政业	Transportation, Storage and Post Services	7686726	5.9
住宿和餐饮业	Accommodation and Catering Services	719929	0.5
信息传输、软件和信息技术服务业	Information Transmission, Software and IT Services	11583697	8.8
金融业	Financial Intermediation		
房地产业	Real Estate	3189407	2.4
租赁和商务服务业	Leasing and Business Services	14110296	10.7
科学研究和技术服务业	Scientific Research and Technical Services	12683875	9.7
水利、环境和公共设施管理业	Management for Water Conservancy, Environment and Public Facilities	562162	0.4
居民服务、修理和其他服务业	Resident Services, Repair and Other Services	2496835	1.9
教育	Education	317527	0.2
卫生和社会工作	Health Care and Social Work	402097	0.3
文化、体育和娱乐业	Culture, Sports and Entertainment	744386	0.6
公共管理、社会保障和社会组织	Public Management, Social Security and Social Organizations		

2-12 开发区“四上”企业从业人员工资总额(2022年)

Total Remuneration of Employment Personnel in Four Kinds of Enterprises above Designated Size or with Qualification Level by Developed Area, 2022

单位：千元 (1000 yuan)

项 目	Item	经济技术开发区 TEDA	天津港保税区 TPFTZ	滨海高新区 Binhai HI-TECH Area
总 计	**Total**	**48664763**	**31122434**	**22212489**
按登记注册类型分	**Grouped by Registration Status**			
内资企业	Domestic-funded Enterprises	23960085	25690951	16625837
国有企业	State-owned Enterprises		827983	496962
集体企业	Collective-owned Enterprises			
港澳台商投资企业	Enterprises with Investment from Hong Kong, Macao and Taiwan	6517968	1475661	3511955
外商投资企业	Foreign Funded Enterprises	18186710	3955822	2074697
按国民经济行业分	**Grouped by Sector**			
第一产业	Primary Industry			
农林牧渔业	Agriculture, Forestry, Animal Husbandry and Fishery			
第二产业	Secondary Industry	29592009	13469880	10217806
工 业	Industry	27365333	7877194	8299737
建筑业	Construction	2226676	5592686	1918069
第三产业	Tertiary Industry	19072754	17652554	11994683
批发和零售业	Wholesale and Retail Trades	1220467	3940527	829660
交通运输、仓储和邮政业	Transportation, Storage and Post Services	1881073	2287439	598492
住宿和餐饮业	Accommodation and Catering Services	243832	117610	202950
信息传输、软件和信息技术服务业	Information Transmission, Software and IT Services	4473289	1766999	3767635
金融业	Financial Intermediation			
房地产业	Real Estate	987915	448706	371154
租赁和商务服务业	Leasing and Business Services	4459072	6080917	275981
科学研究和技术服务业	Scientific Research and Technical Services	2968133	2771305	5822780
水利、环境和公共设施管理业	Management for Water Conservancy, Environment and Public Facilities	217211	26835	33944
居民服务、修理和其他服务业	Resident Services, Repair and Other Services	2146732	21332	16661
教 育	Education	302399	1376	
卫生和社会工作	Health Care and Social Work	63128	3554	68044
文化、体育和娱乐业	Culture, Sports and Entertainment	109503	185954	7382
公共管理、社会保障和社会组织	Public Management, Social Security and Social Organizations			

2-12 续表 continued

单位：千元 (1000 yuan)

项　　目	Item	东疆综合保税区 Dongjiang Comprehensive Bonded Zone	中新天津生态城 China-Singapore Tianjin Eco-city
总　　计	**Total**	**7565015**	**5143538**
按登记注册类型分	**Grouped by Registration Status**		
内资企业	Domestic-funded Enterprises	5696854	3363747
国有企业	State-owned Enterprises	4760	38123
集体企业	Collective-owned Enterprises		
港澳台商投资企业	Enterprises with Investment from Hong Kong, Macao and Taiwan	1138344	1529962
外商投资企业	Foreign Funded Enterprises	729817	249829
按国民经济行业分	**Grouped by Sector**		
第一产业	Primary Industry		
农林牧渔业	Agriculture, Forestry, Animal Husbandry and Fishery		
第二产业	Secondary Industry	209605	699458
工　业	Industry	37011	257801
建筑业	Construction	172594	441657
第三产业	Tertiary Industry	7355410	4444080
批发和零售业	Wholesale and Retail Trades	3195653	1243983
交通运输、仓储和邮政业	Transportation, Storage and Post Services	1399337	104902
住宿和餐饮业	Accommodation and Catering Services	11770	48366
信息传输、软件和信息技术服务业	Information Transmission, Software and IT Services	594725	974225
金融业	Financial Intermediation		
房地产业	Real Estate	559980	333374
租赁和商务服务业	Leasing and Business Services	1196274	960945
科学研究和技术服务业	Scientific Research and Technical Services	148307	256774
水利、环境和公共设施管理业	Management for Water Conservancy, Environment and Public Facilities	38693	178399
居民服务、修理和其他服务业	Resident Services, Repair and Other Services	88590	1486
教　育	Education	12531	
卫生和社会工作	Health Care and Social Work	12717	5321
文化、体育和娱乐业	Culture, Sports and Entertainment	96833	336305
公共管理、社会保障和社会组织	Public Management, Social Security and Social Organizations		

2-13 开发区"四上"企业从业人员平均工资(2022年)
Average Remuneration of Employment Personnel in Four Kinds of Enterprises above Designated Size or with Qualification Level by Developed Area, 2022

单位：元 (yuan)

项目	Item	新区合计 Total	经济技术开发区 TEDA	天津港保税区 TPFTZ	滨海高新区 Binhai HI-TECH Area
总计	**Total**	**125425**	**117700**	**122299**	**160593**
按登记注册类型分	**Grouped by Registration Status**				
内资企业	Domestic-funded Enterprises	119457	111519	116629	146060
国有企业	State-owned Enterprises	174619		160680	218541
集体企业	Collective-owned Enterprises	81293			
港澳台商投资企业	Enterprises with Investment from Hong Kong, Macao and Taiwan	129306	91245	136635	303016
外商投资企业	Foreign Funded Enterprises	149231	143003	169059	160879
按国民经济行业分	**Grouped by Sector**				
第一产业	Primary Industry				
农林牧渔业	Agriculture, Forestry, Animal Husbandry and Fishery				
第二产业	Secondary Industry	130349	127855	142159	145501
工业	Industry	135139	133205	134448	166441
建筑业	Construction	114915	85602	154652	94212
第三产业	Tertiary Industry	120887	104788	110517	176159
批发和零售业	Wholesale and Retail Trades	146499	123118	172921	131275
交通运输、仓储和邮政业	Transportation, Storage and Post Services	114262	107275	110472	114808
住宿和餐饮业	Accommodation and Catering Services	55739	54137	60843	56785
信息传输、软件和信息技术服务业	Information Transmission, Software and IT Services	152185	142939	114347	174379
金融业	Financial Intermediation				
房地产业	Real Estate	106559	102513	80935	103703
租赁和商务服务业	Leasing and Business Services	91629	107189	74737	104657
科学研究和技术服务业	Scientific Research and Technical Services	205780	159912	258180	243937
水利、环境和公共设施管理业	Management for Water Conservancy, Environment and Public Facilities	90496	80598	195876	131058
居民服务、修理和其他服务业	Resident Services, Repair and Other Services	50291	51031	60775	38747
教育	Education	111140	109644	125091	
卫生和社会工作	Health Care and Social Work	121921	65350	80773	121725
文化、体育和娱乐业	Culture, Sports and Entertainment	222737	227185	280897	171674
公共管理、社会保障和社会组织	Public Management, Social Security and Social Organizations				

2-13 续表 continued

单位：元 (yuan)

项目	Item	东疆综合保税区 Dongjiang Comprehensive Bonded Zone	中新天津生态城 China-Singapore Tianjin Eco-city
总计	**Total**	**148602**	**152519**
按登记注册类型分	**Grouped by Registration Status**		
内资企业	Domestic-funded Enterprises	141773	134292
国有企业	State-owned Enterprises	153548	101661
集体企业	Collective-owned Enterprises		
港澳台商投资企业	Enterprises with Investment from Hong Kong, Macao and Taiwan	149076	207960
外商投资企业	Foreign Funded Enterprises	236263	189408
按国民经济行业分	**Grouped by Sector**		
第一产业	Primary Industry		
农林牧渔业	Agriculture, Forestry, Animal Husbandry and Fishery		
第二产业	Secondary Industry	136107	103058
工业	Industry	151684	141261
建筑业	Construction	133174	89008
第三产业	Tertiary Industry	148991	164981
批发和零售业	Wholesale and Retail Trades	147130	176928
交通运输、仓储和邮政业	Transportation, Storage and Post Services	135779	88153
住宿和餐饮业	Accommodation and Catering Services	60051	61928
信息传输、软件和信息技术服务业	Information Transmission, Software and IT Services	214780	197612
金融业	Financial Intermediation		
房地产业	Real Estate	155983	154770
租赁和商务服务业	Leasing and Business Services	183844	144677
科学研究和技术服务业	Scientific Research and Technical Services	211565	173966
水利、环境和公共设施管理业	Management for Water Conservancy, Environment and Public Facilities	79289	182226
居民服务、修理和其他服务业	Resident Services, Repair and Other Services	34034	29720
教育	Education	158620	
卫生和社会工作	Health Care and Social Work	410226	80621
文化、体育和娱乐业	Culture, Sports and Entertainment	256172	205314
公共管理、社会保障和社会组织	Public Management, Social Security and Social Organizations		

2-14 开发区“四上”企业在岗职工工资总额(2022年)

Total Remuneration of On-post Staff and Workers in Four Kinds of Enterprises above Designated Size or with Qualification Level by Developed Area, 2022

单位：千元 (1000 yuan)

项　　目	Item	经济技术开发区 TEDA	天津港保税区 TPFTZ	滨海高新区 Binhai HI-TECH Area
总　　计	**Total**	**46014663**	**29298232**	**21401558**
按登记注册类型分	**Grouped by Registration Status**			
内资企业	Domestic-funded Enterprises	22767902	24561626	15969071
国有企业	State-owned Enterprises		786410	475195
集体企业	Collective-owned Enterprises			
港澳台商投资企业	Enterprises with Investment from Hong Kong, Macao and Taiwan	6290102	1345438	3472483
外商投资企业	Foreign Funded Enterprises	16956659	3391168	1960004
按国民经济行业分	**Grouped by Sector**			
第一产业	Primary Industry			
农林牧渔业	Agriculture, Forestry, Animal Husbandry and Fishery			
第二产业	Secondary Industry	27896944	12579683	9778907
工　业	Industry	25864505	7484626	8113865
建筑业	Construction	2032439	5095057	1665042
第三产业	Tertiary Industry	18117719	16718549	11622651
批发和零售业	Wholesale and Retail Trades	1149498	3762295	733854
交通运输、仓储和邮政业	Transportation, Storage and Post Services	1713549	2089823	526122
住宿和餐饮业	Accommodation and Catering Services	204318	106307	183662
信息传输、软件和信息技术服务业	Information Transmission, Software and IT Services	4357905	1465315	3730628
金融业	Financial Intermediation			
房地产业	Real Estate	932765	411040	351197
租赁和商务服务业	Leasing and Business Services	4277643	5964095	267127
科学研究和技术服务业	Scientific Research and Technical Services	2814414	2684445	5709394
水利、环境和公共设施管理业	Management for Water Conservancy, Environment and Public Facilities	145975	26638	33257
居民服务、修理和其他服务业	Resident Services, Repair and Other Services	2144428	20348	16016
教　育	Education	285849	1376	
卫生和社会工作	Health Care and Social Work	56270	3381	64455
文化、体育和娱乐业	Culture, Sports and Entertainment	35105	183486	6939
公共管理、社会保障和社会组织	Public Management, Social Security and Social Organizations			

2-14 续表 continued

单位：千元 (1000 yuan)

项　目	Item	东疆综合保税区 Dongjiang Comprehensive Bonded Zone	中新天津生态城 China-Singapore Tianjin Eco-city
总　计	**Total**	**6873596**	**4696031**
按登记注册类型分	**Grouped by Registration Status**		
内资企业	Domestic-funded Enterprises	5041602	2944965
国有企业	State-owned Enterprises	4467	36882
集体企业	Collective-owned Enterprises		
港澳台商投资企业	Enterprises with Investment from Hong Kong, Macao and Taiwan	1128248	1528195
外商投资企业	Foreign Funded Enterprises	703746	222871
按国民经济行业分	**Grouped by Sector**		
第一产业	Primary Industry		
农林牧渔业	Agriculture, Forestry, Animal Husbandry and Fishery		
第二产业	Secondary Industry	162315	482444
工　业	Industry	11536	228189
建筑业	Construction	150779	254255
第三产业	Tertiary Industry	6711281	4213587
批发和零售业	Wholesale and Retail Trades	2893735	1233608
交通运输、仓储和邮政业	Transportation, Storage and Post Services	1266904	67815
住宿和餐饮业	Accommodation and Catering Services	11770	42740
信息传输、软件和信息技术服务业	Information Transmission, Software and IT Services	593171	965117
金融业	Financial Intermediation		
房地产业	Real Estate	557111	295073
租赁和商务服务业	Leasing and Business Services	1007257	923339
科学研究和技术服务业	Scientific Research and Technical Services	145555	251650
水利、环境和公共设施管理业	Management for Water Conservancy, Environment and Public Facilities	26378	165478
居民服务、修理和其他服务业	Resident Services, Repair and Other Services	88590	1486
教　育	Education	12531	
卫生和社会工作	Health Care and Social Work	11514	5247
文化、体育和娱乐业	Culture, Sports and Entertainment	96765	262034
公共管理、社会保障和社会组织	Public Management, Social Security and Social Organizations		

2-15 开发区“四上”企业在岗职工平均工资(2022年)

Average Remuneration of On-post Staff and Workers in Four Kinds of Enterprises above Designated Size or with Qualification Level by Developed Area, 2022

单位：元 (yuan)

项目	Item	经济技术开发区 TEDA	天津港保税区 TPFTZ	滨海高新区 Binhai HI-TECH Area
总计	**Total**	**118489**	**123566**	**166609**
按登记注册类型分	**Grouped by Registration Status**			
内资企业	Domestic-funded Enterprises	113073	118750	151709
国有企业	State-owned Enterprises		164555	240971
集体企业	Collective-owned Enterprises			
港澳台商投资企业	Enterprises with Investment from Hong Kong, Macao and Taiwan	91506	134409	309656
外商投资企业	Foreign Funded Enterprises	143395	167382	163620
按国民经济行业分	**Grouped by Sector**			
第一产业	Primary Industry			
农林牧渔业	Agriculture, Forestry, Animal Husbandry and Fishery			
第二产业	Secondary Industry	129215	147850	152452
工业	Industry	134770	135488	170084
建筑业	Construction	84759	170734	101286
第三产业	Tertiary Industry	105060	109975	180729
批发和零售业	Wholesale and Retail Trades	123482	172955	126309
交通运输、仓储和邮政业	Transportation, Storage and Post Services	104965	112811	115327
住宿和餐饮业	Accommodation and Catering Services	53599	62204	63288
信息传输、软件和信息技术服务业	Information Transmission, Software and IT Services	146391	112483	175443
金融业	Financial Intermediation			
房地产业	Real Estate	104336	79290	111138
租赁和商务服务业	Leasing and Business Services	107115	73774	109299
科学研究和技术服务业	Scientific Research and Technical Services	163629	273588	248732
水利、环境和公共设施管理业	Management for Water Conservancy, Environment and Public Facilities	116315	197319	133562
居民服务、修理和其他服务业	Resident Services, Repair and Other Services	51027	58809	38874
教育	Education	105909	125091	
卫生和社会工作	Health Care and Social Work	67551	102455	124431
文化、体育和娱乐业	Culture, Sports and Entertainment	100587	285359	198257
公共管理、社会保障和社会组织	Public Management, Social Security and Social Organizations			

2-15 续表 continued

单位：元 (yuan)

项　　目	Item	东疆综合保税区 Dongjiang Comprehensive Bonded Zone	中新天津生态城 China-Singapore Tianjin Eco-city
总　　计	**Total**	**157854**	**160077**
按登记注册类型分	**Grouped by Registration Status**		
内资企业	Domestic-funded Enterprises	152817	140243
国有企业	State-owned Enterprises	159536	103022
集体企业	Collective-owned Enterprises		
港澳台商投资企业	Enterprises with Investment from Hong Kong, Macao and Taiwan	148591	208003
外商投资企业	Foreign Funded Enterprises	237752	225122
按国民经济行业分	**Grouped by Sector**		
第一产业	Primary Industry		
农林牧渔业	Agriculture, Forestry, Animal Husbandry and Fishery		
第二产业	Secondary Industry	136629	110703
工　业	Industry	221846	157372
建筑业	Construction	132728	87433
第三产业	Tertiary Industry	158449	168692
批发和零售业	Wholesale and Retail Trades	161905	178939
交通运输、仓储和邮政业	Transportation, Storage and Post Services	133106	85517
住宿和餐饮业	Accommodation and Catering Services	60051	60710
信息传输、软件和信息技术服务业	Information Transmission, Software and IT Services	215307	202288
金融业	Financial Intermediation		
房地产业	Real Estate	155966	175014
租赁和商务服务业	Leasing and Business Services	229235	147498
科学研究和技术服务业	Scientific Research and Technical Services	215957	175611
水利、环境和公共设施管理业	Management for Water Conservancy, Environment and Public Facilities	91273	217734
居民服务、修理和其他服务业	Resident Services, Repair and Other Services	34034	29720
教　育	Education	158620	
卫生和社会工作	Health Care and Social Work	411214	80723
文化、体育和娱乐业	Culture, Sports and Entertainment	258040	167755
公共管理、社会保障和社会组织	Public Management, Social Security and Social Organizations		

3 农业 Agriculture

3-1 农村主要经济指标
Major Economic Indicators of Rural Area

项　　目	Item	2021	2022	2022比2021年增长(%) Increase Rate in 2022 over 2021(%)
农作物总播种面积(公顷)	**Total Sown Areas of Farm Crops(hectare)**	**26599**	**26446**	**-0.6**
#粮食作物	Grain	24787	24181	-2.4
棉　花	Cotton	139	127	-8.3
油　料	Oil-bearing Crops		60	
蔬　菜	Vegetables	1673	2078	24.2
农作物总产量(万吨)	**Yield of Farm Crops(10000 tons)**			
#粮　食	Grain	11.23	11.27	0.4
棉　花	Cotton	0.05	0.02	-59.1
蔬　菜	Vegetables	6.25	7.38	18.1
水果产量(万吨)	**Yield of Fruits(10000 tons)**	**4.24**	**4.51**	**6.4**
主要畜产品产量(吨)	**Output of Animal(ton)**			
肉类产量	Output of Meat	23945	28168	17.6
#猪肉产量	Output of Pork	16300	19549	19.9
牛羊肉产量	Output of Beef and Mutton	2374	2707	14.0
禽肉产量	Output of Poultry	5271	5912	12.2
禽蛋产量	Output of Poultry Eggs	27489	27564	0.3
奶类产量	Output of Milk	156461	154325	-1.4
渔业生产	**Production of Fishery**			
水产养殖面积(公顷)	Culture Areas of Aquatic Products(hectare)	4383	4380	-0.1
#淡　水	Fresh Water	3516	3687	4.9
水产品产量(吨)	Output of Aquatic Products (ton)	59457	56301	-5.3
#淡　水	Fresh Water	14323	25761	79.9
农林牧渔业总产值(万元)	**Gross Output Value of Agriculture, Forestry, Animal Husbandry and Fishery(10000 yuan)**	**524120**	**489963**	**-6.5**
农　业	Agriculture	109027	107238	-1.6
林　业	Forestry	1170		
牧　业	Animal Husbandry	157430	180260	14.5
渔　业	Fishery	256493	202465	-21.1
农林牧渔业增加值(万元)	**Value Added of Agriculture, Forestry, Animal Husbandry and Fishery(10000 yuan)**	**302062**	**274203**	**-5.4**

3-2 农业现代化情况
Agricultural Modernization

项　目	Item	单　位	Unit	2021	2022	2022比2021年增长(%) Increase Rate in 2022 over 2021(%)
农业机械化情况	**Agricultural Mechanization**					
农业机械	**Agricultural Machinery**					
总动力	Total Power	万千瓦	10000 kW	18.04	15.94	-11.6
大中型拖拉机	Large and Medium-sized Tractors	台	set	655	449	-31.5
小型拖拉机	Mini-tractors	台	set	94	17	-81.9
农用排灌机械	Agricultural Irrigation and Drainage Machinery	台	sct	3326	3328	0.1
农用水泵	Agricultural Pump	台	set	2312	2312	
农机作业	**Agricultural Machinery Operation**					
当年机耕面积	Cultivated Area Using Machinery in Current Year	千公顷	1000 hectares	24.24	24.59	1.4
当年机播面积	Sown Arca Using Machincry in Current Year	千公顷	1000 hectares	25.50	26.48	3.8
当年机收面积	Harvested Area Using Machinery in Current Year	千公顷	1000 hectares	24.90	26.24	5.4
水利化情况	**Irrigation**					
机电井数量	Motor-pumped Well	眼	unit	618	446	-27.8
机电灌溉面积	Irrigated Area	千公顷	1000 hectares	4.43	3.97	-10.4
节水灌溉面积	Water-saving Irrigated Area	千公顷	1000 hectares	0.43	0.45	5.9

3-3 用水情况(2012-2022年)
Statistics on Water, 2012-2022

单位：万立方米 (10000 cu.m)

年 份 Year	项 目	Item	总 量 Total Volume
2012	小 计	Sub-total	7483
	地表水	Surface Water	963
	地下水	Underground Water	6520
2013	小 计	Sub-total	37127
	地表水	Surface Water	28634
	地下水	Underground Water	8493
2014	小 计	Sub-total	38273
	地表水	Surface Water	31152
	地下水	Underground Water	7121
2015	小 计	Sub-total	37327
	地表水	Surface Water	30899
	地下水	Underground Water	6428
2016	小 计	Sub-total	20664
	地表水	Surface Water	16073
	地下水	Underground Water	4591
2017	小 计	Sub-total	23449
	地表水	Surface Water	21012
	地下水	Underground Water	2437
2018	小 计	Sub-total	29929
	地表水	Surface Water	27830
	地下水	Underground Water	2099
2019	小 计	Sub-total	34005
	地表水	Surface Water	32314
	地下水	Underground Water	1691
2020	小 计	Sub-total	35381
	地表水	Surface Water	34229
	地下水	Underground Water	1152
2021	小 计	Sub-total	38950
	地表水	Surface Water	38508
	地下水	Underground Water	442
2022	小 计	Sub-total	33984
	地表水	Surface Water	31541
	地下水	Underground Water	2443

资料来源：天津市滨海新区水务局，表3-4同。
Source: Tianjin Binhai New Area Bureau of Water Authority. Same as table 3-4.

3-4 水库基本情况(2022年)
Reservoirs, 2022

水库名称 Name of Reservoir	坐落区域 District Sited	所在河系 Located River	总库容(万立方米) Total Capacity of Reservoir (10000 cu.m)
大型水库			
Large Reservoirs			
北大港水库	大港区域	大清河系	40400
Beidagang Reservoir	Dagang District	Daqing River System	
中型水库			
Medium Reservoirs			
黄港一库	北塘街	永定河系	1265
Huanggang I Reservoir	Beitang Street	Yongding River System	
黄港二库	北塘街	永定河系	6725
Huanggang II Reservoir	Beitang Street	Yongding River System	
北塘水库	北塘街	永定河系	4158
Beitang Reservoir	Beitang Street	Yongding River System	
小型水库			
Small Reservoirs			
钱圈水库	小王庄镇	大清河系	437
Qianquan Reservoir	Xiaowangzhuang Town	Daqing River System	

工业 4
Industry

4-1 主要工业产品产量
Output of Major Industrial Products

产品名称	Item	单 位	Unit	2021	2022
原 油	Crude Oil	万吨	10000 tons	3407.0	3575.26
天然气	Natural Gas	亿立方米	100 million cu.m	39.0	41.17
原 盐	Salt	万吨	10000 tons	181.8	173.0
饲 料	Feed	万吨	10000 tons	538.5	667.2
精制食用植物油	Refined Edible Vegetable Oil	万吨	10000 tons	258.8	237.1
方便面	Instant Noodles	万吨	10000 tons	33.9	34.8
饮料酒	Alcoholic Beverage	千升	kiloliter	135260.1	120449.1
饮 料	Drinking	万吨	10000 tons	143.4	139.2
纱	Yarn	万吨	10000 tons	0.2	0.1
布	Cloth	万米	10000 m	2566.5	971.5
服 装	Garments	万件	10000 pieces	168.9	157.2
家 具	Furniture	万件	10000 pieces	127.1	125.0
表	Watch	万只	10000 units	156.6	236.8
原油加工量	Crude Oil Processed	万吨	10000 tons	1700.1	1649.2
汽 油	Gasoline	万吨	10000 tons	415.9	361.7
煤 油	Kerosene	万吨	10000 tons	127.5	103.8
柴 油	Diesel Oil	万吨	10000 tons	244.0	318.3
石油焦	Petroleum Coke	万吨	10000 tons	95.2	106.0
石脑油	Naphtha	万吨	10000 tons	380.4	311.5
硫 酸	Sulfuric Acid	万吨	10000 tons	21.5	20.7
盐 酸	Hydrochloric Acid	万吨	10000 tons	9.2	8.9
烧 碱	Caustic Soda	万吨	10000 tons	68.8	84.1
纯 碱	Soda Ash	万吨	10000 tons	55.2	65.9
乙 烯	Ethylene	万吨	10000 tons	149.0	137.3
纯 苯	Pure Benzene	万吨	10000 tons	48.2	40.6
农用氮、磷、钾化学肥料(折纯)	Chemical Nitrogen, Phosphate and Potash Fertilizers for Agriculture (as purity)	万吨	10000 tons	56.0	47.8
涂 料	Paint	万吨	10000 tons	13.0	11.3

4-1 续表 continued

产品名称	Item	单 位	Unit	2021	2022
初级形态塑料	Primary Plastics	万吨	10000 tons	359.4	360.9
化学药品原药	Chemical Medicine	吨	ton	27884.4	25166.4
中成药	Traditional Chinese Medicine	吨	ton	45.9	29.2
石墨及碳素制品	Graphite and Carbon Products	万吨	10000 tons	38.5	39.4
橡胶轮胎外胎	Rubber Outer Tires	万条	10000 units	643.7	732.6
水　泥	Cement	万吨	10000 tons	52.6	63.0
商品混凝土	Commercial Concrete	万立方米	10000 cu.m	665.4	574.9
平板玻璃	Plate Glass	万重量箱	10000 weight cases	573.0	561.6
钢　材	Rolled Steel	万吨	10000 tons	581.2	490.6
#无缝钢管	Seamless Steel Pipe	万吨	10000 tons	48.1	54.7
金属集装箱	Metal Containers	万立方米	10000 cu.m	536.3	349.7
电梯、自动扶梯及升降机	Elevators, Escalators and Lifts	万台	10000 units	4.8	5.2
气体压缩机	Gas Compressors	万台	10000 units	102.5	86.9
阀　门	Valves	万吨	10000 tons	3.6	3.5
汽　车	Motor Vehicles	万辆	10000 units	74.0	60.3
#基本型乘用车(轿车)	Cars	万辆	10000 units	49.9	34.0
两轮脚踏自行车	Pedal Bicycles with Two Wheels	万辆	10000 units	733.3	422.5
锂离子电池	Lithium-ion Battery	亿只	100 million units	9.2	10.6
太阳能电池(光伏电池)	Solar Cell (PV Cell)	万千瓦	10000 kW	20.4	12.9
微波炉	Microwave Ovens	万台	10000 units	145.9	8.8
移动通信手持机(手机)	Mobile Phones	万台	10000 units	4.6	2.1
电子计算机整机	Integrated Computers	万台	10000 units	79.2	55.0
#服务器	Servers	万台	10000 units	78.4	54.9
显示器	Displays	万台	10000 units	563.1	431.9
集成电路	Integrated Circuits	亿块	100 million units	14.9	11.3
电子元件	Electronic Components	亿只	100 million units	9264.2	4924.6
医疗仪器设备及器械	Medical Equipment and Instrument	台	unit	7601	38002
服务机器人	Service Robot	万套	10000 sets	55.1	41.6
发电量	Electricity Generation	亿千瓦小时	100 million kW·h	415.1	376.3

4-2 规模以上工业企业主要财务指标(2022年)
Main Financial Indicators of Industrial Enterprises above Designated Size, 2022

项 目	Item	企业单位数(个) Number of Enterprises (unit)	全部职工年平均人数(人) Annual Average Employment Personnel (person)	实收资本(万元) Paid-up Capital (10000 yuan)
总 计	**Total**	**1375**	**384346**	**33450168**
按登记注册类型分	**Grouped by Registration Status**			
内资企业	Domestic Invested Enterprises	915	209123	20734364
国有企业	State-owned Enterprises	6	488	42720
集体企业	Collective-owned Enterprises	1	35	32
股份合作企业	Cooperative Enterprises	10	1059	14798
私营企业	Private Enterprises	465	44778	2191618
股份有限公司	Share-holding Corporations Ltd.	63	44613	4414089
有限责任公司	Limited Liability Corporations	370	118150	14071107
#国有独资	State Sole-proprietorship Corporations	42	43598	6218462
联营企业	Joint Ownership Enterprises			
其他内资企业	Other Domestic Invested Enterprises			
港澳台商投资企业	Enterprises with Investment from Hong Kong, Macao and Taiwan	94	35832	1565581
外商投资企业	Foreign Funded Enterprises	366	139391	11150223
按经济类型分	**Grouped by Ownership**			
国有经济	State-owned	48	44086	6261182
集体经济	Collective-owned	11	1094	14830
私有经济	Private and Individual	465	44778	2191618
港澳台商投资经济	Hong Kong, Macao and Taiwan Funded	94	35832	1565581
外商投资经济	Foreign Funded	366	139391	11150223
其 他	Others	391	119165	12266734
按隶属关系分	**Grouped by Administrative Relationship**			
中 央	Central	41	61650	7899666
地 方	Local	162	55540	5021664
其 他	Others	1172	267156	20528838
按轻重分	**Grouped by Light & Heavy Industry**			
轻工业	Light Industry	351	91981	6618987
重工业	Heavy Industry	1024	292365	26831181
按规模分	**Grouped by Size of Enterprises**			
大 型	Large-sized	61	195177	16057316
中 型	Medium-sized	166	87146	6368091
小 型	Small-sized	992	98817	9536921
微 型	Mini-sized	156	3206	1487840

4-2 续表 1 continued

单位：万元 (10000 yuan)

项目	Item	资产总计 Total Assets	流动资产合计 Current Assets	#存货 Inventories	#产成品 Finished Goods
总 计	**Total**	**135180497**	**64855343**	**13795660**	**4783674**
按登记注册类型分	**Grouped by Registration Status**				
内资企业	Domestic Invested Enterprises	72700451	34798214	6972216	2500526
国有企业	State-owned Enterprises	574580	454641	152190	94119
集体企业	Collective-owned Enterprises	1085	951	10	
股份合作企业	Cooperative Enterprises	70828	48259	7835	4864
私营企业	Private Enterprises	8930156	5468291	1439734	693118
股份有限公司	Share-holding Corporations Ltd.	23543653	8655453	1937691	441583
有限责任公司	Limited Liability Corporations	39580150	20170620	3434757	1266841
#国有独资	State Sole-proprietorship Corporations	15559963	7765355	790306	484714
联营企业	Joint Ownership Enterprises				
其他内资企业	Other Domestic Invested Enterprises				
港澳台商投资企业	Enterprises with Investment from Hong Kong, Macao and Taiwan	22321519	5374299	901942	309757
外商投资企业	Foreign Funded Enterprises	40158526	24682830	5921501	1973392
按经济类型分	**Grouped by Ownership**				
国有经济	State-owned	16134543	8219996	942495	578833
集体经济	Collective-owned	71913	49210	7845	4864
私有经济	Private and Individual	8930156	5468291	1439734	693118
港澳台商投资经济	Hong Kong, Macao and Taiwan Funded	22321519	5374299	901942	309757
外商投资经济	Foreign Funded	40158526	24682830	5921501	1973392
其 他	Others	47563840	21060718	4582142	1223710
按隶属关系分	**Grouped by Administrative Relationship**				
中 央	Central	20256352	7338466	1173821	285597
地 方	Local	24510910	11902864	1830874	804983
其 他	Others	90413235	45614013	10790965	3693094
按轻重分	**Grouped by Light & Heavy Industry**				
轻工业	Light Industry	25814288	14882562	3550350	1370760
重工业	Heavy Industry	109366209	49972781	10245310	3412914
按规模分	**Grouped by Size of Enterprises**				
大 型	Large-sized	76236231	30333842	5882373	1648631
中 型	Medium-sized	22838360	12526404	3094632	1228556
小 型	Small-sized	34791068	21249017	4702765	1860579
微 型	Mini-sized	1314837	746081	115890	45909

4-2 续表 2 continued

单位：万元 (10000 yuan)

项 目	Item	负债合计 Total Liabilities	固定资产原价 Original Value of Fixed Assets	营业收入 Business Revenue
总 计	**Total**	**69349215**	**103429467**	**123873437**
按登记注册类型分	**Grouped by Registration Status**			
内资企业	Domestic Invested Enterprises	37670872	41649037	54326607
国有企业	State-owned Enterprises	480408	125358	771692
集体企业	Collective-owned Enterprises	280	476	3208
股份合作企业	Cooperative Enterprises	21929	41915	74619
私营企业	Private Enterprises	5080253	3096239	9696191
股份有限公司	Share-holding Corporations Ltd.	9871603	19062777	19131088
有限责任公司	Limited Liability Corporations	22216399	19322273	24649810
#国有独资	State Sole-proprietorship Corporations	7066047	5777397	5849958
联营企业	Joint Ownership Enterprises			
其他内资企业	Other Domestic Invested Enterprises			
港澳台商投资企业	Enterprises with Investment from Hong Kong, Macao and Taiwan	13502723	38496166	20907977
外商投资企业	Foreign Funded Enterprises	18175620	23284264	48638854
按经济类型分	**Grouped by Ownership**			
国有经济	State-owned	7546455	5902754	6621650
集体经济	Collective-owned	22209	42391	77827
私有经济	Private and Individual	5080253	3096239	9696191
港澳台商投资经济	Hong Kong, Macao and Taiwan Funded	13502723	38496166	20907977
外商投资经济	Foreign Funded	18175620	23284264	48638854
其 他	Others	25021955	32607652	37930940
按隶属关系分	**Grouped by Administrative Relationship**			
中 央	Central	9227932	20934150	19356755
地 方	Local	13685801	11819350	14669734
其 他	Others	46435482	70675967	89846948
按轻重分	**Grouped by Light & Heavy Industry**			
轻工业	Light Industry	11516252	9156242	22275409
重工业	Heavy Industry	57832963	94273226	101598028
按规模分	**Grouped by Size of Enterprises**			
大 型	Large-sized	37386948	74371527	71499442
中 型	Medium-sized	12614685	13143934	21850347
小 型	Small-sized	18608416	15067552	29116043
微 型	Mini-sized	739166	846454	1407605

4-2 续表 3 continued

单位：万元 (10000 yuan)

项 目	Item	营业成本 Business Cost	税金及附加 Taxes and Extra Charges	利税总额 Total Profits and Taxes	#利润总额 Total Profits
总 计	**Total**	**99939480**	**3139037**	**20164439**	**13702661**
按登记注册类型分	**Grouped by Registration Status**				
内资企业	Domestic Invested Enterprises	47802274	1720445	3810982	1057005
国有企业	State-owned Enterprises	731350	1236	17817	11071
集体企业	Collective-owned Enterprises	3080	7	171	71
股份合作企业	Cooperative Enterprises	66368	271	1808	44
私营企业	Private Enterprises	8579333	29282	414793	269756
股份有限公司	Share-holding Corporations Ltd.	16066990	1584051	2219788	249941
有限责任公司	Limited Liability Corporations	22355152	105598	1156605	526123
#国有独资	State Sole-proprietorship Corporations	5416450	33963	275528	89995
联营企业	Joint Ownership Enterprises				
其他内资企业	Other Domestic Invested Enterprises				
港澳台商投资企业	Enterprises with Investment from Hong Kong, Macao and Taiwan	10408285	658547	11106187	9014514
外商投资企业	Foreign Funded Enterprises	41728921	760045	5247271	3631142
按经济类型分	**Grouped by Ownership**				
国有经济	State-owned	6147800	35200	293345	101065
集体经济	Collective-owned	69448	278	1979	115
私有经济	Private and Individual	8579333	29282	414793	269756
港澳台商投资经济	Hong Kong, Macao and Taiwan Funded	10408285	658547	11106187	9014514
外商投资经济	Foreign Funded	41728921	760045	5247271	3631142
其 他	Others	33005692	1655685	3100865	686070
按隶属关系分	**Grouped by Administrative Relationship**				
中 央	Central	16817257	1590732	1846281	-167534
地 方	Local	13000857	77920	903637	566879
其 他	Others	70121366	1470385	17414522	13303317
按轻重分	**Grouped by Light & Heavy Industry**				
轻工业	Light Industry	18943897	96487	1310917	876470
重工业	Heavy Industry	80995583	3042550	18853522	12826191
按规模分	**Grouped by Size of Enterprises**				
大 型	Large-sized	53880175	2848126	16835965	11585329
中 型	Medium-sized	19257945	92540	1148565	693967
小 型	Small-sized	25514648	194775	2115160	1389030
微 型	Mini-sized	1286712	3596	64750	34335

4-3 天津经济技术开发区规模以上工业企业主要财务指标(2022年)
Main Financial Indicators of Industrial Enterprises above Designated Size in TEDA , 2022

项 目	Item	企业单位数(个) Number of Enterprises (unit)	全部职工年平均人数(人) Annual Average Employment Personnel (person)	实收资本(万元) Paid-up Capital (10000 yuan)
总 计	**Total**	**537**	**205762**	**16846046**
按登记注册类型分	**Grouped by Registration Status**			
内资企业	Domestic Invested Enterprises	264	76125	7499937
国有企业	State-owned Enterprises			
集体企业	Collective-owned Enterprises			
股份合作企业	Cooperative Enterprises			
私营企业	Private Enterprises	153	14836	689658
股份有限公司	Share-holding Corporations Ltd.	11	4703	770169
有限责任公司	Limited Liability Corporations	100	56586	6040110
#国有独资	State Sole-proprietorship Corporations	9	23441	3564190
联营企业	Joint Ownership Enterprises			
其他内资企业	Other Domestic Invested Enterprises			
港澳台商投资企业	Enterprises with Investment from Hong Kong, Macao and Taiwan	54	19180	941355
外商投资企业	Foreign Funded Enterprises	219	110457	8404754
按经济类型分	**Grouped by Ownership**			
国有经济	State-owned	9	23441	3564190
集体经济	Collective-owned			
私有经济	Private and Individual	153	14836	689658
港澳台商投资经济	Hong Kong, Macao and Taiwan Funded	54	19180	941355
外商投资经济	Foreign Funded	219	110457	8404754
其 他	Others	102	37848	3246089
按隶属关系分	**Grouped by Administrative Relationship**			
中 央	Central	18	26469	3991521
地 方	Local	59	28831	1748753
其 他	Others	460	150462	11105772
按轻重分	**Grouped by Light & Heavy Industry**			
轻工业	Light Industry	160	52120	2617189
重工业	Heavy Industry	377	153642	14228856
按规模分	**Grouped by Size of Enterprises**			
大 型	Large-sized	39	131282	10859667
中 型	Medium-sized	64	33372	1815761
小 型	Small-sized	386	40203	4092620
微 型	Mini-sized	48	905	77998

4-3 续表 1 continued

单位：万元 (10000 yuan)

项目	Item	资产总计 Total Assets	流动资产合计 Current Assets	#存货 Inventories	#产成品 Finished Goods
总计	**Total**	**56617742**	**32758283**	**6796098**	**2298208**
按登记注册类型分	**Grouped by Registration Status**				
内资企业	Domestic Invested Enterprises	20525533	10758407	2011252	852153
国有企业	State-owned Enterprises				
集体企业	Collective-owned Enterprises				
股份合作企业	Cooperative Enterprises				
私营企业	Private Enterprises	2780721	1624251	384469	183195
股份有限公司	Share-holding Corporations Ltd.	1796406	800335	236044	70882
有限责任公司	Limited Liability Corporations	15948406	8333821	1390739	598076
#国有独资	State Sole-proprietorship Corporations	5791974	3088243	355020	297494
联营企业	Joint Ownership Enterprises				
其他内资企业	Other Domestic Invested Enterprises				
港澳台商投资企业	Enterprises with Investment from Hong Kong, Macao and Taiwan	4886108	2655509	407566	126125
外商投资企业	Foreign Funded Enterprises	31206101	19344367	4377280	1319930
按经济类型分	**Grouped by Ownership**				
国有经济	State-owned	5791974	3088243	355020	297494
集体经济	Collective-owned				
私有经济	Private and Individual	2780721	1624251	384469	183195
港澳台商投资经济	Hong Kong, Macao and Taiwan Funded	4886108	2655509	407566	126125
外商投资经济	Foreign Funded	31206101	19344367	4377280	1319930
其他	Others	11952838	6045913	1271764	371464
按隶属关系分	**Grouped by Administrative Relationship**				
中央	Central	6298349	3337681	307833	121557
地方	Local	8868407	5156761	920815	437844
其他	Others	41450986	24263841	5567450	1738807
按轻重分	**Grouped by Light & Heavy Industry**				
轻工业	Light Industry	11367603	6683312	1997228	653231
重工业	Heavy Industry	45250139	26074971	4798870	1644977
按规模分	**Grouped by Size of Enterprises**				
大型	Large-sized	35114768	20038870	4057339	1293366
中型	Medium-sized	7412026	4251181	953266	289996
小型	Small-sized	13725493	8245168	1748850	693148
微型	Mini-sized	365455	223063	36643	21698

4-3 续表 2 continued

单位：万元 (10000 yuan)

项　目	Item	负债合计 Total Liabilities	固定资产原价 Original Value of Fixed Assets	营业收入 Business Revenue
总　计	**Total**	**27354271**	**30670768**	**58759346**
按登记注册类型分	**Grouped by Registration Status**			
内资企业	Domestic Invested Enterprises	10925687	9626129	16717671
国有企业	State-owned Enterprises			
集体企业	Collective-owned Enterprises			
股份合作企业	Cooperative Enterprises			
私营企业	Private Enterprises	1509705	933013	2057989
股份有限公司	Share-holding Corporations Ltd.	688182	1143571	4422125
有限责任公司	Limited Liability Corporations	8727799	7549544	10237557
#国有独资	State Sole-proprietorship Corporations	2525321	2554192	2588349
联营企业	Joint Ownership Enterprises			
其他内资企业	Other Domestic Invested Enterprises			
港澳台商投资企业	Enterprises with Investment from Hong Kong, Macao and Taiwan	3040358	2858428	4771618
外商投资企业	Foreign Funded Enterprises	13388226	18186212	37270058
按经济类型分	**Grouped by Ownership**			
国有经济	State-owned	2525321	2554192	2588349
集体经济	Collective-owned			
私有经济	Private and Individual	1509705	933013	2057989
港澳台商投资经济	Hong Kong, Macao and Taiwan Funded	3040358	2858428	4771618
外商投资经济	Foreign Funded	13388226	18186212	37270058
其　他	Others	6890660	6138923	12071333
按隶属关系分	**Grouped by Administrative Relationship**			
中　央	Central	2503567	3421682	7114950
地　方	Local	5157313	4511631	6746447
其　他	Others	19693391	22737455	44897949
按轻重分	**Grouped by Light & Heavy Industry**			
轻工业	Light Industry	5043884	5646018	10074637
重工业	Heavy Industry	22310387	25024750	48684710
按规模分	**Grouped by Size of Enterprises**			
大　型	Large-sized	16753659	19775485	39440692
中　型	Medium-sized	3506722	3977013	7690186
小　型	Small-sized	6908007	6790634	11165202
微　型	Mini-sized	185883	127637	463267

4-3 续表 3 continued

单位：万元 (10000 yuan)

项 目	Item	营业成本 Business Cost	税金及附加 Taxes and Extra Charges	利税总额 Total Profits and Taxes	#利润总额 Total Profits
总 计	**Total**	**50312550**	**1261114**	**6445259**	**4040987**
按登记注册类型分	**Grouped by Registration Status**				
内资企业	Domestic Invested Enterprises	14458868	548095	1623468	740360
国有企业	State-owned Enterprises				
集体企业	Collective-owned Enterprises				
股份合作企业	Cooperative Enterprises				
私营企业	Private Enterprises	1705967	9580	167194	119106
股份有限公司	Share-holding Corporations Ltd.	3550719	505198	849810	268599
有限责任公司	Limited Liability Corporations	9202182	33317	606465	352656
#国有独资	State Sole-proprietorship Corporations	2414713	12333	87333	33952
联营企业	Joint Ownership Enterprises				
其他内资企业	Other Domestic Invested Enterprises				
港澳台商投资企业	Enterprises with Investment from Hong Kong, Macao and Taiwan	4173443	39266	284109	163894
外商投资企业	Foreign Funded Enterprises	31680239	673753	4537681	3136734
按经济类型分	**Grouped by Ownership**				
国有经济	State-owned	2414713	12333	87333	33952
集体经济	Collective-owned				
私有经济	Private and Individual	1705967	9580	167194	119106
港澳台商投资经济	Hong Kong, Macao and Taiwan Funded	4173443	39266	284109	163894
外商投资经济	Foreign Funded	31680239	673753	4537681	3136734
其 他	Others	10338188	526182	1368941	587303
按隶属关系分	**Grouped by Administrative Relationship**				
中 央	Central	6115378	515713	915145	277396
地 方	Local	5966659	38455	447716	304283
其 他	Others	38230514	706945	5082398	3459308
按轻重分	**Grouped by Light & Heavy Industry**				
轻工业	Light Industry	7870780	54497	777964	526596
重工业	Heavy Industry	42441770	1206616	5667295	3514392
按规模分	**Grouped by Size of Enterprises**				
大 型	Large-sized	33580748	1145403	5091493	3132150
中 型	Medium-sized	6623807	32377	484000	320652
小 型	Small-sized	9698833	82473	837679	567334
微 型	Mini-sized	409162	861	32087	20851

4-4 天津港保税区规模以上工业企业主要财务指标(2022年)

Main Financial Indicators of Industrial Enterprises above Designated Size in TPFTZ,2022

项　目	Item	企业单位数(个) Number of Enterprises (unit)	全部职工年平均人数(人) Annual Average Employment Personnel (person)	实收资本(万元) Paid-up Capital (10000 yuan)
总　计	**Total**	**266**	**59695**	**6429527**
按登记注册类型分	**Grouped by Registration Status**			
内资企业	Domestic Invested Enterprises	170	38569	4273433
国有企业	State-owned Enterprises	2	276	54942
集体企业	Collective-owned Enterprises			
股份合作企业	Cooperative Enterprises	1	57	480
私营企业	Private Enterprises	79	9766	578081
股份有限公司	Share-holding Corporations Ltd.	15	10108	831576
有限责任公司	Limited Liability Corporations	73	18362	2808355
#国有独资	State Sole-proprietorship Corporations	8	1860	602600
联营企业	Joint Ownership Enterprises			
其他内资企业	Other Domestic Invested Enterprises			
港澳台商投资企业	Enterprises with Investment from Hong Kong, Macao and Taiwan	18	6121	357793
外商投资企业	Foreign Funded Enterprises	78	15005	1798301
按经济类型分	**Grouped by Ownership**			
国有经济	State-owned	10	2136	657542
集体经济	Collective-owned	1	57	480
私有经济	Private and Individual	79	9766	578081
港澳台商投资经济	Hong Kong, Macao and Taiwan Funded	18	6121	357793
外商投资经济	Foreign Funded	78	15005	1798301
其　他	Others	80	26610	3037331
按隶属关系分	**Grouped by Administrative Relationship**			
中　央	Central	1	199	7465
地　方	Local	26	8351	1777045
其　他	Others	239	51145	4645017
按轻重分	**Grouped by Light & Heavy Industry**			
轻工业	Light Industry	75	15938	1325665
重工业	Heavy Industry	191	43757	5103862
按规模分	**Grouped by Size of Enterprises**			
大　型	Large-sized	5	9530	558141
中　型	Medium-sized	51	27928	2751454
小　型	Small-sized	183	21294	3067765
微　型	Mini-sized	27	943	52166

4-4 续表 1 continued

单位：万元 (10000 yuan)

项 目	Item	资产总计 Total Assets	流动资产合计 Current Assets	#存货 Inventories	#产成品 Finished Goods
总 计	**Total**	**22715965**	**11923278**	**2961741**	**1263155**
按登记注册类型分	**Grouped by Registration Status**				
内资企业	Domestic Invested Enterprises	16169390	8070721	1738959	722069
国有企业	State-owned Enterprises	496701	424174	149997	93201
集体企业	Collective-owned Enterprises				
股份合作企业	Cooperative Enterprises	4624	1699	44	37
私营企业	Private Enterprises	1939440	1174499	335326	129509
股份有限公司	Share-holding Corporations Ltd.	5599212	2101954	334804	208751
有限责任公司	Limited Liability Corporations	8129413	4368396	918787	290572
#国有独资	State Sole-proprietorship Corporations	2355803	1273222	220851	42698
联营企业	Joint Ownership Enterprises				
其他内资企业	Other Domestic Invested Enterprises				
港澳台商投资企业	Enterprises with Investment from Hong Kong, Macao and Taiwan	1379210	653898	212568	84136
外商投资企业	Foreign Funded Enterprises	5167365	3198659	1010214	456950
按经济类型分	**Grouped by Ownership**				
国有经济	State-owned	2852504	1697395	370848	135899
集体经济	Collective-owned	4624	1699	44	37
私有经济	Private and Individual	1939440	1174499	335326	129509
港澳台商投资经济	Hong Kong, Macao and Taiwan Funded	1379210	653898	212568	84136
外商投资经济	Foreign Funded	5167365	3198659	1010214	456950
其 他	Others	11372822	5197128	1032740	456625
按隶属关系分	**Grouped by Administrative Relationship**				
中 央	Central	26318	23013	2985	1654
地 方	Local	6847046	2554251	430692	191310
其 他	Others	15842601	9346014	2528064	1070191
按轻重分	**Grouped by Light & Heavy Industry**				
轻工业	Light Industry	5604039	3357970	987889	489318
重工业	Heavy Industry	17111927	8565308	1973852	773837
按规模分	**Grouped by Size of Enterprises**				
大 型	Large-sized	4555371	1642151	224374	68751
中 型	Medium-sized	8630227	4781947	1310027	583934
小 型	Small-sized	9283070	5358447	1405251	601962
微 型	Mini-sized	247297	140733	22089	8507

4-4 续表 2 continued

单位：万元 (10000 yuan)

项 目	Item	负债合计 Total Liabilities	固定资产原价 Original Value of Fixed Assets	营业收入 Business Revenue
总 计	**Total**	**13784768**	**12902942**	**22355238**
按登记注册类型分	**Grouped by Registration Status**			
内资企业	Domestic Invested Enterprises	10329944	8888930	12964944
国有企业	State-owned Enterprises	384704	71998	736090
集体企业	Collective-owned Enterprises			
股份合作企业	Cooperative Enterprises	2121	6340	3362
私营企业	Private Enterprises	1074878	657133	1796882
股份有限公司	Share-holding Corporations Ltd.	3530078	3514380	2623663
有限责任公司	Limited Liability Corporations	5338164	4639079	7804947
#国有独资	State Sole-proprietorship Corporations	1567281	972095	1504229
联营企业	Joint Ownership Enterprises			
其他内资企业	Other Domestic Invested Enterprises			
港澳台商投资企业	Enterprises with Investment from Hong Kong, Macao and Taiwan	909850	770869	1047591
外商投资企业	Foreign Funded Enterprises	2544974	3243143	8342703
按经济类型分	**Grouped by Ownership**			
国有经济	State-owned	1951985	1044093	2240320
集体经济	Collective-owned	2121	6340	3362
私有经济	Private and Individual	1074878	657133	1796882
港澳台商投资经济	Hong Kong, Macao and Taiwan Funded	909850	770869	1047591
外商投资经济	Foreign Funded	2544974	3243143	8342703
其 他	Others	7300960	7181364	8924381
按隶属关系分	**Grouped by Administrative Relationship**			
中 央	Central	14836	8788	36250
地 方	Local	4670278	4719996	5648009
其 他	Others	9099654	8174157	16670979
按轻重分	**Grouped by Light & Heavy Industry**			
轻工业	Light Industry	3299250	1985260	8471000
重工业	Heavy Industry	10485517	10917682	13884238
按规模分	**Grouped by Size of Enterprises**			
大 型	Large-sized	3153402	3267317	2643470
中 型	Medium-sized	4730735	4845885	9016463
小 型	Small-sized	5783875	4563844	10334869
微 型	Mini-sized	116755	225896	360436

4-4 续表 3 continued

单位：万元 (10000 yuan)

项目	Item	营业成本 Business Cost	税金及附加 Taxes and Extra Charges	利税总额 Total Profits and Taxes	#利润总额 Total Profits
总计	**Total**	**20274992**	**102478**	**999582**	**608134**
按登记注册类型分	**Grouped by Registration Status**				
内资企业	Domestic Invested Enterprises	11815285	52577	404729	171401
国有企业	State-owned Enterprises	692342	1075	22773	16840
集体企业	Collective-owned Enterprises				
股份合作企业	Cooperative Enterprises	2559	20	-161	-212
私营企业	Private Enterprises	1556634	7630	33824	18600
股份有限公司	Share-holding Corporations Ltd.	2307238	11917	179538	122157
有限责任公司	Limited Liability Corporations	7256512	31934	168754	14016
#国有独资	State Sole-proprietorship Corporations	1415248	5746	42666	-8714
联营企业	Joint Ownership Enterprises				
其他内资企业	Other Domestic Invested Enterprises				
港澳台商投资企业	Enterprises with Investment from Hong Kong, Macao and Taiwan	893734	3692	65739	44738
外商投资企业	Foreign Funded Enterprises	7565973	46209	529114	391996
按经济类型分	**Grouped by Ownership**				
国有经济	State-owned	2107590	6822	65439	8126
集体经济	Collective-owned	2559	20	-161	-212
私有经济	Private and Individual	1556634	7630	33824	18600
港澳台商投资经济	Hong Kong, Macao and Taiwan Funded	893734	3692	65739	44738
外商投资经济	Foreign Funded	7565973	46209	529114	391996
其他	Others	8148502	38105	305626	144887
按隶属关系分	**Grouped by Administrative Relationship**				
中央	Central	27965	227	3995	2351
地方	Local	5187886	18607	184963	75619
其他	Others	15059141	83645	810624	530164
按轻重分	**Grouped by Light & Heavy Industry**				
轻工业	Light Industry	7913348	23558	270911	179283
重工业	Heavy Industry	12361644	78920	728670	428851
按规模分	**Grouped by Size of Enterprises**				
大型	Large-sized	2336024	10320	76052	20162
中型	Medium-sized	8204415	34206	379266	253244
小型	Small-sized	9389046	56667	541020	336825
微型	Mini-sized	345507	1285	3243	-2096

4-5 滨海高新区规模以上工业企业主要财务指标(2022年)

Main Financial Indicators of Industrial Enterprises above Designated Size in Binhai HI-TECH Area, 2022

项 目	Item	企业单位数(个) Number of Enterprises (unit)	全部职工年平均人数(人) Annual Average Employment Personnel (person)	实收资本(万元) Paid-up Capital (10000 yuan)
总 计	**Total**	**234**	**49856**	**2925203**
按登记注册类型分	**Grouped by Registration Status**			
内资企业	Domestic Invested Enterprises	176	31763	2095061
国有企业	State-owned Enterprises	1	64	10777
集体企业	Collective-owned Enterprises			
股份合作企业	Cooperative Enterprises			
私营企业	Private Enterprises	81	8604	417124
股份有限公司	Share-holding Corporations Ltd.	28	9612	726854
有限责任公司	Limited Liability Corporations	66	13483	940306
#国有独资	State Sole-proprietorship Corporations	6	889	31302
联营企业	Joint Ownership Enterprises			
其他内资企业	Other Domestic Invested Enterprises			
港澳台商投资企业	Enterprises with Investment from Hong Kong, Macao and Taiwan	11	8636	74885
外商投资企业	Foreign Funded Enterprises	47	9457	755257
按经济类型分	**Grouped by Ownership**			
国有经济	State-owned	7	953	42079
集体经济	Collective-owned			
私有经济	Private and Individual	81	8604	417124
港澳台商投资经济	Hong Kong, Macao and Taiwan Funded	11	8636	74885
外商投资经济	Foreign Funded	47	9457	755257
其 他	Others	88	22206	1635858
按隶属关系分	**Grouped by Administrative Relationship**			
中 央	Central	5	5420	209036
地 方	Local	24	4862	266954
其 他	Others	205	39574	2449213
按轻重分	**Grouped by Light & Heavy Industry**			
轻工业	Light Industry	43	10764	418069
重工业	Heavy Industry	191	39092	2507134
按规模分	**Grouped by Size of Enterprises**			
大 型	Large-sized	8	19169	700238
中 型	Medium-sized	26	13186	835164
小 型	Small-sized	182	17239	1356696
微 型	Mini-sized	18	262	33106

4-5 续表 1 continued

单位：万元 (10000 yuan)

项 目	Item	资产总计 Total Assets	流动资产合计 Current Assets	#存货 Inventories	#产成品 Finished Goods
总 计	**Total**	**30877062**	**11036229**	**2295030**	**566582**
按登记注册类型分	**Grouped by Registration Status**				
内资企业	Domestic Invested Enterprises	13023289	7685378	1678085	351847
国有企业	State-owned Enterprises	11693	2030	821	821
集体企业	Collective-owned Enterprises				
股份合作企业	Cooperative Enterprises				
私营企业	Private Enterprises	1899271	1092010	259904	97463
股份有限公司	Share-holding Corporations Ltd.	6202877	3497994	748224	86341
有限责任公司	Limited Liability Corporations	4909449	3093344	669135	167222
#国有独资	State Sole-proprietorship Corporations	633671	377615	16310	9302
联营企业	Joint Ownership Enterprises				
其他内资企业	Other Domestic Invested Enterprises				
港澳台商投资企业	Enterprises with Investment from Hong Kong, Macao and Taiwan	15565580	1827929	233473	71318
外商投资企业	Foreign Funded Enterprises	2288192	1522922	383472	143417
按经济类型分	**Grouped by Ownership**				
国有经济	State-owned	645365	379646	17132	10123
集体经济	Collective-owned				
私有经济	Private and Individual	1899271	1092010	259904	97463
港澳台商投资经济	Hong Kong, Macao and Taiwan Funded	15565580	1827929	233473	71318
外商投资经济	Foreign Funded	2288192	1522922	383472	143417
其 他	Others	10478654	6213723	1401049	244261
按隶属关系分	**Grouped by Administrative Relationship**				
中 央	Central	1826797	1249279	133285	55013
地 方	Local	1660551	999457	192455	19312
其 他	Others	27389714	8787493	1969290	492257
按轻重分	**Grouped by Light & Heavy Industry**				
轻工业	Light Industry	3674818	2455805	423406	158604
重工业	Heavy Industry	27202244	8580424	1871624	407979
按规模分	**Grouped by Size of Enterprises**				
大 型	Large-sized	20250073	3959755	915396	169872
中 型	Medium-sized	3433917	2208124	484824	168432
小 型	Small-sized	7062672	4756605	855682	220057
微 型	Mini-sized	130400	111744	39128	8223

4-5 续表 2 continued

单位：万元 (10000 yuan)

项　目	Item	负债合计 Total Liabilities	固定资产原价 Original Value of Fixed Assets	营业收入 Business Revenue
总　计	**Total**	**16749852**	**37933506**	**24832129**
按登记注册类型分	**Grouped by Registration Status**			
内资企业	Domestic Invested Enterprises	5789991	2519377	7746871
国有企业	State-owned Enterprises	6924	12268	19163
集体企业	Collective-owned Enterprises			
股份合作企业	Cooperative Enterprises			
私营企业	Private Enterprises	942527	544696	2845228
股份有限公司	Share-holding Corporations Ltd.	1836020	799904	2178081
有限责任公司	Limited Liability Corporations	3004521	1162509	2704400
#国有独资	State Sole-proprietorship Corporations	544518	113729	109543
联营企业	Joint Ownership Enterprises			
其他内资企业	Other Domestic Invested Enterprises			
港澳台商投资企业	Enterprises with Investment from Hong Kong, Macao and Taiwan	9362204	34438896	14836907
外商投资企业	Foreign Funded Enterprises	1597657	975234	2248351
按经济类型分	**Grouped by Ownership**			
国有经济	State-owned	551442	125997	128706
集体经济	Collective-owned			
私有经济	Private and Individual	942527	544696	2845228
港澳台商投资经济	Hong Kong, Macao and Taiwan Funded	9362204	34438896	14836907
外商投资经济	Foreign Funded	1597657	975234	2248351
其　他	Others	4296022	1848685	4772938
按隶属关系分	**Grouped by Administrative Relationship**			
中　央	Central	1043623	579957	719689
地　方	Local	1135701	546714	697654
其　他	Others	14570528	36806835	23414786
按轻重分	**Grouped by Light & Heavy Industry**			
轻工业	Light Industry	2031890	871533	2340106
重工业	Heavy Industry	14717962	37061973	22492023
按规模分	**Grouped by Size of Enterprises**			
大　型	Large-sized	11578266	35543555	18262716
中　型	Medium-sized	1981158	1203790	2378917
小　型	Small-sized	3087500	1173876	3965123
微　型	Mini-sized	102928	12286	225373

4-5 续表 3 continued

单位：万元 (10000 yuan)

项目	Item	营业成本 Business Cost	税金及附加 Taxes and Extra Charges	利税总额 Total Profits and Taxes	#利润总额 Total Profits
总计	**Total**	**13688897**	**662368**	**11457450**	**9296705**
按登记注册类型分	**Grouped by Registration Status**				
内资企业	Domestic Invested Enterprises	6765867	22108	505348	365352
国有企业	State-owned Enterprises	18701	112	-573	-1055
集体企业	Collective-owned Enterprises				
股份合作企业	Cooperative Enterprises				
私营企业	Private Enterprises	2548604	5373	127056	87934
股份有限公司	Share-holding Corporations Ltd.	1866363	7718	187370	147509
有限责任公司	Limited Liability Corporations	2332199	8906	191495	130964
#国有独资	State Sole-proprietorship Corporations	90479	767	20566	6008
联营企业	Joint Ownership Enterprises				
其他内资企业	Other Domestic Invested Enterprises				
港澳台商投资企业	Enterprises with Investment from Hong Kong, Macao and Taiwan	5132407	613441	10722091	8781450
外商投资企业	Foreign Funded Enterprises	1790623	26819	230011	149904
按经济类型分	**Grouped by Ownership**				
国有经济	State-owned	109179	879	19994	4952
集体经济	Collective-owned				
私有经济	Private and Individual	2548604	5373	127056	87934
港澳台商投资经济	Hong Kong, Macao and Taiwan Funded	5132407	613441	10722091	8781450
外商投资经济	Foreign Funded	1790623	26819	230011	149904
其他	Others	4108084	15857	358298	272465
按隶属关系分	**Grouped by Administrative Relationship**				
中央	Central	689538	3497	-38724	-43295
地方	Local	511402	4208	152799	122229
其他	Others	12487957	654663	11343374	9217770
按轻重分	**Grouped by Light & Heavy Industry**				
轻工业	Light Industry	1968289	8967	177246	122510
重工业	Heavy Industry	11720608	653401	11280203	9174195
按规模分	**Grouped by Size of Enterprises**				
大型	Large-sized	8364257	618610	10716236	8778892
中型	Medium-sized	1831831	11385	292482	199216
小型	Small-sized	3276444	32105	452076	324097
微型	Mini-sized	216365	268	-3345	-5499

4-6 规模以上分行业工业企业主要财务指标(2022年)
Main Financial Indicators of Industrial Enterprises above Designated Size by Sector, 2022

项 目	Item	企业单位数(个) Number of Enterprises (unit)	全部职工年平均人数(人) Annual Average Employment Personnel (person)	实收资本(万元) Paid-up Capital (10000 yuan)
总 计	**Total**	**1375**	**384346**	**33450168**
煤炭开采和洗选业	Mining and Washing of Coal	1	318	5000
石油和天然气开采业	Extraction of Petroleum and Natural Gas	2	19732	
非金属矿采选业	Mining and Processing of Non-metal Ores	2	4341	841829
开采专业及辅助性活动	Professional and Support Activities for Mining	4	29882	2768457
农副食品加工业	Processing of Food from Agricultural Products	31	5139	758536
食品制造业	Manufacture of Food	35	10626	562177
酒、饮料和精制茶制造业	Manufacture of Liquor, Beverages and Refined Tea	15	4657	257422
纺织业	Manufacture of Textile	10	1000	244575
纺织服装、服饰业	Manufacture of Textile, Wearing and Apparel	5	436	15640
木材加工和木、竹、藤、棕、草制品业	Processing of Timber, Manufacture of Wood, Bamboo, Rattan, Palm and Straw Products	5	171	8760
家具制造业	Manufacture of Furniture	10	4903	98315
造纸和纸制品业	Manufacture of Paper and Paper Products	19	2159	86168
印刷和记录媒介复制业	Printing and Reproduction of Recording Media	10	2333	51772
文教、工美、体育和娱乐用品制造业	Manufacture of Articles for Culture, Education, Industrial Art, Sport Activity and Amusement	12	2187	65319
石油、煤炭及其他燃料加工业	Processing of Petroleum, Coal and Other Fuels	23	9924	2744509
化学原料和化学制品制造业	Manufacture of Raw Chemical Materials and Chemical Products	139	24030	3711903
医药制造业	Manufacture of Medicines	46	19730	1017941
橡胶和塑料制品业	Manufacture of Rubber and Plastics Products	74	12251	866769
非金属矿物制品业	Manufacture of Non-metallic Mineral Products	88	7330	475654
黑色金属冶炼和压延加工业	Smelting and Pressing of Ferrous Metals	21	3239	370880
有色金属冶炼和压延加工业	Smelting and Pressing of Non-ferrous Metals	13	1766	381881
金属制品业	Manufacture of Metal Products	68	8722	805861
通用设备制造业	Manufacture of General Purpose Machinery	92	17711	798267
专用设备制造业	Manufacture of Special Purpose Machinery	116	23125	2724457
汽车制造业	Manufacture of Automobiles	109	55770	4308237
铁路、船舶、航空航天和其他运输设备制造业	Manufacture of Railway, Ship, Aerospace and Other Transport Equipments	43	10633	1793432
电气机械和器材制造业	Manufacture of Electrical Machinery and Apparatus	94	28915	1659839
计算机、通信和其他电子设备制造业	Manufacture of Computers, Communication and Other Electronic Equipment	104	52388	2808786
仪器仪表制造业	Manufacture of Measuring Instruments	38	5919	136900
其他制造业	Other Manufacture	5	483	22771
废弃资源综合利用业	Utilization of Waste Resources	13	956	78770
金属制品、机械和设备修理业	Repair Service of Metal Products, Machinery and Equipment	23	2474	133371
电力、热力生产和供应业	Production and Supply of Electric Power and Heat Power	49	6400	1788233
燃气生产和供应业	Production and Supply of Gas	26	2202	671624
水的生产和供应业	Production and Supply of Water	30	2494	386117

4-6 续表 1 continued

单位：万元 (10000 yuan)

项目	Item	资产总计 Total Assets	流动资产合计 Current Assets	#存货 Inventories	#产成品 Finished Goods
总 计	**Total**	**135180497**	**64855343**	**13795660**	**4783674**
煤炭开采和洗选业	Mining and Washing of Coal	84606	72258		
石油和天然气开采业	Extraction of Petroleum and Natural Gas	20067557	2481632	196137	44755
非金属矿采选业	Mining and Processing of Non-metal Ores	4451164	1903777	33444	23652
开采专业及辅助性活动	Professional and Support Activities for Mining	4118687	2381945	37867	8
农副食品加工业	Processing of Food from Agricultural Products	2689467	1861116	665579	338346
食品制造业	Manufacture of Food	2077439	1204515	239917	115472
酒、饮料和精制茶制造业	Manufacture of Liquor, Beverages and Refined Tea	561169	289349	66140	31947
纺织业	Manufacture of Textile	1105838	478916	65047	46247
纺织服装、服饰业	Manufacture of Textile, Wearing and Apparel	19882	17103	2701	962
木材加工和木、竹、藤、棕、草制品业	Processing of Timber, Manufacture of Wood, Bamboo, Rattan, Palm and Straw Products	29184	26267	10972	4835
家具制造业	Manufacture of Furniture	262029	97986	43606	23122
造纸和纸制品业	Manufacture of Paper and Paper Products	303011	140946	30641	9319
印刷和记录媒介复制业	Printing and Reproduction of Recording Media	262210	141186	28008	5830
文教、工美、体育和娱乐用品制造业	Manufacture of Articles for Culture, Education, Industrial Art, Sport Activity and Amusement	377215	152770	61677	29869
石油、煤炭及其他燃料加工业	Processing of Petroleum, Coal and Other Fuels	6324448	2322512	1105078	317266
化学原料和化学制品制造业	Manufacture of Raw Chemical Materials and Chemical Products	14662083	5736869	1083373	414295
医药制造业	Manufacture of Medicines	7126870	4643076	1424224	474647
橡胶和塑料制品业	Manufacture of Rubber and Plastics Products	2078700	1047571	282818	151256
非金属矿物制品业	Manufacture of Non-metallic Mineral Products	1690024	1163698	187721	88001
黑色金属冶炼和压延加工业	Smelting and Pressing of Ferrous Metals	1286165	725506	306042	83833
有色金属冶炼和压延加工业	Smelting and Pressing of Non-ferrous Metals	522847	342081	94184	60410
金属制品业	Manufacture of Metal Products	1764437	963647	300261	95769
通用设备制造业	Manufacture of General Purpose Machinery	3324243	2531072	587397	141083
专用设备制造业	Manufacture of Special Purpose Machinery	6973428	4113259	1391347	553389
汽车制造业	Manufacture of Automobiles	15836380	8845652	1179099	294316
铁路、船舶、航空航天和其他运输设备制造业	Manufacture of Railway, Ship, Aerospace and Other Transport Equipments	2674379	1631117	395119	31252
电气机械和器材制造业	Manufacture of Electrical Machinery and Apparatus	8015534	5462162	1244485	496771
计算机、通信和其他电子设备制造业	Manufacture of Computers, Communication and Other Electronic Equipment	14582926	9185710	2169206	596852
仪器仪表制造业	Manufacture of Measuring Instruments	811208	666150	187892	48818
其他制造业	Other Manufacture	66887	22141	7780	1744
废弃资源综合利用业	Utilization of Waste Resources	211862	87461	25074	14319
金属制品、机械和设备修理业	Repair Service of Metal Products, Machinery and Equipment	279149	173357	16086	7340
电力、热力生产和供应业	Production and Supply of Electric Power and Heat Power	7282887	2976214	294334	233302
燃气生产和供应业	Production and Supply of Gas	1865710	406245	17050	3448
水的生产和供应业	Production and Supply of Water	1390873	560078	15357	1203

4-6 续表 2 continued

单位：万元 (10000 yuan)

项 目	Item	负债合计 Total Liabilities	固定资产原价 Original Value of Fixed Assets	营业收入 Business Revenue
总 计	**Total**	**69349215**	**103429467**	**123873437**
煤炭开采和洗选业	Mining and Washing of Coal	50181	10433	10409
石油和天然气开采业	Extraction of Petroleum and Natural Gas	10226126	43854170	16427848
非金属矿采选业	Mining and Processing of Non-metal Ores	799679	195485	427788
开采专业及辅助性活动	Professional and Support Activities for Mining	1933204	2763540	3252136
农副食品加工业	Processing of Food from Agricultural Products	1834450	1092797	6709962
食品制造业	Manufacture of Food	1127557	1365964	2484629
酒、饮料和精制茶制造业	Manufacture of Liquor, Beverages and Refined Tea	240421	599169	762423
纺织业	Manufacture of Textile	685541	263409	659693
纺织服装、服饰业	Manufacture of Textile, Wearing and Apparel	12631	6287	18347
木材加工和木、竹、藤、棕、草制品业	Processing of Timber, Manufacture of Wood, Bamboo, Rattan, Palm and Straw Products	20882	8897	39680
家具制造业	Manufacture of Furniture	122009	178263	155924
造纸和纸制品业	Manufacture of Paper and Paper Products	178713	291583	398030
印刷和记录媒介复制业	Printing and Reproduction of Recording Media	111763	183995	239967
文教、工美、体育和娱乐用品制造业	Manufacture of Articles for Culture, Education, Industrial Art, Sport Activity and Amusement	134209	90551	681418
石油、煤炭及其他燃料加工业	Processing of Petroleum, Coal and Other Fuels	3269110	5327263	13049447
化学原料和化学制品制造业	Manufacture of Raw Chemical Materials and Chemical Products	8413773	10933415	11215489
医药制造业	Manufacture of Medicines	2552353	1640212	4130583
橡胶和塑料制品业	Manufacture of Rubber and Plastics Products	1077764	1354756	1500484
非金属矿物制品业	Manufacture of Non-metallic Mineral Products	1031536	763803	1245675
黑色金属冶炼和压延加工业	Smelting and Pressing of Ferrous Metals	711023	959213	2879546
有色金属冶炼和压延加工业	Smelting and Pressing of Non-ferrous Metals	266060	214620	1561553
金属制品业	Manufacture of Metal Products	932267	1212946	2010420
通用设备制造业	Manufacture of General Purpose Machinery	1897204	1165257	2904081
专用设备制造业	Manufacture of Special Purpose Machinery	3879266	1763975	3458034
汽车制造业	Manufacture of Automobiles	8264060	8993398	18486939
铁路、船舶、航空航天和其他运输设备制造业	Manufacture of Railway, Ship, Aerospace and Other Transport Equipments	1390695	755853	1431829
电气机械和器材制造业	Manufacture of Electrical Machinery and Apparatus	4460102	3565760	7686911
计算机、通信和其他电子设备制造业	Manufacture of Computers, Communication and Other Electronic Equipment	5407062	4494572	13865651
仪器仪表制造业	Manufacture of Measuring Instruments	389733	123264	612545
其他制造业	Other Manufacture	35206	59064	29854
废弃资源综合利用业	Utilization of Waste Resources	125594	109115	243535
金属制品、机械和设备修理业	Repair Service of Metal Products, Machinery and Equipment	173752	91683	145807
电力、热力生产和供应业	Production and Supply of Electric Power and Heat Power	5714290	6600524	2616911
燃气生产和供应业	Production and Supply of Gas	990680	1450386	2151634
水的生产和供应业	Production and Supply of Water	890321	945845	378256

4-6 续表 3 continued

单位：万元 (10000 yuan)

项目	Item	营业成本 Business Cost	税金及附加 Taxes and Extra Charges	利税总额 Total Profits and Taxes	#利润总额 Total Profits
总计	**Total**	**99939480**	**3139037**	**20164439**	**13702661**
煤炭开采和洗选业	Mining and Washing of Coal	7377	156	3898	2756
石油和天然气开采业	Extraction of Petroleum and Natural Gas	6039527	880480	11089361	8746663
非金属矿采选业	Mining and Processing of Non-metal Ores	357962	5762	44171	27477
开采专业及辅助性活动	Professional and Support Activities for Mining	3105461	11812	100847	40794
农副食品加工业	Processing of Food from Agricultural Products	6432794	9365	148231	113046
食品制造业	Manufacture of Food	2015549	13440	245423	161658
酒、饮料和精制茶制造业	Manufacture of Liquor, Beverages and Refined Tea	589169	8420	71409	38480
纺织业	Manufacture of Textile	592795	1692	10180	7357
纺织服装、服饰业	Manufacture of Textile, Wearing and Apparel	15764	62	152	-67
木材加工和木、竹、藤、棕、草制品业	Processing of Timber, Manufacture of Wood, Bamboo, Rattan, Palm and Straw Products	35793	49	510	-42
家具制造业	Manufacture of Furniture	143223	1909	-1430	-7108
造纸和纸制品业	Manufacture of Paper and Paper Products	340636	1560	27979	15969
印刷和记录媒介复制业	Printing and Reproduction of Recording Media	198115	1446	38621	27908
文教、工美、体育和娱乐用品制造业	Manufacture of Articles for Culture, Education, Industrial Art, Sport Activity and Amusement	626096	1928	26364	17058
石油、煤炭及其他燃料加工业	Processing of Petroleum, Coal and Other Fuels	11332745	1372487	1443916	-96126
化学原料和化学制品制造业	Manufacture of Raw Chemical Materials and Chemical Products	10174021	44159	429954	136075
医药制造业	Manufacture of Medicines	2834360	23352	422343	298450
橡胶和塑料制品业	Manufacture of Rubber and Plastics Products	1244754	8847	99001	62672
非金属矿物制品业	Manufacture of Non-metallic Mineral Products	1072757	7276	76784	29600
黑色金属冶炼和压延加工业	Smelting and Pressing of Ferrous Metals	2762716	5363	40733	13056
有色金属冶炼和压延加工业	Smelting and Pressing of Non-ferrous Metals	1518900	2465	21318	16105
金属制品业	Manufacture of Metal Products	1772919	8876	131915	96575
通用设备制造业	Manufacture of General Purpose Machinery	2351655	10614	319771	250184
专用设备制造业	Manufacture of Special Purpose Machinery	2730232	18880	283186	192922
汽车制造业	Manufacture of Automobiles	15525175	596198	3469472	2351492
铁路、船舶、航空航天和其他运输设备制造业	Manufacture of Railway, Ship, Aerospace and Other Transport Equipments	1269858	9501	41264	3557
电气机械和器材制造业	Manufacture of Electrical Machinery and Apparatus	6794938	31568	341775	252918
计算机、通信和其他电子设备制造业	Manufacture of Computers, Communication and Other Electronic Equipment	12306554	28632	873755	746064
仪器仪表制造业	Manufacture of Measuring Instruments	472974	2835	119022	106410
其他制造业	Other Manufacture	24808	334	1170	-1462
废弃资源综合利用业	Utilization of Waste Resources	225456	964	-4146	-7761
金属制品、机械和设备修理业	Repair Service of Metal Products, Machinery and Equipment	127679	1021	5668	1686
电力、热力生产和供应业	Production and Supply of Electric Power and Heat Power	2618594	16107	43180	-91634
燃气生产和供应业	Production and Supply of Gas	1979102	2528	138930	111087
水的生产和供应业	Production and Supply of Water	299022	8950	59714	38845

4-7 规模以上分行业工业企业主要经济效益指标(2022年)
Main Indicators on Economic Benefit of Industrial Enterprises above Designated Size by Sector, 2022

行 业	Sector	总资产贡献率(%) Ratio of Total Assets to Industrial Output Value (%)	资产负债率(%) Ratio of Debts to Assets (%)
总 计	**Total**	**15.3**	**51.3**
煤炭开采和洗选业	Mining and Washing of Coal	4.6	59.3
石油和天然气开采业	Extraction of Petroleum and Natural Gas	55.2	51.0
非金属矿采选业	Mining and Processing of Non-metal Ores	1.1	18.0
开采专业及辅助性活动	Professional and Support Activities for Mining	2.0	46.9
农副食品加工业	Processing of Food from Agricultural Products	6.1	68.2
食品制造业	Manufacture of Food	12.3	54.3
酒、饮料和精制茶制造业	Manufacture of Liquor, Beverages and Refined Tea	12.5	42.8
纺织业	Manufacture of Textile	4.1	62.0
纺织服装、服饰业	Manufacture of Textile, Wearing and Apparel	1.1	63.5
木材加工和木、竹、藤、棕、草制品业	Processing of Timber, Manufacture of Wood, Bamboo, Rattan, Palm and Straw Products	2.4	71.6
家具制造业	Manufacture of Furniture	-0.2	46.6
造纸和纸制品业	Manufacture of Paper and Paper Products	9.6	59.0
印刷和记录媒介复制业	Printing and Reproduction of Recording Media	15.8	42.6
文教、工美、体育和娱乐用品制造业	Manufacture of Articles for Culture, Education, Industrial Art, Sport Activity and Amusement	7.0	35.6
石油、煤炭及其他燃料加工业	Processing of Petroleum, Coal and Other Fuels	23.2	51.7
化学原料和化学制品制造业	Manufacture of Raw Chemical Materials and Chemical Products	4.1	57.4
医药制造业	Manufacture of Medicines	5.9	35.8
橡胶和塑料制品业	Manufacture of Rubber and Plastics Products	5.4	51.8
非金属矿物制品业	Manufacture of Non-metallic Mineral Products	5.1	61.0
黑色金属冶炼和压延加工业	Smelting and Pressing of Ferrous Metals	3.8	55.3
有色金属冶炼和压延加工业	Smelting and Pressing of Non-ferrous Metals	4.8	50.9
金属制品业	Manufacture of Metal Products	8.2	52.8
通用设备制造业	Manufacture of General Purpose Machinery	10.0	57.1
专用设备制造业	Manufacture of Special Purpose Machinery	4.6	55.6
汽车制造业	Manufacture of Automobiles	22.0	52.2
铁路、船舶、航空航天和其他运输设备制造业	Manufacture of Railway, Ship, Aerospace and Other Transport Equipments	2.0	52.0
电气机械和器材制造业	Manufacture of Electrical Machinery and Apparatus	4.4	55.6
计算机、通信和其他电子设备制造业	Manufacture of Computers, Communication and Other Electronic Equipment	6.2	37.1
仪器仪表制造业	Manufacture of Measuring Instruments	14.8	48.0
其他制造业	Other Manufacture	2.6	52.6
废弃资源综合利用业	Utilization of Waste Resources	-1.0	59.3
金属制品、机械和设备修理业	Repair Service of Metal Products, Machinery and Equipment	2.1	62.2
电力、热力生产和供应业	Production and Supply of Electric Power and Heat Power	2.3	78.5
燃气生产和供应业	Production and Supply of Gas	8.1	53.1
水的生产和供应业	Production and Supply of Water	4.6	64.0

4-7 续表 continued

行　业	Sector	流动资产周转率(次) Turnover of Current Assets (time)	成本费用利润率(%) Ratio of Pre-tax Profits to Industrial Cost(%)
总　计	**Total**	**1.9**	**12.7**
煤炭开采和洗选业	Mining and Washing of Coal	0.1	29.6
石油和天然气开采业	Extraction of Petroleum and Natural Gas	6.6	135.0
非金属矿采选业	Mining and Processing of Non-metal Ores	0.2	6.6
开采专业及辅助性活动	Professional and Support Activities for Mining	1.4	1.3
农副食品加工业	Processing of Food from Agricultural Products	3.6	1.7
食品制造业	Manufacture of Food	2.1	7.0
酒、饮料和精制茶制造业	Manufacture of Liquor, Beverages and Refined Tea	2.6	5.3
纺织业	Manufacture of Textile	1.4	1.1
纺织服装、服饰业	Manufacture of Textile, Wearing and Apparel	1.1	-0.4
木材加工和木、竹、藤、棕、草制品业	Processing of Timber, Manufacture of Wood, Bamboo, Rattan, Palm and Straw Products	1.5	-0.1
家具制造业	Manufacture of Furniture	1.6	-4.4
造纸和纸制品业	Manufacture of Paper and Paper Products	2.8	4.2
印刷和记录媒介复制业	Printing and Reproduction of Recording Media	1.7	12.5
文教、工美、体育和娱乐用品制造业	Manufacture of Articles for Culture, Education, Industrial Art, Sport Activity and Amusement	4.5	2.6
石油、煤炭及其他燃料加工业	Processing of Petroleum, Coal and Other Fuels	5.6	-0.8
化学原料和化学制品制造业	Manufacture of Raw Chemical Materials and Chemical Products	2.0	1.2
医药制造业	Manufacture of Medicines	0.9	8.0
橡胶和塑料制品业	Manufacture of Rubber and Plastics Products	1.4	4.4
非金属矿物制品业	Manufacture of Non-metallic Mineral Products	1.1	2.4
黑色金属冶炼和压延加工业	Smelting and Pressing of Ferrous Metals	4.0	0.5
有色金属冶炼和压延加工业	Smelting and Pressing of Non-ferrous Metals	4.6	1.0
金属制品业	Manufacture of Metal Products	2.1	5.0
通用设备制造业	Manufacture of General Purpose Machinery	1.1	9.4
专用设备制造业	Manufacture of Special Purpose Machinery	0.8	5.9
汽车制造业	Manufacture of Automobiles	2.1	14.3
铁路、船舶、航空航天和其他运输设备制造业	Manufacture of Railway, Ship, Aerospace and Other Transport Equipments	0.9	0.3
电气机械和器材制造业	Manufacture of Electrical Machinery and Apparatus	1.4	3.4
计算机、通信和其他电子设备制造业	Manufacture of Computers, Communication and Other Electronic Equipment	1.5	5.7
仪器仪表制造业	Manufacture of Measuring Instruments	0.9	17.8
其他制造业	Other Manufacture	1.3	-4.7
废弃资源综合利用业	Utilization of Waste Resources	2.8	-3.2
金属制品、机械和设备修理业	Repair Service of Metal Products, Machinery and Equipment	0.8	1.2
电力、热力生产和供应业	Production and Supply of Electric Power and Heat Power	0.9	-3.2
燃气生产和供应业	Production and Supply of Gas	5.3	5.4
水的生产和供应业	Production and Supply of Water	0.7	11.2

5 固定资产投资、房地产和建筑业

Investment in Fixed Assets, Real Estate and Construction

5-1 固定资产投资(不含农户)比上年增长情况

Increase Rate of Investment in Fixed Assets (Excluding Rural Households) over Preceding Year

单位: %　　(%)

项　目	Item	2021	2022
总　计	**Total**	**7.2**	**-3.2**
按三次产业分	**Grouped by Three Strata of Industry**		
第一产业	Primary Industry	-9.0	-65.2
第二产业	Secondary Industry	6.6	7.3
第三产业	Tertiary Industry	7.8	-10.6
按隶属关系分	**Grouped by Administrative Relationship**		
中　央	Central Government	-50.6	-11
地　方	Local Government	20.8	8.7
其　他	Others	47.1	-13.9
按建设性质分	**Grouped by Type of Construction**		
新　建	New Construction	36.0	4.4
扩　建	Expansion	-68.8	-37.3
改　建	Reconstruction	41.4	3.6
其　他	Others	-7.9	-29.0
按构成分	**Grouped by Composition of Use**		
建筑安装工程	Constructions and Installations	5.6	7.9
设备工器具购置	Purchases of Equipments and Instruments	6.2	-9.4
其他费用	Other Expenses	12.3	-20.2
按登记注册类型分	**Grouped by Status of Registration**		
内资企业	Domestic-funded Enterprises	-13.8	
国有企业	State-owned Enterprises	3.6	-10.8
集体企业	Collective-owned Enterprises		
股份合作企业	Cooperative Enterprises		-42.9
私营企业	Private Enterprises	47.6	-8.1
股份有限公司	Share-holding Corporations Ltd.	-58.6	8.5
有限责任公司	Limited Liability Corporations	-10.1	7.9
#国有独资公司	Sole State-funded Corporations	33.7	8.6
联营企业	Joint Ownership Enterprises		
#国有联营企业	State Joint Ownership Enterprises		
其　他	Other Domestic-funded Enterprises	889.7	-75.3
港澳台商投资企业	Enterprises with Investment from Hong Kong, Macao and Taiwan	501.4	2.3
外商投资企业	Foreign Funded Enterprises	18.5	-6.3
个体经营	Self-employed Enterprises		

5-2 按行业分固定资产投资(不含农户)比上年增长情况
Increase Rate of Investment in Fixed Assets (Excluding Rural Households) over Preceding Year by Sector

单位：% (%)

行业	Sector	2021	2022
总计	**Total**	**7.2**	**-3.2**
农、林、牧、渔业	Agriculture, Forestry, Animal Husbandry and Fishery	-9.0	-65.2
采矿业	Mining	10.2	12.5
制造业	Manufacturing	-2.4	-3.2
电力、热力、燃气及水生产和供应业	Production and Supply of Electricity, Heat, Gas and Water	38.4	26.5
建筑业	Construction		
批发和零售业	Wholesale and Retail Trades	-43.2	89.7
交通运输、仓储和邮政业	Transportation, Storage and Post Services	8.4	2.1
住宿和餐饮业	Accommodation and Catering Services	5469.0	-22.5
信息传输、软件和信息技术服务业	Information Transmission, Software and IT Services	118.5	-50.1
金融业	Financial Intermediation	378.0	-82.7
房地产业	Real Estate	12.2	-19.9
租赁和商务服务业	Leasing and Business Services	-14.7	-10.9
科学研究和技术服务业	Scientific Research and Technical Services	59.2	-15.6
水利、环境和公共设施管理业	Management of Water Conservancy, Environment and Public Facilities	-6.0	49.9
居民服务、修理和其他服务业	Resident Services, Repair and Other Services	-27.7	114.9
教育	Education	-8.9	-21.8
卫生和社会工作	Health Care and Social Work	64.5	-6.8
文化、体育和娱乐业	Culture, Sports and Entertainment	-45.1	-38.3
公共管理、社会保障和社会组织	Public Management, Social Security and Social Organization	-36.0	106.8

5-3 按行业分固定资产投资资金来源(不含农户)比上年增长情况(2022年)

Increase Rate of Sources of Funds for Investment in Fixed Assets (Excluding Rural Households) over Preceding Year by Sector, 2022

单位：% (%)

行业	Sector	资金来源合计 Total Funds	上年末结余资金 Balance of Funds Brought Forward from the Previous Year	本年资金来源小计 Subtotal of the Sources of Funds in Current Year	国家预算内资金 State Budgetary Appropriation
总计	**Total**	**-5.9**	**15.5**	**-10.1**	**10.1**
农、林、牧、渔业	Agriculture, Forestry, Animal Husbandry and Fishery	-26.0		-27.7	-9.0
采矿业	Mining	14.3		14.3	
制造业	Manufacturing	9.9	47.6	3.6	-96.3
电力、热力、燃气及水生产和供应业	Production and Supply of Electricity, Heat, Gas and Water	0.2	302.9	-2.0	35.0
建筑业	Construction				
批发和零售业	Wholesale and Retail Trades	39.9	-68.4	97.0	
交通运输、仓储和邮政业	Transportation, Storage and Post Services	6.5	281.5	-11.6	-17.5
住宿和餐饮业	Accommodation and Catering Services	-19.2		-9.5	
信息传输、软件和信息技术服务业	Information Transmission, Software and IT Services	-50.0	-34.5	-52.2	-92.2
金融业	Financial Intermediation	-77.7		-77.7	
房地产业	Real Estate	-20.7	5.9	-31.2	489.1
租赁和商务服务业	Leasing and Business Services	-8.2	-79.5	2.5	659.4
科学研究和技术服务业	Scientific Research and Technical Services	-25.0	-19.9	-25.5	57.3
水利、环境和公共设施管理业	Management of Water Conservancy, Environment and Public Facilities	109.8	1832.9	93.7	84.2
居民服务、修理和其他服务业	Resident Services, Repair and Other Services	-92.0		-92.0	
教育	Education	4.6	51.7	2.0	15.7
卫生和社会工作	Health Care and Social Work	-22.8	-38.5	-21.8	-30.6
文化、体育和娱乐业	Culture, Sports and Entertainment	-44.1	34.4	-66.2	-48.1
公共管理、社会保障和社会组织	Public Management, Social Security and Social Organization	35.3	146.9	27.2	-40.0

注：2018年起固定资产投资项目资金来源统计范围由计划总投资500万元及以上调整为5000万元及以上项目。

Note: Since 2018, the statistical coverage of sources of funds for investment in fixed assets has been adjusted from the total investment planned of 5 million yuan and above to 50 million yuan and above.

5-3 续表 continued

单位：% (%)

行业	Sector	国内贷款 Domestic Loans	债券 Bonds	利用外资 Foreign Invest-ment	自筹资金 Self-raised Funds	其他资金 Other Funds
总计	**Total**	**1.1**	**-29.8**	**-18.1**	**-10.6**	**-20.8**
农、林、牧、渔业	Agriculture, Forestry, Animal Husbandry and Fishery				-46.1	
采矿业	Mining			-0.6	15.3	
制造业	Manufacturing	32.5		-56.3	5.6	-18.3
电力、热力、燃气及水生产和供应业	Production and Supply of Electricity, Heat, Gas and Water	-36.0			13.8	108.6
建筑业	Construction					
批发和零售业	Wholesale and Retail Trades				97.0	
交通运输、仓储和邮政业	Transportation, Storage and Post Services	-31.9			42.1	15.4
住宿和餐饮业	Accommodation and Catering Services				-12.1	
信息传输、软件和信息技术服务业	Information Transmission, Software and IT Services				-29.9	-99.9
金融业	Financial Intermediation				-77.7	
房地产业	Real Estate	-0.2			-53.4	-26.2
租赁和商务服务业	Leasing and Business Services	71.8			-39.2	
科学研究和技术服务业	Scientific Research and Technical Services				-31.4	-64.5
水利、环境和公共设施管理业	Management of Water Conservancy, Environment and Public Facilities				80.2	172.2
居民服务、修理和其他服务业	Resident Services, Repair and Other Services				-91.3	
教育	Education				25.8	-73.7
卫生和社会工作	Health Care and Social Work				-14.5	
文化、体育和娱乐业	Culture, Sports and Entertainment				-84.1	
公共管理、社会保障和社会组织	Public Management, Social Security and Social Organization				-51.7	193.0

5-4 固定资产投资资金来源(不含农户)比上年增长情况
Increase Rate of Sources of Funds for Investment in Fixed Assets (Excluding Rural Households) over Preceding Year

单位：% (%)

项　　目	Item	2021	2022
上年末结余资金	Balance of Funds Brought Forward from the Previous Year	-17.6	15.5
本年资金来源合计	Subtotal of the Sources of Funds in Current Year	7.7	-10.1
国家预算资金	State Budget	-13.7	10.1
国内贷款	Domestic Loans	22.0	1.1
债　券	Bonds	190.9	-29.8
利用外资	Foreign Investment	-16.0	-18.1
自筹资金	Self-raised Funds	8.1	-10.6
其他资金	Other Funds	7.0	-20.8

注：2018年起固定资产投资项目资金来源统计范围由计划总投资500万元及以上调整为5000万元及以上项目。
Note: Since 2018, the statistical coverage of sources of funds for investment in fixed assets has been adjusted from the total investment planned of 5 million yuan and above to 50 million yuan and above.

5-5 能源工业固定资产投资(不含农户)比上年增长情况
Increase Rate of Investment in Fixed Assets of Energy Industry (Excluding Rural Households) over Preceding Year

单位：% (%)

部　　门	Department	2021	2022
总　　计	**Total**	**7.4**	**12.6**
石油和天然气开采业	Extraction of Petroleum and Natural Gas	10.2	11.6
电力、热力生产和供应业	Production and Supply of Electric Power and Heat Power	-11.2	129.0
水的生产和供应业	Production and Supply of Water	-64.4	-5.5
燃气生产和供应业	Production and Supply of Gas	92.9	-0.9
石油、煤炭及其他燃料加工业	Processing of Petroleum, Coal and Other Fuels	-56.0	-39.9

5-6 房地产开发投资情况
Investment of Real Estate Development

单位：万元 (10000 yuan)

项目	Item	2021	2022	2022比2021年增长(%) Increase Rate in 2022 over 2021(%)
本年完成投资额	**Investment Completed in Current Year**	**5060357**	**3817912**	**-24.6**
按隶属关系分	**Grouped by Administrative Relationship**			
中 央	Central Government	306188	258419	-15.6
地 方	Local Government	4754169	3559493	-25.1
按登记注册类型分	**Grouped by Registration Status**			
内资企业	Domestic-funded Enterprises	4878664	3696480	-24.2
国有企业	State-owned Enterprises	116898	347264	197.1
集体企业	Collective-owned Enterprises			
股份合作企业	Cooperative Enterprises			
私营企业	Private Enterprises	1356346	992011	-26.9
股份有限公司	Share-holding Corporations Ltd.	40962	17	-100.0
有限责任公司	Limited Liability Corporations	3364458	2356158	-30.0
#国有独资公司	Sole State-funded Corporations	438582	448856	2.3
其他内资企业	Other Domestic-funded Enterprises		1030	
港澳台商投资企业	Enterprises with Investment from Hong Kong, Macao and Taiwan	136445	99907	-26.8
外商投资企业	Foreign Funded Enterprises	45248	21525	-52.4
按构成分	**Grouped by Composition of Use**			
建筑工程	Construction	2228000	1886380	-15.3
安装工程	Installation	56182	46849	-16.6
设备工器具购置	Purchase of Equipment and Instruments	7584	8927	17.7
其他费用	Others	2768591	1875756	-32.2
按工程用途分	**Grouped by Use of Projects**			
住 宅	Residential Buildings	4194728	3224249	-23.1
#别墅、高档公寓	Villas, High-grade Apartments	517060	191096	-63.0
办公楼	Office Buildings	73753	152506	106.8
商业营业用房	Buildings for Business Use	343745	191932	-44.2
其 他	Others	448131	249225	-44.4
本年新增固定资产	**Newly Increased Fixed Assets in Current Year**	**1488824**	**1704545**	**14.5**

5-7 房地产开发建设及销售情况
Construction and Sales of Real Estate Development

项　目	Item	2021	2022	2022比2021年增长(%) Increase Rate in 2022 over 2021(%)
房屋施工面积(万平方米)	**Floor Space of Buildings under Construction (10000 sq.m)**	**2839.77**	**2512.51**	**-11.5**
住　宅	Residential Buildings	1932.38	1840.23	-4.8
办公楼	Office Buildings	203.82	105.10	-48.4
商业营业用房	Buildings for Business Use	274.42	210.43	-23.3
其　他	Others	429.15	356.76	-16.9
房屋竣工面积(万平方米)	**Floor Space of Buildings Completed (10000 sq.m)**	**259.54**	**321.58**	**23.9**
住　宅	Residential Buildings	182.98	244.88	33.8
办公楼	Office Buildings	18.18	4.03	-77.8
商业营业用房	Buildings for Business Use	20.43	6.80	-66.7
其　他	Others	37.95	65.86	73.6
房屋竣工价值(万元)	**Value of Buildings Completed (10000 yuan)**	**1041029**	**1193045**	**14.6**
商品房销售面积(万平方米)	**Floor Space of Commercial Buildings Sold (10000 sq.m)**	**292.11**	**217.02**	**-25.7**
住　宅	Residential Buildings	274.96	202.68	-26.3
办公楼	Office Buildings	9.20	5.32	-42.2
商业营业用房	Buildings for Business Use	5.98	4.15	-30.6
其　他	Others	1.97	4.87	147.4
商品房销售额(万元)	**Total Sale of Commercial Buildings (10000 yuan)**	**4587336**	**3207506**	**-30.1**
住　宅	Residential Buildings	4279753	3050037	-28.7
办公楼	Office Buildings	197519	52563	-73.4
商业营业用房	Buildings for Business Use	89712	68456	-23.7
其　他	Others	20352	36450	79.1

5-8 房地产开发资金来源情况
Sources of Funds for Real Estate Development

单位：万元 (10000 yuan)

项　　目	Item	2021	2022	2022比2021年增长(%) Increase Rate in 2022 over 2021(%)
资金来源合计	**Total Funds**	**11492408**	**8874353**	**-22.8**
上年末结余资金	Balance of Funds Brought Forward from the Previous Year	3276376	3450246	5.3
本年实际到位资金	Actual Funds in Place in the Year	8216032	5424107	-34.0
国内贷款	Domestic Loans	956180	941867	-1.5
利用外资	Foreign Investment			
自筹资金	Self-raised Funds	2966491	1314995	-55.7
定金及预收款	Deposit and Advance Payment	3391922	2528892	-25.4
个人按揭贷款	Individual Mortgage Loans	699093	487156	-30.3
其他到位资金	Others	202346	151197	-25.3

5-9 建筑企业基本情况(2022年)(按登记注册类型和经济类型分)

Basic Statistics on Construction Enterprises, 2022 (Grouped by Status of Registration and Ownership)

项目	Item	企业个数(个) Number of Enterprises (unit)	从事建筑业活动的平均人数(万人) Annual Average Employment Personnel of Construction (10000 persons)	建筑业总产值(万元) Gross Output Value of Construction (10000 yuan)
总计	**Total**	**583**	**28.65**	**26743497**
按登记注册类型分	**Grouped by Registration Status**			
内资企业	Domestic-funded Enterprises	578	28.61	26710432
国有企业	State-owned Enterprises	3	0.48	3859105
集体企业	Collective-owned Enterprises			
股份合作企业	Cooperative Enterprises	3		4998
国有独资公司	Sole State-funded Corporations	16	4.66	3779376
其他有限责任公司	Other Limited Liability Corporations	149	17.69	16074762
股份有限公司	Share-holding Corporations Ltd.	13	0.89	1504461
私营企业	Private Enterprises	394	4.89	1487730
其他内资企业	Other Domestic-funded Enterprises			
港澳台商投资企业	Enterprises with Investment from Hong Kong, Macao and Taiwan	1		2766
外商投资企业	Foreign Funded Enterprises	4	0.04	30299
按企业控股情况分	**Grouped by Company Holding Type**			
国有控股	State-holding Enterprises	69	19.43	23743831
集体控股	Collective-owned	16	0.32	191806
私人控股	Private-holding Enterprises	495	8.87	2776809
港澳台商控股	Hong Kong, Macao and Taiwan Holding Enterprises	1		2766
外商控股	Foreign Funded Holding Enterprises	2	0.03	28285
其他	Others			

5-9 续表 continued

项　　目	Item	竣工产值 (万元) Gross Output Value Completed (10000 yuan)	房屋建筑施工面积 (万平方米) Floor Space of Building under Construction (10000 sq.m)	房屋建筑竣工面积 (万平方米) Floor Space of Building Completed (10000 sq.m)	#住　宅 Residential Buildings
总　　计	**Total**	**7911498**	**11411.24**	**1217.81**	**724.77**
按登记注册类型分	**Grouped by Registration Status**				
内资企业	Domestic-funded Enterprises	7905566	11411.24	1217.81	724.77
国有企业	State-owned Enterprises				
集体企业	Collective-owned Enterprises				
股份合作企业	Cooperative Enterprises	1988	0.91		
国有独资公司	Sole State-funded Corporations	1003811	966.13	148.39	26.62
其他有限责任公司	Other Limited Liability Corporations	6138077	10250.64	1021.15	689.68
股份有限公司	Share-holding Corporations Ltd.	414806	2.53	2.43	
私营企业	Private Enterprises	346884	191.03	45.84	8.47
其他内资企业	Other Domestic-funded Enterprises				
港澳台商投资企业	Enterprises with Investment from Hong Kong, Macao and Taiwan	212			
外商投资企业	Foreign Funded Enterprises	5720			
按企业控股情况分	**Grouped by Company Holding Type**				
国有控股	State-holding Enterprises	6700109	10122.07	983.32	577.26
集体控股	Collective-owned	138131	2.16	1.14	
私人控股	Private-holding Enterprises	1067464	1287.02	233.35	147.51
港澳台商控股	Hong Kong, Macao and Taiwan Holding Enterprises	212			
外商控股	Foreign Funded Holding Enterprises	5582			
其他	Others				

5-10 建筑企业基本情况(2022年)(按行业和资质等级分)

Basic Statistics on Construction Enterprises, 2022 (Grouped by Sector and Qualification Grade)

指　标	Item	企业个数(个) Number of Enterprises (unit)	从事建筑业活动的平均人数(万人) Annual Average Employment Personnel (10000 persons)	建筑业总产值(万元) Gross Output Value of Construction (10000 yuan)
总　计	**Total**	**583**	**28.67**	**26743497**
按行业类别分	**Grouped by Sector**			
房屋建筑业	House Building	128	11.84	10676230
土木工程建筑业	Civil Engineering	175	12.44	14354955
建筑安装业	Building Installation	165	2.73	1181371
建筑装饰、装修和其他建筑业	Building Decoration and Other Construction	115	1.66	530941
按资质等级分	**Grouped by Qualification Grade**			
施工总承包	**General Contractor**	**195**	**22.21**	**23687971**
特　级	Super Grade	10	12.85	17584775
一　级	First Grade	38	7.54	4616643
二　级	Second Grade	40	0.66	472287
三级及以下	Third Grade and Below	107	1.16	1014266
专业承包	**Specialized Contractor**	**388**	**6.46**	**3055526**
特　级	Super Grade			
一　级	First Grade	73	2.20	2015149
二　级	Second Grade	194	1.80	602658
三级及以下	Third Grade and Below	121	2.46	437719

5-10 续表 continued

指 标	Item	竣工产值（万元） Gross Output Value Completed (10000 yuan)	房屋建筑施工面积（万平方米） Floor Space of Building Under Construction (10000 sq.m)	房屋建筑竣工面积（万平方米） Floor Space of Building Completed (10000 sq.m)	#住 宅 Residential Buildings
总 计	**Total**	**7911498**	**11411.24**	**1217.80**	**724.77**
按行业类别分	**Grouped by Sector**				
房屋建筑业	House Building	5374403	9820.82	1066.02	698.43
土木工程建筑业	Civil Engineering	2058592	1518.39	123.00	23.84
建筑安装业	Building Installation	408652	48.27	25.18	
建筑装饰、装修和其他建筑业	Building Decoration and Other Construction	69852	23.76	3.60	2.50
按资质等级分	**Grouped by Qualification Grade**				
施工总承包	**General Contractor**	**7218836**	**11166.12**	**1162.29**	**716.79**
特 级	Super Grade	4423750	8116.38	584.01	307.12
一 级	First Grade	2502615	2987.92	564.12	408.86
二 级	Second Grade	197477	27.57	4.90	0.81
三级及以下	Third Grade and Below	94994	34.25	9.26	
专业承包	**Specialized Contractor**	**692663**	**245.12**	**55.52**	**7.98**
特 级	Super Grade				
一 级	First Grade	511435	51.10	20.70	
二 级	Second Grade	104350	168.41	17.91	0.87
三级及以下	Third Grade and Below	76878	25.61	16.91	7.11

5-11 建筑企业主要财务指标(2022年)
Main Financial Indicators of Construction Enterprises,2022

单位：万元 (10000 yuan)

指　　标	Item	总　计 Total	# 国有控股 State-holding	# 集体控股 Collective-holding
期末资产负债	**Assets and Liabilities at Year-end**			
流动资产合计	Total Working Capital	37324357	30454647	283953
固定资产原价	Original Value of Fixed Assets	4546884	4013962	67741
累计折旧	Accumulative Depreciation	2930508	2665343	41066
在建工程	Projects under Construction	213327	164441	692
资产总计	Total Assets	50728375	43127842	365663
流动负债合计	Total Working Liabilities	36544625	31123880	248620
负债合计	Total Liabilities	38947753	33387488	248980
所有者权益合计	Total Owner's Equity	11780623	9740354	116682
损益及分配	**Profit, Loss and Distribution**			
主营业务收入	Revenue of Principal Business	29634467	26068214	316224
主营业务成本	Costs of Principal Business	27075870	23887993	287301
税金及附加	Tax and Extra Charges	106835	83320	1556
#主营业务税金及附加	Taxes & Extra Charges of Principal Business	64206	43341	1394
其他业务利润	Other Profits from Business	49163	45965	8
销售费用	Selling Expenses	56687	18806	5813
管理费用	Management Expenses	690681	439060	20071
财务费用	Financial Expenses	223361	181879	-404
利润总额	Total Pre-tax Profits	689442	651852	3111
所得税费用	Income Taxes Expenses	68986	55479	456
应交增值税	Value-added Tax Payable	334234	231031	8080
人工成本	**Wage and Welfare Expenses**			
应付职工薪酬	Total Remuneration Payable	1923068	1470571	65903

5-11 续表 Continued

单位：万元 (10000 yuan)

指　标	Item	#私人控股 Private-holding	#港澳台控股 Hong Kong, Macao and Taiwan Holding	#外商控股 Foreign Funded Holding
期末资产负债	**Assets and Liabilities at Year-end**			
流动资产合计	Total Working Capital	6533045	21913	30799
固定资产原价	Original Value of Fixed Assets	461241	1319	2621
累计折旧	Accumulative Depreciation	221145	964	1990
在建工程	Projects under Construction	48193		
资产总计	Total Assets	7180236	22469	32165
流动负债合计	Total Working Liabilities	5137051	15640	19435
负债合计	Total Liabilities	5276210	15640	19435
所有者权益合计	Total Owner's Equity	1904026	6829	12731
损益及分配	**Profit, Loss and Distribution**			
主营业务收入	Revenue of Principal Business	3214393	12779	22858
主营业务成本	Costs of Principal Business	2869503	11323	19749
税金及附加	Tax and Extra Charges	21769	56	134
#主营业务税金及附加	Taxes & Extra Charges of Principal Business	19282	56	134
其他业务利润	Other Profits from Business	2958		232
销售费用	Selling Expenses	31723		345
管理费用	Management Expenses	229328	1188	1035
财务费用	Financial Expenses	41579	313	-5
利润总额	Total Pre-tax Profits	33593	-74	960
所得税费用	Income Taxes Expenses	12959	23	69
应交增值税	Value-added Tax Payable	94245	449	430
人工成本	**Wage and Welfare Expenses**			
应付职工薪酬	Total Remuneration Payable	383291	1706	1596

5-12 建筑业企业房屋建筑完成情况
Building Construction of Construction Enterprises

单位：万平方米 (10000 sq.m)

指　　标	Item	2021	2022
房屋建筑施工面积	**Floor Space of Buildings under Construction**	**10821.30**	**11411.25**
#本年新开工面积	New Floor Space of Buildings in Current Year	2934.57	2166.37
房屋建筑竣工面积	**Floor Space of Buildings Completed**	**872.13**	**1217.81**
住宅房屋	Residential Buildings	473.08	724.77
商业及服务用房屋	Commercial and Service Buildings	52.74	131.02
办公用房屋	Office Buildings	9.05	54.59
科研、教育、医疗用房屋	Research,Education and Medical Buildings	82.47	96.82
文化、体育和娱乐用房屋	Cultural, Sports and Entertainment Buildings	20.81	4.55
厂房及建筑物	Factories and Buildings	152.72	157.11
仓　　库	Warehouse	29.50	16.76
其　　他	Others	51.76	32.19

5-13 建筑企业机械设备情况及经济效益指标
Machinery & Equipment and Economic Benefit Indicators of Construction Enterprises

指　　标　　Item	2021	2022
建筑业机械设备情况 Machinery and Equipment of Construction Enterprises		
自有机械设备总台数(台) Number of Machinery and Equipment Owned (set)	26004	24182
自有机械设备总功率(万千瓦) Power of Machinery and Equipment Owned (10000 kW)	143.57	128.76
自有机械设备净值(万元) Net Value of Machinery and Equipment Owned (10000 yuan)	1248883	1013575
技术装备率(元/人) Value of Machines per Labour (yuan/person)	58767	47263
动力装备率(千瓦/人) Power of Machines per Labour (kW/person)	6.76	6.00
建筑业经济效益指标 Economic Benefit Indicators of Construction Enterprises		
全员劳动生产率(元/人) Overall Labour Productivity (yuan/person)	797303	933012
房屋竣工率(%) Percentage of Buildings Completed (%)	8.1	10.7
平均每一从业人员竣工面积(平方米/人) Floor Space of Buildings Completed per Employment Personnel (sq.m/person)	28.28	56.79
产值利税率(%) Ratio of Profits and Taxes to Gross Output Value (%)	3.4	4.1
百元产值占用流动资产(元) Ratio of Current Assets to per 100 yuan Output Value (yuan)	140.95	139.56

6 财政金融

Government Finance and Financial Intermediation

6-1 财政收入
Finance Revenue

单位：亿元 (100 million yuan)

项　　目	Item	2021	2022	2022比2021年增长(%) Increase Rate in 2022 over 2021(%)
一般公共预算收入	**General Public Budget Revenue**	**572.41**	**505.41**	**-11.7**
税收收入	**Revenue from Taxes**	**505.68**	**420.57**	**-16.8**
增值税	Value-added Tax	168.55	123.63	-26.6
企业所得税	Income Tax of Enterprises	146.92	126.88	-13.6
个人所得税	Individual Income Tax	38.27	31.61	-17.4
城市维护建设税	Tax on Urban Maintenance and Construction	53.61	46.37	-13.5
土地增值税	Land Value Added Tax	9.20	10.60	15.3
契　税	Deed Tax	24.26	15.00	-38.2
其他税收	Others	64.87	66.48	2.5
非税收入	**Non-tax Income**	**66.73**	**84.84**	**27.1**
专项收入	Special Project Income	40.84	37.33	-8.6
行政事业性收费收入	Income from Administrative Fees	1.38	1.07	-22.5
罚没收入	Penalty and Confiscatory Income	2.98	3.11	4.6
国有资源(资产)有偿使用及经营	Paid Use of State-owned Resources (assets) Income	6.08	38.92	540.1
其他收入	Others	15.45	4.41	-71.5
政府性基金收入	**Governmental Fund Revenue**	**239.20**	**97.85**	**-59.1**

资料来源：天津市滨海新区财政局，表6-2至6-4同。
Source: Tianjin Binhai New Area Finance Bureau. Same as table 6-2 to 6-4.

6-2 财政支出
Finance Expenditure

单位：亿元 (100 million yuan)

项　　目	Item	2021	2022	2022比2021年增长(%) Increase Rate in 2022 over 2021(%)
一般公共预算支出	**General Public Budget Expenditure**	**807.91**	**684.59**	**-15.3**
一般公共服务	General Public Service	57.23	45.68	-20.2
公共安全	Public Safety	26.28	23.11	-12.1
教　育	Education	83.03	82.62	-0.5
科学技术	Science and Technology	64.25	42.76	-33.5
文化旅游体育与传媒	Culture, Tourism, Sports and Media	7.68	4.18	-45.5
社会保障和就业	Social Security and Employment	26.96	29.86	10.8
卫生健康	Health and Wellness	25.43	28.58	12.4
节能环保	Energy Conservation and Environmental Protection	7.77	4.68	-39.8
城乡社区	Urban & Rural Community	190.79	108.77	-43.0
农林水	Agriculture, Forestry and Water	11.56	11.86	2.5
交通运输	Transportation	5.74	5.11	-10.9
其他支出	Others	301.20	297.39	-1.3
政府性基金支出	**Governmental Fund Expenditure**	**389.26**	**324.92**	**-16.5**

6-3 开发区财政收入(2022年)
Finance Revenue by Developed Area, 2022

单位：亿元 (100 million yuan)

项目	Item	合计 Total	经济技术开发区 TEDA	天津港保税区 TPFTZ
一般公共预算收入	**General Public Budget Revenue**	**419.53**	**124.65**	**102.30**
税收收入	**Revenue from Taxes**	**362.18**	**113.17**	**71.47**
增值税	Value-added Tax	102.96	28.90	17.98
企业所得税	Income Tax of Enterprises	121.59	39.55	22.21
个人所得税	Individual Income Tax	30.41	6.82	6.22
城市维护建设税	Tax on Urban Maintenance and Construction	38.35	11.76	7.49
土地增值税	Land Value Added Tax	9.15	2.54	1.63
契　税	Deed Tax	9.90	3.51	1.96
其他税收	Others	49.82	20.10	13.98
非税收入	**Non-tax Income**	**57.35**	**11.48**	**30.83**
专项收入	Special Project Income	17.98	6.70	3.19
行政事业性收费收入	Income from Administrative Fees	0.15	0.09	0.03
罚没收入	Penalty and Confiscatory Income	0.81	0.12	0.34
国有资源(资产)有偿使用及经营	Paid Use of State-owned Resources (assets) Income	37.61	3.97	27.27
其他收入	Others	0.81	0.59	
政府性基金收入	**Governmental Fund Revenue**	**63.04**	**24.39**	**15.12**

6-3 续表 continued

单位：亿元 (100 million yuan)

项 目	Item	滨海高新区 Binhai HI-TECH Area	东疆综合保税区 Dongjiang Comprehensive Bonded Zone	中新天津生态城 China-Singapore Tianjin Eco-city
一般公共预算收入	**General Public Budget Revenue**	**52.68**	**107.14**	**32.76**
税收收入	**Revenue from Taxes**	**46.17**	**102.72**	**28.65**
增值税	Value-added Tax	17.22	33.76	5.10
企业所得税	Income Tax of Enterprises	8.81	45.02	6.00
个人所得税	Individual Income Tax	5.63	6.94	4.80
城市维护建设税	Tax on Urban Maintenance and Construction	6.66	10.37	2.07
土地增值税	Land Value Added Tax	-0.13	-0.02	5.14
契 税	Deed Tax	1.23	0.17	3.03
其他税收	Others	6.74	6.49	2.51
非税收入	**Non-tax Income**	**6.51**	**4.42**	**4.11**
专项收入	Special Project Income	2.85	4.36	0.88
行政事业性收费收入	Income from Administrative Fees	0.01	0.00	0.02
罚没收入	Penalty and Confiscatory Income	0.05	0.00	0.30
国有资源(资产)有偿使用及经营	Paid Use of State-owned Resources (assets) Income	3.61	0.06	2.70
其他收入	Others			0.21
政府性基金收入	**Governmental Fund Revenue**	**16.01**		**7.52**

6-4 开发区财政支出(2022年)
Finance Expenditure by Developed Area, 2022

单位：亿元 (100 million yuan)

项　　目	Item	合　计 Total	经济技术开发区 TEDA	天津港保税区 TPFTZ
一般公共预算支出	**General Public Budget Expenditure**	**441.77**	**140.52**	**112.47**
一般公共服务	General Public Service	23.06	9.17	3.08
公共安全	Public Safety	0.51	0.22	0.04
教　育	Education	12.84	2.26	2.11
科学技术	Science and Technology	38.87	7.68	2.71
文化旅游体育与传媒	Culture, Tourism, Sports and Media	1.24	0.09	0.43
社会保障和就业	Social Security and Employment	6.74	2.90	1.21
卫生健康	Health and Wellness	4.29	0.84	2.03
节能环保	Energy Conservation and Environmental Protection	2.24	0.52	0.70
城乡社区	Urban & Rural Community	86.61	64.42	13.77
农林水	Agriculture, Forestry and Water	0.11		
交通运输	Transportation	1.01	0.21	0.08
其他支出	Others	264.26	52.20	86.31
政府性基金支出	**Governmental Fund Expenditure**	**141.31**	**54.10**	**36.37**

6-4 续表 continued

单位：亿元 (100 million yuan)

项 目	Item	滨海高新区 Binhai HI-TECH Area	东疆综合保税区 Dongjiang Comprehensive Bonded Zone	中新天津生态城 China-Singapore Tianjin Eco-city
一般公共预算支出	**General Public Budget Expenditure**	**54.23**	**106.56**	**27.99**
一般公共服务	General Public Service	6.22	2.33	2.25
公共安全	Public Safety	0.01	0.04	0.19
教 育	Education	0.74	0.12	7.61
科学技术	Science and Technology	22.58	0.53	5.38
文化旅游体育与传媒	Culture, Tourism, Sports and Media	0.03	0.02	0.67
社会保障和就业	Social Security and Employment	0.43	0.63	1.57
卫生健康	Health and Wellness	0.18	0.04	1.20
节能环保	Energy Conservation and Environmental Protection	0.16	0.15	0.71
城乡社区	Urban & Rural Community	2.52	2.37	3.53
农林水	Agriculture, Forestry and Water		0.11	
交通运输	Transportation		0.10	0.61
其他支出	Others	21.36	100.12	4.27
政府性基金支出	**Governmental Fund Expenditure**	**27.73**		**23.11**

6-5 金融机构本外币信贷收支表

Balance Sheet of RMB & Foreign Credit Funds of Financial Institutions

单位：亿元 (100 million yuan)

项 目	Item	2021	2022	2022比2021年增长(%) Increase Rate in 2022 over 2021(%)
各项存款	**Total Deposits**	**7300.2**	**8099.3**	**11.0**
住户存款	Households Deposits	3158.2	3706.6	17.4
活期存款	Demand Deposits	891.5	1022.2	14.7
定期及其他存款	Time Deposits and Others	2266.7	2684.4	18.4
非金融企业存款	Non-financial Enterprises Deposits	3828.8	4132.0	7.9
活期存款	Demand Deposits	1346.5	1378.4	2.4
定期及其他存款	Time Deposits and Others	2482.3	2753.5	10.9
财政性存款	Financial Deposits	17.9	13.5	-24.8
机关团体存款	Governmental Organization Deposits	4.3	7.4	71.0
非银行业金融机构存款	Non-banking Financial Institutions Deposits	145.2	180.9	24.6
各项贷款	**Total Loans**	**13225.7**	**13451.9**	**1.7**
住户贷款	Households Loans	2375.5	2188.1	-7.9
短期贷款	Short-term Loans	369.0	231.5	-37.3
消费贷款	Consumption Loans	287.4	160.1	-44.3
经营贷款	Business Loans	81.6	71.4	-12.5
中长期贷款	Medium-term and Long-term Loans	2006.5	1956.6	-2.5
消费贷款	Consumption Loans	1824.7	1787.3	-2.1
经营贷款	Business Loans	181.8	169.3	-6.9
企(事)业单位贷款	Non-financial Enterprises and Government Departments & Organizations Loans	10735.8	11117.3	3.6
短期贷款	Short-term Loans	1684.3	1948.2	15.7
中长期贷款	Medium-term and Long-term Loans	4000.0	4639.9	16.0
票据融资	Bill Financing	126.0	146.1	15.9
融资租赁	Finance Lease	4917.1	4376.2	-11.0
各项垫款	Advance	8.4	6.9	-18.7
非银行业金融机构贷款	Non-banking Financial Institutions Loans	39.3	4.0	-89.8

资料来源：中国人民银行滨海新区中心支行，表6-6至6-8同。
Source: Binhai New Area Center Branch of the People's Bank of China. Same as table 6-6 to 6-8.

6-6 金融机构人民币信贷收支表

Balance Sheet of RMB Credit Funds of Financial Institutions

单位：亿元 (100 million yuan)

项目	Item	2021	2022	2022比2021年增长(%) Increase Rate in 2022 over 2021(%)
各项存款	**Total Deposits**	**6847.7**	**7760.5**	**13.3**
住户存款	Households Deposits	3132.4	3679.7	17.5
活期存款	Demand Deposits	877.0	1008.2	15.0
定期及其他存款	Time Deposits and Others	2255.4	2671.4	18.4
非金融企业存款	Non-financial Enterprises Deposits	3539.5	3868.6	9.3
活期存款	Demand Deposits	1173.1	1213.9	3.5
定期及其他存款	Time Deposits and Others	2366.4	2654.6	12.2
财政性存款	Financial Deposits	17.9	13.5	-24.8
机关团体存款	Governmental Organization Deposits	3.5	6.4	83.1
非银行业金融机构存款	Non-banking Financial Institutions Deposits	124.2	180.8	45.5
各项贷款	**Total Loans**	**12945.5**	**13285.4**	**2.6**
住户贷款	Households Loans	2375.5	2188.1	-7.9
短期贷款	Short-term Loans	369.0	231.5	-37.3
消费贷款	Consumption Loans	287.4	160.0	-44.3
经营贷款	Business Loans	81.6	71.4	-12.5
中长期贷款	Medium-term and Long-term Loans	2006.5	1956.6	-2.5
消费贷款	Consumption Loans	1824.7	1787.3	-2.1
经营贷款	Business Loans	181.8	169.3	-6.9
企(事)业单位贷款	Non-financial Enterprises and Government Departments & Organizations Loans	10504.3	10974.8	4.5
短期贷款	Short-term Loans	1610.4	1907.5	18.5
中长期贷款	Medium-term and Long-term Loans	3983.9	4609.1	15.7
票据融资	Bill Financing	126.0	146.1	15.9
融资租赁	Finance Lease	4775.6	4305.3	-9.9
各项垫款	Advance	8.4	6.9	-18.7
非银行业金融机构贷款	Non-banking Financial Institutions Loans	39.3	4.0	-89.8

6-7 金融机构外汇信贷收支表
Balance Sheet of Foreign Credit Funds of Financial Institutions

单位：万美元 (USD 10000)

项　　目	Item	2021	2022	2022比2021年增长(%) Increase Rate in 2022 over 2021(%)
各项存款	**Total Deposits**	**709879**	**486379**	**-31.5**
住户存款	Households Deposits	40343	38627	-4.3
活期存款	Demand Deposits	22693	20041	-11.7
定期及其他存款	Time Deposits and Others	17650	18586	5.3
非金融企业存款	Non-financial Enterprises Deposits	453664	378208	-16.6
活期存款	Demand Deposits	271955	236175	-13.2
定期及其他存款	Time Deposits and Others	181710	142033	-21.8
财政性存款	Financial Deposits			
机关团体存款	Governmental Organization Deposits	1301	1425	9.5
非银行业金融机构存款	Non-banking Financial Institutions Deposits	32844	39	-99.9
各项贷款	**Total Loans**	**439576**	**239067**	**-45.6**
住户贷款	Households Loans	58	79	37.4
短期贷款	Short-term Loans	57	79	38.6
消费贷款	Consumption Loans	57	79	38.6
经营贷款	Business Loans			
中长期贷款	Medium-term and Long-term Loans	1		-60.7
消费贷款	Consumption Loans	1		-60.7
经营贷款	Business Loans			
企(事)业单位贷款	Non-financial Enterprises and Government Departments & Organizations Loans	363102	204546	-43.7
短期贷款	Short-term Loans	115898	58417	-49.6
中长期贷款	Medium-term and Long-term Loans	25337	44261	74.7
票据融资	Bill Financing			
融资租赁	Finance Lease	221867	101868	-54.1
各项垫款	Advance			
非银行业金融机构贷款	Non-banking Financial Institutions Loans			

6-8 金融机构法定存贷款基准利率表
Official Benchmark Interest Rates of Deposits and Loans of Financial Institutions

单位：年利率%　　(% p. a.)

项　目	Item	2021	2022
人民币存款	**RMB Deposits**		
活　期	Demand Deposits	0.35	0.35
定　期	Time Deposits		
整存整取	Lump-sum Time Deposits & Withdrawal		
三个月	3 Months	1.10	1.10
半　年	6 Months	1.30	1.30
一　年	1 Year	1.50	1.50
二　年	2 Years	2.10	2.10
三　年	3 Years	2.75	2.75
五　年	5 Years		
存本取息、零存整取整存零取	Flexible Time Deposits or Withdrawal		
一　年	1 Year	1.10	1.10
三　年	3 Years	1.30	1.30
五　年	5 Years		
定活两便	Time or Demand Optional Deposits	按一年以内定期整存整取同档次利率打六折执行 60% as the Same Grade Interest Rates of Lump-Sum Deposits & Withdrawal in One Year	
协定存款	Agreement Deposits	1.15	1.15
通知存款	Call Deposits		
一　天	1 Day	0.80	0.80
七　天	7 Days	1.35	1.35
个人住房公积金存款	Accumulation Fund Deposits		
当年缴存	Deposits in Current Year	0.35	0.35
上年结转	Carried from Last Year	1.10	1.10
人民币贷款	**RMB Loans**		
一年期LPR	One-year LPR	3.80	3.65
五年期LPR	Five-year LPR	4.65	4.30

7 批发零售业和住宿餐饮业

Wholesale and Retail Trades, Accommodation and Catering Services

7-1 限额以上批发零售业商品购进总额

Total Purchases of Wholesale and Retail Trade above Designated Size

单位：万元 (10000 yuan)

项目	Item	商品购进总额 Total Purchases Value		#进口 Imports	
		2021	2022	2021	2022
总计	**Total**	**223484092**	**282635273**	**4676544**	**9236480**
按登记注册类型分	**Grouped by Registration Status**				
内资企业	Domestic Invested Enterprises	175534820	219293994	2893675	4489549
国有企业	State-owned Enterprises	1556217	2696546	2165	45282
集体企业	Collective-owned Enterprises	58806	42419		
股份合作企业	Cooperative Enterprises	564548	284895		
私营企业	Private Enterprises	95407784	112973012	1519218	2429135
股份有限公司	Share-holding Corporations Ltd.	634559	5711751	88842	195881
有限责任公司	Limited Liability Corporations	77287889	97568847	1283450	1819251
#国有独资公司	State Sole-proprietorship Corporations	5173228	7236087	39609	27970
联营企业	Joint Ownership Enterprises	8802	16527		
#国有联营企业	State Joint Ownership Enterprises	1250	16527		
其他	Others	16215			
港澳台商投资企业	Enterprises with Investment from Hong Kong, Macao and Taiwan	7783283	9912846	661324	639845
外商投资企业	Foreign Funded Enterprises	40165989	53428434	1121545	4107086
按经济类型分	**Grouped by Ownership**				
国有经济	State-owned	79491303	99615383	1086037	1545877
集体经济	Collective-owned	399789	430193		3683
私有经济	Private and Individual	125460692	157002401	1794301	2945892
港澳台商投资经济	Hong Kong, Macao and Taiwan Funded	7312103	9492957	658302	635709
外商投资经济	Foreign Funded	10664752	16094339	1137905	4105320
其他	Others				

7-1 续表 continued

单位：万元 (10000 yuan)

项目	Item	商品购进总额 Total Purchases Value		#进口 Imports	
		2021	2022	2021	2022
按国民经济行业分	**Grouped by Sector**				
批发业	**Wholesale Trade**	**219178732**	**277921802**	**4553539**	**8962148**
农、林、牧、渔产品批发	Agricultrual, Forestry, Livestock and Fishery Products	8040818	10846274	514232	200638
食品、饮料及烟草制品批发	Foods, Beverages and Tobacco	19870612	14933860	1218354	1585576
纺织、服装及家庭用品批发	Textile, Wearing Apparel and Household Articles	3383437	3288665	46087	33863
文化、体育用品及器材批发	Cultural, Sports Appliances and Equipments	594908	1052050	20554	15444
医药及医疗器材批发	Medicine and Medical Appliances	7166104	1381829	91151	92578
矿产品、建材及化工产品批发	Mineral Products, Building Materials and Chemical Products	163106068	223691033	1407780	3083906
机械设备、五金产品及电子产品批发	Machinery, Hardware and Electronic Products	10866385	17899581	1242589	3935703
贸易经纪与代理	Trade Broker and Agency	182784	151300		116
其他批发业	Other Wholesale	5967618	4677210	12793	14324
零售业	**Retail Trade**	**4305360**	**4713472**	**123006**	**274332**
综合零售	General Retail	346499	336651	269	
食品、饮料及烟草制品专门零售	Special Retail of Foods, Beverages and Tobaccos	105513	145653	593	4246
纺织、服装及日用品专门零售	Special Retail of Textiles, Garments and Daily Consumer Articles	223219	161885		
文化、体育用品及器材专门零售	Special Retail of Culture, Sports Appliances and Equipments	14786	10735		
医药及医疗器材专门零售	Special Retail of Medicine and Medical Appliances	10386	15007		
汽车、摩托车、零配件和燃料及其他动力销售	Special Retail of Motor Vehicles, Motorcycles, Parts and Fuel and Other Power	3108954	2670939	116454	268974
家用电器及电子产品专门零售	Special Retail of Household Electric Appliances and Electronic Products	38326	62124	4188	
五金、家具及室内装饰材料专门零售	Special Retail of Hardware, Furniture and Interior Decoration Material	9494	27072		
货摊、无店铺及其他零售业	Stalls, Non-shop and Other Retails	448183	1283405	1502	1111

7-2 限额以上批发零售业财务状况

Main Financial Indicators of Wholesale and Retail Trade above Designated Size

单位：万元 (10000 yuan)

项 目	Item	营业收入 Business Revenue 2021	2022
总 计	**Total**	**237773121**	**256982747**
#国有及国有控股企业	State-owned and State-holding Enterprises	77740865	88336802
按登记注册类型分	**Grouped by Registration Status**		
内资企业	Domestic Invested Enterprises	185664993	198565587
国有企业	State-owned Enterprises	1424997	2476464
集体企业	Collective-owned Enterprises	66915	42804
股份合作企业	Cooperative Enterprises	520532	257596
联营企业	Joint Ownership Enterprises	8447	15448
有限责任公司	Limited Liability Corporations	79008157	87962695
股份有限公司	Share-holding Corporations Ltd.	3814824	5333767
私营企业	Private Enterprises	100794085	102476813
其他企业	Others	27037	
港澳台商投资企业	Enterprises with Investment from Hong Kong, Macao and Taiwan	10563125	9960320
外商投资企业	Foreign Funded Enterprises	41545003	48456840
按国民经济行业分	**Grouped by Sector**		
批发企业合计	**Wholesale Trade**	**233558866**	**252457049**
农、林、牧、渔产品批发	Agricultrual, Forestry, Livestock and Fishery Products	8410831	10337381
食品、饮料及烟草制品批发	Foods, Beverages and Tobacco	13831095	13741460
纺织、服装及家庭用品批发	Textile, Wearing Apparel and Household Articles	4112905	3205978
文化、体育用品及器材批发	Cultural, Sports Appliances and Equipments	1072313	995505
医药及医疗器材批发	Medicine and Medical Appliances	1544511	1468191
矿产品、建材及化工产品批发	Mineral Products, Building Materials and Chemical Products	180686793	200345437
机械设备、五金产品及电子产品批发	Machinery, Hardware and Electronic Products	16018442	17888858
贸易经纪与代理	Trade Broker and Agency	175922	145365
其他批发业	Other Wholesale	7706056	4328875
零售企业合计	**Retail Trade**	**4214255**	**4525697**
综合零售	General Retail	451417	375123
食品、饮料及烟草制品专门零售	Special Retail of Foods, Beverages and Tobaccos	200864	213028
纺织、服装及日用品专门零售	Special Retail of Textiles, Garments and Daily Consumer Articles	199989	163380
文化、体育用品及器材专门零售	Special Retail of Culture, Sports Appliances and Equipments	30252	14514
医药及医疗器材专门零售	Special Retail of Medicine and Medical Appliances	13741	19224
汽车、摩托车、零配件和燃料及其他动力销售	Special Retail of Motor Vehicles, Motorcycles, Parts and Fuel and Other Power	2477052	2516549
家用电器及电子产品专门零售	Special Retail of Household Electric Appliances and Electronic Products	82744	77431
五金、家具及室内装饰材料专门零售	Special Retail of Hardware, Furniture and Interior Decoration Material	29963	35386
货摊、无店铺及其他零售业	Stalls, Non-shop and Other Retails	728233	1111063

7-2 续表 1 continued

单位：万元 (10000 yuan)

项 目	Item	营业成本 Business Cost 2021	2022
总 计	**Total**	**230750061**	**250572638**
#国有及国有控股企业	State-owned and State-holding Enterprises	76808811	87462843
按登记注册类型分	**Grouped by Registration Status**		
内资企业	Domestic Invested Enterprises	181326125	194128633
国有企业	State-owned Enterprises	1425558	2456684
集体企业	Collective-owned Enterprises	62467	38298
股份合作企业	Cooperative Enterprises	505560	252648
联营企业	Joint Ownership Enterprises	7871	15071
有限责任公司	Limited Liability Corporations	77000894	85868090
股份有限公司	Share-holding Corporations Ltd.	3592099	5165007
私营企业	Private Enterprises	98705247	100332836
其他企业	Others	26430	
港澳台商投资企业	Enterprises with Investment from Hong Kong, Macao and Taiwan	9426753	9011941
外商投资企业	Foreign Funded Enterprises	39997184	47432065
按国民经济行业分	**Grouped by Sector**		
批发企业合计	**Wholesale Trade**	**227136790**	**246634951**
农、林、牧、渔产品批发	Agricultrual, Forestry, Livestock and Fishery Products	8164118	10175912
食品、饮料及烟草制品批发	Foods, Beverages and Tobacco	12498409	12502508
纺织、服装及家庭用品批发	Textile, Wearing Apparel and Household Articles	3771629	2949024
文化、体育用品及器材批发	Cultural, Sports Appliances and Equipments	946091	894118
医药及医疗器材批发	Medicine and Medical Appliances	1258619	1199930
矿产品、建材及化工产品批发	Mineral Products, Building Materials and Chemical Products	178205090	198033665
机械设备、五金产品及电子产品批发	Machinery, Hardware and Electronic Products	14494673	16603916
贸易经纪与代理	Trade Broker and Agency	169291	140868
其他批发业	Other Wholesale	7628871	4135011
零售企业合计	**Retail Trade**	**3613271**	**3937687**
综合零售	General Retail	379816	318748
食品、饮料及烟草制品专门零售	Special Retail of Foods, Beverages and Tobaccos	114562	131979
纺织、服装及日用品专门零售	Special Retail of Textiles, Garments and Daily Consumer Articles	138635	111882
文化、体育用品及器材专门零售	Special Retail of Culture, Sports Appliances and Equipments	22328	11461
医药及医疗器材专门零售	Special Retail of Medicine and Medical Appliances	10414	13644
汽车、摩托车、零配件和燃料及其他动力销售	Special Retail of Motor Vehicles, Motorcycles, Parts and Fuel and Other Power	2275380	2329928
家用电器及电子产品专门零售	Special Retail of Household Electric Appliances and Electronic Products	55064	57174
五金、家具及室内装饰材料专门零售	Special Retail of Hardware, Furniture and Interior Decoration Material	21179	25609
货摊、无店铺及其他零售业	Stalls, Non-shop and Other Retails	595894	937263

7-2 续表 2 continued

单位：万元 (10000 yuan)

项 目	Item	资产总计 Total Assets 2021	2022
总 计	**Total**	**88033951**	**111869166**
#国有及国有控股企业	State-owned and State-holding Enterprises	21364709	17259540
按登记注册类型分	**Grouped by Registration Status**		
内资企业	Domestic Invested Enterprises	71229884	95155324
国有企业	State-owned Enterprises	191478	1256046
集体企业	Collective-owned Enterprises	17095	14788
股份合作企业	Cooperative Enterprises	196807	119942
联营企业	Joint Ownership Enterprises	3728	2361
有限责任公司	Limited Liability Corporations	31897723	29098479
股份有限公司	Share-holding Corporations Ltd.	4834651	5503197
私营企业	Private Enterprises	34070469	59160511
其他企业	Others	17934	
港澳台商投资企业	Enterprises with Investment from Hong Kong, Macao and Taiwan	8384763	7930455
外商投资企业	Foreign Funded Enterprises	8419304	8783387
按国民经济行业分	**Grouped by Sector**		
批发企业合计	**Wholesale Trade**	**85234775**	**108991283**
农、林、牧、渔产品批发	Agricultrual, Forestry, Livestock and Fishery Products	2436271	2794147
食品、饮料及烟草制品批发	Foods, Beverages and Tobacco	6621203	28858248
纺织、服装及家庭用品批发	Textile, Wearing Apparel and Household Articles	4369043	1460281
文化、体育用品及器材批发	Cultural, Sports Appliances and Equipments	1236275	1497458
医药及医疗器材批发	Medicine and Medical Appliances	936525	1036458
矿产品、建材及化工产品批发	Mineral Products, Building Materials and Chemical Products	53672506	56097631
机械设备、五金产品及电子产品批发	Machinery, Hardware and Electronic Products	13225114	13984604
贸易经纪与代理	Trade Broker and Agency	60700	39735
其他批发业	Other Wholesale	2677139	3222722
零售企业合计	**Retail Trade**	**2799176**	**2877883**
综合零售	General Retail	391725	406218
食品、饮料及烟草制品专门零售	Special Retail of Foods, Beverages and Tobaccos	172008	214668
纺织、服装及日用品专门零售	Special Retail of Textiles, Garments and Daily Consumer Articles	173059	176035
文化、体育用品及器材专门零售	Special Retail of Culture, Sports Appliances and Equipments	28402	18531
医药及医疗器材专门零售	Special Retail of Medicine and Medical Appliances	113813	14436
汽车、摩托车、零配件和燃料及其他动力销售	Special Retail of Motor Vehicles, Motorcycles, Parts and Fuel and Other Power	1570476	1481534
家用电器及电子产品专门零售	Special Retail of Household Electric Appliances and Electronic Products	118818	117387
五金、家具及室内装饰材料专门零售	Special Retail of Hardware, Furniture and Interior Decoration Material	13504	11938
货摊、无店铺及其他零售业	Stalls, Non-shop and Other Retails	217371	437135

7-2 续表 3 continued

单位：万元 (10000 yuan)

项 目	Item	#流动资产 Current Assets 2021	#流动资产 Current Assets 2022
总 计	**Total**	**77181668**	**76898237**
#国有及国有控股企业	State-owned and State-holding Enterprises	17362726	15404497
按登记注册类型分	**Grouped by Registration Status**		
内资企业	Domestic Invested Enterprises	61650977	61617040
国有企业	State-owned Enterprises	118151	1131617
集体企业	Collective-owned Enterprises	13541	11655
股份合作企业	Cooperative Enterprises	190138	108667
联营企业	Joint Ownership Enterprises	3330	2013
有限责任公司	Limited Liability Corporations	28063339	24692739
股份有限公司	Share-holding Corporations Ltd.	2138871	2062304
私营企业	Private Enterprises	31105686	33608046
其他企业	Others	17920	
港澳台商投资企业	Enterprises with Investment from Hong Kong, Macao and Taiwan	7722312	7195427
外商投资企业	Foreign Funded Enterprises	7808378	8085770
按国民经济行业分	**Grouped by Sector**		
批发企业合计	**Wholesale Trade**	**75095621**	**74552387**
农、林、牧、渔产品批发	Agricultrual, Forestry, Livestock and Fishery Products	2293411	2624510
食品、饮料及烟草制品批发	Foods, Beverages and Tobacco	6150893	5892709
纺织、服装及家庭用品批发	Textile, Wearing Apparel and Household Articles	4232325	1280011
文化、体育用品及器材批发	Cultural, Sports Appliances and Equipments	1131395	1396230
医药及医疗器材批发	Medicine and Medical Appliances	819619	899148
矿产品、建材及化工产品批发	Mineral Products, Building Materials and Chemical Products	46765870	47769459
机械设备、五金产品及电子产品批发	Machinery, Hardware and Electronic Products	11051873	11544148
贸易经纪与代理	Trade Broker and Agency	59826	38569
其他批发业	Other Wholesale	2590410	3107603
零售企业合计	**Retail Trade**	**2086047**	**2345850**
综合零售	General Retail	289188	313856
食品、饮料及烟草制品专门零售	Special Retail of Foods, Beverages and Tobaccos	162347	207057
纺织、服装及日用品专门零售	Special Retail of Textiles, Garments and Daily Consumer Articles	105641	111974
文化、体育用品及器材专门零售	Special Retail of Culture, Sports Appliances and Equipments	27142	17027
医药及医疗器材专门零售	Special Retail of Medicine and Medical Appliances	55788	10262
汽车、摩托车、零配件和燃料及其他动力销售	Special Retail of Motor Vehicles, Motorcycles, Parts and Fuel and Other Power	1115042	1139833
家用电器及电子产品专门零售	Special Retail of Household Electric Appliances and Electronic Products	110951	110029
五金、家具及室内装饰材料专门零售	Special Retail of Hardware, Furniture and Interior Decoration Material	13105	11598
货摊、无店铺及其他零售业	Stalls, Non-shop and Other Retails	206842	424215

7-2 续表 4 continued

单位：万元 (10000 yuan)

项　目	Item	负债合计 Total Liabilities 2021	2022
总　计	**Total**	**71216040**	**85329600**
#国有及国有控股企业	State-owned and State-holding Enterprises	15301014	13118668
按登记注册类型分	**Grouped by Registration Status**		
内资企业	Domestic Invested Enterprises	58560235	73071765
国有企业	State-owned Enterprises	206577	941240
集体企业	Collective-owned Enterprises	7363	5806
股份合作企业	Cooperative Enterprises	151522	75053
联营企业	Joint Ownership Enterprises	2373	493
有限责任公司	Limited Liability Corporations	27251247	25193452
股份有限公司	Share-holding Corporations Ltd.	1706632	2012916
私营企业	Private Enterprises	29217096	44842805
其他企业	Others	17425	
港澳台商投资企业	Enterprises with Investment from Hong Kong, Macao and Taiwan	6453635	5834466
外商投资企业	Foreign Funded Enterprises	6202170	6423369
按国民经济行业分	**Grouped by Sector**		
批发企业合计	**Wholesale Trade**	**68615981**	**82538788**
农、林、牧、渔产品批发	Agricultrual, Forestry, Livestock and Fishery Products	2129809	2397303
食品、饮料及烟草制品批发	Foods, Beverages and Tobacco	5824523	18677110
纺织、服装及家庭用品批发	Textile, Wearing Apparel and Household Articles	4243689	1386320
文化、体育用品及器材批发	Cultural, Sports Appliances and Equipments	481215	596930
医药及医疗器材批发	Medicine and Medical Appliances	668335	743409
矿产品、建材及化工产品批发	Mineral Products, Building Materials and Chemical Products	43841760	45749823
机械设备、五金产品及电子产品批发	Machinery, Hardware and Electronic Products	8900282	10031659
贸易经纪与代理	Trade Broker and Agency	47513	28705
其他批发业	Other Wholesale	2478856	2927529
零售企业合计	**Retail Trade**	**2600059**	**2790812**
综合零售	General Retail	355147	393287
食品、饮料及烟草制品专门零售	Special Retail of Foods, Beverages and Tobaccos	97431	98685
纺织、服装及日用品专门零售	Special Retail of Textiles, Garments and Daily Consumer Articles	127193	134260
文化、体育用品及器材专门零售	Special Retail of Culture, Sports Appliances and Equipments	25597	13736
医药及医疗器材专门零售	Special Retail of Medicine and Medical Appliances	14005	12631
汽车、摩托车、零配件和燃料及其他动力销售	Special Retail of Motor Vehicles, Motorcycles, Parts and Fuel and Other Power	1123099	1049541
家用电器及电子产品专门零售	Special Retail of Household Electric Appliances and Electronic Products	673666	699448
五金、家具及室内装饰材料专门零售	Special Retail of Hardware, Furniture and Interior Decoration Material	9575	9074
货摊、无店铺及其他零售业	Stalls, Non-shop and Other Retails	174346	380151

7-2 续表 5 continued

单位：万元 (10000 yuan)

项 目	Item	所有者权益合计 Total Owners' Equities 2021	2022
总 计	**Total**	**16559802**	**26566570**
#国有及国有控股企业	State-owned and State-holding Enterprises	6021014	4211263
按登记注册类型分	**Grouped by Registration Status**		
内资企业	Domestic Invested Enterprises	12489107	22041580
国有企业	State-owned Enterprises	-15099	314806
集体企业	Collective-owned Enterprises	8447	8982
股份合作企业	Cooperative Enterprises	45285	44890
联营企业	Joint Ownership Enterprises	1355	1868
有限责任公司	Limited Liability Corporations	4500911	3964418
股份有限公司	Share-holding Corporations Ltd.	3128019	3490281
私营企业	Private Enterprises	4819691	14216337
其他企业	Others	498	
港澳台商投资企业	Enterprises with Investment from Hong Kong, Macao and Taiwan	1853603	2164972
外商投资企业	Foreign Funded Enterprises	2217093	2360018
按国民经济行业分	**Grouped by Sector**		
批发企业合计	**Wholesale Trade**	**16461996**	**26475178**
农、林、牧、渔产品批发	Agricultrual, Forestry, Livestock and Fishery Products	306397	396844
食品、饮料及烟草制品批发	Foods, Beverages and Tobacco	797618	10252821
纺织、服装及家庭用品批发	Textile, Wearing Apparel and Household Articles	132439	77799
文化、体育用品及器材批发	Cultural, Sports Appliances and Equipments	755060	900528
医药及医疗器材批发	Medicine and Medical Appliances	268344	292220
矿产品、建材及化工产品批发	Mineral Products, Building Materials and Chemical Products	9704516	10295798
机械设备、五金产品及电子产品批发	Machinery, Hardware and Electronic Products	4285091	3952945
贸易经纪与代理	Trade Broker and Agency	13359	11030
其他批发业	Other Wholesale	199171	295193
零售企业合计	**Retail Trade**	**97806**	**91393**
综合零售	General Retail	35046	12931
食品、饮料及烟草制品专门零售	Special Retail of Foods, Beverages and Tobaccos	74605	115983
纺织、服装及日用品专门零售	Special Retail of Textiles, Garments and Daily Consumer Articles	45866	46347
文化、体育用品及器材专门零售	Special Retail of Culture, Sports Appliances and Equipments	4744	4796
医药及医疗器材专门零售	Special Retail of Medicine and Medical Appliances	1590	1805
汽车、摩托车、零配件和燃料及其他动力销售	Special Retail of Motor Vehicles, Motorcycles, Parts and Fuel and Other Power	444149	431884
家用电器及电子产品专门零售	Special Retail of Household Electric Appliances and Electronic Products	-554848	-582060
五金、家具及室内装饰材料专门零售	Special Retail of Hardware, Furniture and Interior Decoration Material	3929	2864
货摊、无店铺及其他零售业	Stalls, Non-shop and Other Retails	42728	56843

7-3 限额以上餐饮业基本状况

Basic Statistics on Catering Services above Designated Size

项　　目	Item	门店总数（个）Number of Stores (unit)		从业人员（人）Employment Personnel (person)	
		2021	2022	2021	2022
总　计	**Total**	**338**	**203**	**9414**	**8022**
#国有及国有控股企业	State-owned and State-holding Enterprises	9	8	226	328
按登记注册类型分	**Grouped by Registration Status**				
内资企业	Domestic Invested Enterprises	324	195	9153	7849
国有企业	State-owned Enterprises				
集体企业	Collective-owned Enterprises				
有限责任公司	Limited Liability Corporations	190	62	4894	3467
#其他有限责任公司	Other Limited Liability Corporations	189	61	4689	3164
私营企业	Private Enterprises	134	133	4259	4382
#私营独资企业	Private Sole-proprietorship Enterprises	1	2	23	84
私营有限责任公司	Private Limited Liability Corporations	133	130	4236	4293
私营股份有限公司	Private Share-holding Corporations Ltd.				
其他内资企业	Other Domestic Invested Enterprises				
港澳台商投资企业	Enterprises with Investment from Hong Kong, Macao and Taiwan	3	3	101	84
#合资经营企业	Joint-venture Enterprises with Investment from Hong Kong, Macao and Taiwan				
独资经营企业	Sole-proprietorship Enterprises from Hong Kong, Macao and Taiwan	3	3	101	84
外商投资企业	Foreign Funded Enterprises	11	5	160	89
#外资企业	Foreign Investment Enterprises	10	4	140	69
按行业分	**Grouped by Sector**				
正餐服务业	Dinner	167	157	7668	6421
快餐服务业	Snack	30	14	513	430
饮料及冷饮服务业	Beverage and Cold Drink Services	119	2	350	343
其他餐饮服务业	Others	9	9	409	315

7-3 续表 1 continued

项　　目	Item	营业面积（平方米）Operational Area (sq.m)		餐位数（位）Number of Seats (unit)	
		2021	2022	2021	2022
总　计	**Total**	**256475**	**301163**	**86475**	**72834**
#国有及国有控股企业	State-owned and State-holding Enterprises	22500	22200	6890	7000
按登记注册类型分	**Grouped by Registration Status**				
内资企业	Domestic Invested Enterprises	252791	298439	84745	71734
国有企业	State-owned Enterprises				
集体企业	Collective-owned Enterprises				
有限责任公司	Limited Liability Corporations	116614	147830	22655	23103
#其他有限责任公司	Other Limited Liability Corporations	96614	128830	16655	17003
私营企业	Private Enterprises	136177	150609	62090	48631
#私营独资企业	Private Sole-proprietorship Enterprises	810	1541	150	1600
私营有限责任公司	Private Limited Liability Corporations	135367	148868	61940	47011
私营股份有限公司	Private Share-holding Corporations Ltd.				
其他内资企业	Other Domestic Invested Enterprises				
港澳台商投资企业	Enterprises with Investment from Hong Kong, Macao and Taiwan	624	624	300	300
#合资经营企业	Joint-venture Enterprises with Investment from Hong Kong, Macao and Taiwan				
独资经营企业	Sole-proprietorship Enterprises from Hong Kong, Macao and Taiwan	624	624	300	300
外商投资企业	Foreign Funded Enterprises	3060	2100	1430	800
#外资企业	Foreign Investment Enterprises	3060	2100	1430	800
按行业分	**Grouped by Sector**				
正餐服务业	Dinner	198971	258899	78595	66999
快餐服务业	Snack	27133	18073	3665	2577
饮料及冷饮服务业	Beverage and Cold Drink Services	4995	8400	403	402
其他餐饮服务业	Others	7300	3467	1052	2331

7-3 续表 2 continued

单位：万元 (10000 yuan)

项　　目	Item	资产总计 Total Assets		负债合计 Total Liabilities	
		2021	2022	2021	2022
总　计	**Total**	**160769**	**181082**	**140119**	**158352**
#国有及国有控股企业	State-owned and State-holding Enterprises	8336	10621	11452	14492
按登记注册类型分	**Grouped by Registration Status**				
内资企业	Domestic Invested Enterprises	147579	165977	124378	138947
国有企业	State-owned Enterprises				
集体企业	Collective-owned Enterprises				
有限责任公司	Limited Liability Corporations	82358	85315	84082	86834
#其他有限责任公司	Other Limited Liability Corporations	79944	82433	81354	83654
私营企业	Private Enterprises	65221	80661	40296	52114
#私营独资企业	Private Sole-proprietorship Enterprises	54	1064	25	809
私营有限责任公司	Private Limited Liability Corporations	65167	79485	40271	51193
私营股份有限公司	Private Share-holding Corporations Ltd.				
其他内资企业	Other Domestic Invested Enterprises				
港澳台商投资企业	Enterprises with Investment from Hong Kong, Macao and Taiwan	1389	1434	1354	1481
#合资经营企业	Joint-venture Enterprises with Investment from Hong Kong, Macao and Taiwan				
独资经营企业	Sole-proprietorship Enterprises from Hong Kong, Macao and Taiwan	1389	1434	1354	1481
外商投资企业	Foreign Funded Enterprises	11802	13672	14387	17924
#外资企业	Foreign Investment Enterprises	4806	5919	12839	16135
按行业分	**Grouped by Sector**				
正餐服务业	Dinner	124097	132008	83585	89759
快餐服务业	Snack	14264	15854	15444	18691
饮料及冷饮服务业	Beverage and Cold Drink Services	2963	6635	25686	29193
餐饮配送及外卖送餐服务	Catering Distribution and Delivery Service	12848	15428	8560	11071
其他餐饮服务业	Others	6597	11156	6845	9639

7-3 续表 3 continued

单位：万元 (10000 yuan)

项 目	Item	营业收入 Operating Income		营业成本 Operating Costs	
		2021	2022	2021	2022
总 计	**Total**	**311217**	**273587**	**196486**	**181451**
#国有及国有控股企业	State-owned and State-holding Enterprises	16447	21805	15991	20415
按登记注册类型分	**Grouped by Registration Status**				
内资企业	Domestic Invested Enterprises	295116	263042	188260	178085
国有企业	State-owned Enterprises				
集体企业	Collective-owned Enterprises				
有限责任公司	Limited Liability Corporations	142790	125815	76127	76481
#其他有限责任公司	Other Limited Liability Corporations	138655	120109	72255	71177
私营企业	Private Enterprises	152327	137227	112133	101604
#私营独资企业	Private Sole-proprietorship Enterprises	427	1910	214	1489
私营有限责任公司	Private Limited Liability Corporations	151900	135078	111919	100051
私营股份有限公司	Private Share-holding Corporations Ltd.				
其他内资企业	Other Domestic Invested Enterprises				
港澳台商投资企业	Enterprises with Investment from Hong Kong, Macao and Taiwan	2687	2175	1767	1391
#合资经营企业	Joint-venture Enterprises with Investment from Hong Kong, Macao and Taiwan				
独资经营企业	Sole-proprietorship Enterprises from Hong Kong, Macao and Taiwan	2687	2175	1767	1391
外商投资企业	Foreign Funded Enterprises	13414	8370	6459	1975
#外资企业	Foreign Investment Enterprises	7662	5557	2849	870
按行业分	**Grouped by Sector**				
正餐服务业	Dinner	237075	204468	142260	128562
快餐服务业	Snack	26419	22289	18688	14313
饮料及冷饮服务业	Beverage and Cold Drink Services	14866	17262	12606	14748
餐饮配送及外卖送餐服务	Catering Distribution and Delivery Service	17701	18456	12492	14412
其他餐饮服务业	Others	15156	11112	10441	9416

7-4 限额以上住宿业基本状况

Basic Statistics on Accommodation Services above Designated Size

项目	Item	门店总数(个) Number of Stores (unit)		从业人员(人) Employment Personnel (person)	
		2021	2022	2021	2022
总计	**Total**	**108**	**94**	**4896**	**4351**
#国有及国有控股企业	State-owned and State-holding Enterprises	18	11	1329	1144
按登记注册类型分	**Grouped by Registration Status**				
内资企业	Domestic-funded Enterprises	99	86	3855	3416
国有企业	State-owned Enterprises		1		69
集体企业	Collective-owned Enterprises	2		75	
股份合作企业	Cooperative Enterprises				
有限责任公司	Limited Liability Corporations	41	32	1862	1688
国有独资公司	Sole State-funded Corporations	5	3	384	220
其他有限责任公司	Other Limited Liability Corporations	36	29	1478	1468
股份有限公司	Share-holding Corporations Ltd.	2	2	220	192
私营企业	Private Enterprises	54	51	1698	1467
#私营独资企业	Private-funded Enterprises	1		18	
私营有限责任公司	Private Limited Liability Corporations	53	51	1680	1467
私营股份有限公司	Private Share-holding Corporations Ltd.				
其他内资企业	Others Enterprises				
港澳台商投资企业	Enterprises with Investment from Hong Kong, Macao and Taiwan	7	6	314	263
港澳台商独资	Enterprises with Sole Investment from Hong Kong, Macao and Taiwan	7	6	314	263
外商投资企业	Foreign Funded Enterprises	2	2	727	672
#中外合资经营企业	Joint-venture Enterprises				
外资企业	Foreign Investment Enterprises	2	2	727	672
外商投资股份有限公司	Share Holding Corporation with Foreign Investment				
按行业分	**Grouped by Sector**				
旅游饭店	Tourism Restaurant	38	30	3337	2882
一般旅馆	Hotel	62	59	1392	1361
其他住宿服务	Other Accommodation Services	7	5	167	108

7-4 续表 1 continued

项 目	Item	营业面积（平方米）Operational Area (sq.m)		餐位数（位）Number of Seats (unit)	
		2021	2022	2021	2022
总 计	**Total**	**163520**	**452189**	**11343**	**10275**
#国有及国有控股企业	State-owned and State-holding Enterprises	80586	63205	4334	3626
按登记注册类型分	**Grouped by Registration Status**				
内资企业	Domestic-funded Enterprises	156790	241865	10349	9385
国有企业	State-owned Enterprises		1200		300
集体企业	Collective-owned Enterprises	1200		300	
股份合作企业	Cooperative Enterprises				
有限责任公司	Limited Liability Corporations	72971	87649	4949	4144
国有独资公司	Sole State-funded Corporations	46780	12339	2420	1420
其他有限责任公司	Other Limited Liability Corporations	26191	75310	2529	2724
私营企业	Private Enterprises	62619	132896	4650	4451
#私营独资企业	Private-funded Enterprises	70		32	
私营有限责任公司	Private Limited Liability Corporations	62549	132896	4618	4451
其他内资企业	Others Enterprises				
港澳台商投资企业	Enterprises with Investment from Hong Kong, Macao and Taiwan	6050	5879	794	690
港澳台商独资	Enterprises with Sole Investment from Hong Kong, Macao and Taiwan	6050	5879	794	690
外商投资企业	Foreign Funded Enterprises	680	204445	200	200
#外资企业	Foreign Investment Enterprises	680	204445	200	200
按行业分	**Grouped by Sector**				
旅游饭店	Tourism Restaurant	82380	282964	7871	6725
一般旅馆	Hotel	55106	144264	3123	3201
其他住宿服务	Other Accommodation Services	26034	24961	349	349

7-4 续表 2 continued

项目	Item	资产总计 (万元) Total Assets (10000 yuan)		负债合计 (万元) Total Liabilities (10000 yuan)	
		2021	2022	2021	2022
总 计	**Total**	**927645**	**1092773**	**983182**	**1170102**
#国有及国有控股企业	State-owned and State-holding Enterprises	422094	692085	459587	751772
按登记注册类型分	**Grouped by Registration Status**				
内资企业	Domestic-funded Enterprises	641792	861725	680548	931794
国有企业	State-owned Enterprises		826		497
集体企业	Collective-owned Enterprises	668		373	
股份合作企业	Cooperative Enterprises				
有限责任公司	Limited Liability Corporations	446926	716054	487626	776994
#其他有限责任公司	Other Limited Liability Corporations	433148	704976	466212	755463
私营企业	Private Enterprises	159483	107402	156963	115311
#私营独资企业	Private-funded Enterprises	32		32	
私营有限责任公司	Private Limited Liability Corporations	159450	107402	156931	115311
私营股份有限公司	Private Share-holding Corporations Ltd.				
其他内资企业	Others Enterprises				
港澳台商投资企业	Enterprises with Investment from Hong Kong, Macao and Taiwan	40927	39912	47172	47410
港澳台商独资	Enterprises with Sole Investment from Hong Kong, Macao and Taiwan	40927	39912	47172	47410
外商投资企业	Foreign Funded Enterprises	244926	191136	255462	190898
#外资企业	Foreign Investment Enterprises	244926	191136	255462	190898
按行业分	**Grouped by Sector**				
旅游饭店	Tourism Restaurant	772751	958459	831894	1036224
一般旅馆	Hotel	92029	127985	88063	128874
其他住宿服务	Other Accommodation Services	62865		63224	

7-4 续表 3 continued

项　　目	Item	营业收入(万元) Operating Income (10000 yuan)		营业成本(万元) Operating Costs (10000 yuan)	
		2021	2022	2021	2022
总　计	**Total**	**130135**	**111845**	**44652**	**44819**
#国有及国有控股企业	State-owned and State-holding Enterprises	24320	18137	18001	14724
按登记注册类型分	**Grouped by Registration Status**				
内资企业	Domestic-funded Enterprises	83748	76009	39557	39527
国有企业	State-owned Enterprises		1062		267
集体企业	Collective-owned Enterprises	1307		375	
股份合作企业	Cooperative Enterprises				
有限责任公司	Limited Liability Corporations	37884	32958	23201	22970
#其他有限责任公司	Other Limited Liability Corporations	28125	28035	15040	17352
私营企业	Private Enterprises	42290	39283	15495	15918
#私营独资企业	Private-funded Enterprises	330		153	
私营有限责任公司	Private Limited Liability Corporations	41960	39283	15343	15918
私营股份有限公司	Private Share-holding Corporations Ltd.				
其他内资企业	Others Enterprises				
港澳台商投资企业	Enterprises with Investment from Hong Kong, Macao and Taiwan	7461	5695	2927	3511
港澳台商独资	Enterprises with Sole Investment from Hong Kong, Macao and Taiwan	7461	5695	2927	3511
外商投资企业	Foreign Funded Enterprises	38926	30141	2168	1782
#外资企业	Foreign Investment Enterprises	38926	30141	2168	1782
按行业分	**Grouped by Sector**				
旅游饭店	Tourism Restaurant	93578	69485	31157	25991
一般旅馆	Hotel	32343	39593	11061	17154
其他住宿服务	Other Accommodation Services	4214		2434	

7-5 滨海新区四星级以上饭店一览表(2022年)

List of Four, Five-star Level Hotels of Binhai New Area, 2022

宾馆名称 Name of Hotel	客房数 Number of Guest Rooms (unit)	床位数 Number of Beds (unit)	地 址 Address
五星级(5 个)			
Five-star Level (five units)			
天津万丽泰达酒店及会议中心	399	487	天津经济技术开发区第二大街29号
RENAISSANCE TIANJIN TEDA HOTEL & CONVENTION CENTRE			No.29 Second Avenue of TEDA
泰达国际酒店暨会馆	157	206	天津经济技术开发区第二大街8号
TEDA INTERNATIONAL HOTEL			No.8 Second Avenue of TEDA
天津赛象酒店	355	474	天津市高新区华苑产业区梅苑路8号
TIANJIN SAIXIANG HOTEL			No.8 Meiyuan Road, Huanyuan Industrial Park
天津瑞湾开元大酒店	302	387	天津市滨海新区新港一号路2527号
RUIWAN NEW CENTURY HOTEL TIANJIN			No.2527 No.1 Xin Gang Road, Binhai New Area, Tianjin
天津滨海喜来登酒店	268	324	天津经济技术开发区二大街50号
SHERATON HOTEL BINHAI TIANJIN			No.50 Second Avenue of TEDA
四星级(12个)			
Four-star Level (twelve units)			
天津胜利宾馆	310	550	天津市滨海新区津塘公路1369号
TIANJIN VICTORY HOTEL			No.1369 Jintang Highway, Binhai New Area, Tianjin
泰达中心酒店	225	392	天津经济技术开发区第三大街16号
TEDA CENTRAL HOTEL			No.16 Third Avenue of TEDA
天津美华酒店	194	245	天津经济技术开发区黄海路10号
TIANJIN MAYFAIR HOTEL			No.10 Huanghai Road of TEDA
天津鑫茂天财酒店	197	384	天津市高新区华苑产业区榕苑路1号
TIANJIN XINMAO TIANCAI HOTEL			No.1 Rongyuan Road, Huanyuan Industrial Park
天津空港白云酒店	84	114	天津市空港物流加工区西二道90号
BEST WESTERN BYRONN HOTEL			No.90 Xi'er Road, Airport Logistics Processing Zone, Tianjin
天津锦龙国际酒店	200	400	天津市高新区华苑产业区梅苑路16号
TIANJIN JINLONG INTERNATIONAL HOTEL			No.16 Meiyuan Road, Huanyuan Industrial Park
天津惠中酒店	151	174	天津经济技术开发区芳林泰达园A座
TIANJIN ELEGANCE HOTEL			Building A, Fanglin TEDA Park, TEDA
天津君汇度假大酒店	133	204	天津市滨海新区大港学府路88号
TIANJIN JUNHUI HOLIDAY HOTEL			No.88 Xuefu Road, Dagang, Binhai New Area, Tianjin
全季酒店(天津滨海新区响螺湾店)	83	107	天津自贸试验区(中心商务区)滨海万隆大厦2号楼
JI HOTEL, BINHAI NEW AREA, TIANJIN			Building 2, Bandung Building, Free Trade Zone, Tianjin
天津依兰国际酒店	261	341	天津经济技术开发区盛达街39号
TIANJIN YILAN INTERNATIONAL HOTEL			No.39 Shengda Street, TEDA, Tianjin
鲤鱼门大酒店	223	333	天津中心渔港经济区扬帆路168号
LIYUMEN GRAND HOTEL			No.168 Yangfan Road, Tianjin Center Fishing Port Economic Zone
天津永丰港丽酒店	264	336	天津经济技术开发区第二大街1号
TIANJIN YONG FENG HONGLI HOTEL			No. 1, Second Street, TEDA, Tianjin

7-6 主要亿元商品交易市场情况(2022年)
Basic Statistics on Commodity Exchange Markets with Transaction Volume over 100 Million Yuan, 2022

市场名称 Name of Market	交易场所面积(平方米) Area of Transaction Place (sq.m)	市场类别 Market Type	地址 Address
天津金元宝滨海农产品交易市场(天津金元宝滨海农产品交易市场有限公司) Jinyuanbao Binhai Agricultural Products Market (Jinyuanbao Binhai Agricultural Products Market Co.,Ltd)	85000	农产品综合市场 Comprehensive Agricultural Trade Market	天津市滨海新区东江路5252号 No.5252 Dongjiang Road, Binhai New Area, Tianjin
天津粮油商品交易所股份有限公司 Tianjin Grain Oil Exchange	1500	粮油市场 Grain and Oil Market	天津市滨海新区湘江道海泰智仕园1号 No. 1, Haitai Zhishiyuan, Xiangjiang Road, Binhai New Area, Tianjin
天津华北建材陶瓷批发市场 Tianjin North China Construction Material & Ceramic Wholesale Market	386000	建材市场 Building Materials Market	天津市滨海新区津塘公路7-189号 No.7-189, Jintang Road, Binhai New Area, Tianjin
天津市艳滨工贸总公司滨开里市场 Tianjin Yanbin Industry and Trade Corporation Binkaili Market	7000	农产品综合市场 Other Comprehensive Market	天津市滨海新区新港三号路2098号 No.2098 Xingang Third Road, Binhai New Area, Tianjin

8 对外经济贸易

International Trade and Economic Cooperation

8-1 外贸出口总额(2002-2022年)
Total Value of Exports in Foreign Trade, 2002-2022

单位：亿美元 (USD 100 million)

年 份 Year	合 计 Total	#经济技术开发区 TEDA	天津港保税区 TPFTZ	滨海高新区 Binhai HI-TECH Area	东疆综合保税区 Dongjiang Comprehensive Bonded Zone	中新天津生态城 China-Singapore Tianjin Eco-city	中心商务区 Central Business District	临港经济区 Lingang Economic Zone
2002	72.01	57.06	3.80					
2003	89.38	68.86	5.00					
2004	136.99	111.75	7.09					
2005	184.69	139.71	11.24					
2006	226.20	171.45	18.88					
2007	245.27	177.58	25.63					
2008	261.47	171.31	38.76					
2009	197.14	133.41	23.56	7.08				
2010	232.60	165.43	28.83	7.59	0.90			
2011	276.76	198.36	35.24	9.81	3.29			
2012	308.64	220.34	38.54	9.74	7.32			
2013	311.45	224.31	35.27	12.07	12.40	0.02	0.02	0.01
2014	328.20	229.27	38.64	18.40	11.94	2.87	9.37	1.30
2015	324.25	219.10	46.72	22.54	11.75	0.74	7.00	1.22
2016	264.69	168.84	32.04	22.33	14.91	0.45	0.84	7.16
2017	1799.47	1182.20	261.90	124.04	90.21	0.79		
2018	2005.09	1188.46	412.80	176.58	106.22	1.19		
2019	1833.63	1060.27	405.12	124.82	120.13	2.44		
2020	1939.18							
2021	2445.30							
2022	2372.00							

资料来源：天津市滨海新区商务和投资促进局，表8-2和8-3同。
Source: Commerce and Investment Promotion Bureau of Tianjin Binhai New Area. Same as table 8-2 to 8-3.
注：1. 自2017年起，外贸数据采用人民币计价，单位为亿元。
2. 自2017年起，经济技术开发区包括原中心商务区数据，天津港保税区包括原临港经济区数据。
3. 自2020年起，海关不再提供各开发区详细数据。
Note: a) Since 2017, data of exports are RMB-denominated with unit of 100 million yuan.
b) Since 2017, data of TEDA include data of original Central Business District, and data of TPFTZ include original Lingang Economic Zone.
c) Since 2020,Tianjin Customs District P.R. China no longer provide detailed data by sector.

8-2 利用外资情况
Utilization of Foreign Captial

单位：个、亿美元 (item, USD 100 million)

项　目	Item	2021	2022	2022比2021年增长(%) Increased Rate in 2022 over 2021(%)
滨海新区合计	**Total of Binhai New Area**			
新设企业家数	Number of New Established Enterprises	481	313	-34.9
合同外资额	Foreign Investment Contracted	278.91	130.79	-53.1
实际使用外资	Actual Use of Foreign Capital	43.24	50.45	16.7
#经济技术开发区	**TEDA**			
新设企业家数	Number of New Established Enterprises	91	48	-47.3
合同外资额	Foreign Investment Contracted	71.48	31.44	-56.0
实际使用外资	Actual Use of Foreign Capital	14.69	18.01	22.6
天津港保税区	**TPFTZ**			
新设企业家数	Number of New Established Enterprises	115	85	-26.1
合同外资额	Foreign Investment Contracted	59.30	27.86	-53.0
实际使用外资	Actual Use of Foreign Capital	7.21	9.00	24.8
滨海高新区	**Binhai HI-TECH Area**			
新设企业家数	Number of New Established Enterprises	132	82	-37.9
合同外资额	Foreign Investment Contracted	91.07	38.43	-57.8
实际使用外资	Actual Use of Foreign Capital	9.35	11.15	19.2
东疆综合保税区	**Dongjiang Comprehensive Bonded Zone**			
新设企业家数	Number of New Established Enterprises	107	75	-29.9
合同外资额	Foreign Investment Contracted	39.12	24.47	-37.5
实际使用外资	Actual Use of Foreign Capital	7.91	8.29	4.9
中新天津生态城	**China-Singapore Tianjin Eco-city**			
新设企业家数	Number of New Established Enterprises	31	19	-38.7
合同外资额	Foreign Investment Contracted	17.84	7.92	-55.6
实际使用外资	Actual Use of Foreign Capital	3.74	3.99	6.7
其　他	**Others**			
新设企业家数	Number of New Established Enterprises	5	4	-20.0
合同外资额	Foreign Investment Contracted	0.08	0.67	720.0
实际使用外资	Actual Use of Foreign Capital	0.33		

8-3 外商及港澳台商投资企业投资情况(2022年)

Investment of Foreign-funded and Hong Kong, Macao and Taiwan Funded Enterprises, 2022

单位：万美元 (USD 10000)

项　目	Item	合同外资额 Foreign Investment Contracted	实际使用外资 Actual Use of Foreign Capital	新设企业家数 Number of New Established Enterprises
总　计	**Total**			
按投资方式分	**By Mode of Investment**			
外资企业	Foreign Investment Enterprises	664857	325268	138
中外合资企业	Joint-venture Enterprises	130961	50896	67
合伙企业	Partnership Enterprises	512051	125061	108
外商投资股份制	FDI Shareholding Corporations		3260	
中外合作企业	Contractual Joint Venture			
按国民经济行业分	**By Sector**			
#农、林、牧、渔业	Agriculture, Forestry, Animal Husbandry and Fishery			
采矿业	Mining		3260	
制造业	Manufacturing	107904	64628	14
电力、热力、燃气及水生产和供应业	Production and Supply of Electricity, Heat, Gas and Water	8424	155	3
建筑业	Construction	1278		3
批发和零售业	Wholesale and Retail Trades	64022	22697	45
交通运输、仓储和邮政业	Transportation, Storage and Post Services	24514	1099	4
住宿和餐饮业	Accommodation and Catering Services	10	4322	4
信息传输、软件和信息技术服务业	Information Transmission, Software and IT Services	42203	7980	23
金融业	Finance Intermediation	224911	166146	32
房地产业	Real Estate	19526		4
租赁和商务服务业	Leasing and Business Services	605149	168841	108
科学研究和技术服务业	Scientific Research and Technical Services	207303	65358	66
水利、环境和公共设施管理业	Management for Water Conservancy, Environment and Public Facilities			
居民服务、修理和其他服务业	Resident Services, Repair and Other Services	1033		2
教　育	Education			
卫生和社会工作	Health and Social Service			
文化、体育和娱乐业	Culture, Sports and Entertainment	1592		5
公共管理、社会保障和社会组织	Public Management, Social Security and Social Organization			
国际组织	International Organizations			
按国别(地区)分	**Grouped by Country(region)**			
#中国香港	Hong Kong, China	1023698	381673	172
美　国	United States	4683	15434	25
新加坡	Singapore	34316	9356	26
英　国	United Kingdom	171489	25734	20
中国台湾	Taiwan, China	2598	409	9
沙特阿拉伯	Saudi Arabia			
荷　兰	Netherlands			
日　本	Japan	33576	43363	6
丹　麦	Denmark	5889	15178	2
韩　国	Republic of Korea	1071	12	6

注：本表按商务部口径统计。
Note: Data in this table adopt coverage of Ministry of Commerce.

8-4 天津经济技术开发区外商及港澳台商投资企业投资情况(2022年)

Investment of Foreign and Hong Kong, Macao and Taiwan Funded Enterprises in TEDA, 2022

国别(地区)	Country (Region)	企业个数(个) Number of Enterprises (unit)	投资总额(万美元) Total Investment Contracted (USD 10000)	#外方注册资本 Registered Capital of Foreign Party
合　计	**Total**	**1372**	**8000655**	**3732922**
按投资方式分	**Grouped by Mode of Investment**			
合资企业	Joint Venture Enterprises	600	4398932	1577757
合作企业	Cooperative Operation Enterprises	14	24783	8903
独资企业	Sole Foreign-funded Enterprises	758	3576940	2146262
按国别、地区分	**Grouped by Country, Region**			
#中国香港	Hong Kong, China	467	2839627	1619082
日　本	Japan	130	1215285	378375
英属维尔京群岛	British Virgin Islands	64	373588	229484
韩　国	Republic of Korea	71	374972	116295
美　国	United States	120	299144	117485
新加坡	Singapore	56	120456	43883
开曼群岛	Qaman Islands	19	125300	65031
丹　麦	Denmark	12	195637	103263
中　国*	China*	88	1285153	636690
西萨摩亚	Western Samoa	9	63344	30430
德　国	Germany	32	81484	46575
荷　兰	Netherlands	14	304986	108352
毛里求斯	Mauritius	6	10492	4946
巴巴多斯	Barbados	6	32124	17774
文　莱	Brunei	1	603	121
中国台湾	Taiwan, China	65	21986	11730
英　国	United Kingdom	35	94944	34856
百慕大群岛	Bermuda	4	15457	6059
法　国	France	12	22358	8792
瑞　士	Swiss	5	25682	14060
加拿大	Canada	35	48162	19677
比利时	Belgium	4	6885	2844
马来西亚	Malaysia	4	2583	1310
中国澳门	Macao, China	2	41	33
沙特阿拉伯	Saudi Arabia	2	354733	63470
爱尔兰	Ireland	2	2957	1468
美属萨摩亚	American Samoa	3	2640	1220
瑞　典	Sweden	8	14060	7100
芬　兰	Finland	5	2943	1576
马绍尔群岛	Marshall Islands			
澳大利亚	Australia	15	20741	18997

注：1.*为投资性公司投资。
　　2.本表数据不含中心商务区数据。

Note: a)Data with "*" refer to investment of investment company.
　　b)Data in this table doesn't include Central Business District.

8-4 续表 continued

国别(地区)	Country(Region)	企业个数（个）Number of Enterprises (unit)	投资总额（万美元）Total Investment Contracted (USD 10000)	#外方注册资本 Registered Capital of Foreign Party
奥地利	Austria	2	3456	1383
巴哈马	Bahamas	1	663	491
印　度	India	2	121	121
哥斯达黎加	Costa Rica	1	406	180
以色列	Israel	2	415	205
西班牙	Spain	2	674	111
泰　国	Thailand	4	2113	824
意大利	Italy	3	7906	693
捷　克	Czech	1	169	54
印度尼西亚	Indonesia	1	135	51
新西兰	New Zealand	3	215	167
俄罗斯	Russia	3	108	106
美属维尔京群岛	United States Virgin Islands	1	52	14
赞比亚	Zambia			
匈牙利	Hungary	2	26	22
塞舌尔	Seychelles	2	50	38
柬埔寨	Cambodia	1	30	30
英属萨摩亚群岛	British Samoa	2	2196	561
冰　岛	Iceland	1	100	100
希　腊	Greek	1	15	15
巴基斯坦	Pakistan	7	921	655
蒙　古	Mongolia	2	63	48
阿根廷	Argentina			
英属印度洋群岛	British Indian Ocean Territory			
埃塞尔比亚	Ethiopia			
巴勒斯坦	Palestine	1	265	265
巴　西	Brazil			
法属萨摩亚	French Samoa			
菲律宾	Philippines			
津巴布韦	Zimbabwe	2	101	37
南　非	South Africa	5	184	183
尼日利亚	Nigeria	2	96	96
挪　威	Norway	1	17	8
斯里兰卡	Sri Lanka	1	12	7
塔吉克斯坦	Tajikistan	2	62	62
乌兹别克斯坦	Uzbekistan	1	12	12
伊　朗	Iran	1	60	45
其　他	Others	16	21645	15359

8-5 天津经济技术开发区外商及港澳台商投资企业按行业分类(2022年)

Foreign and Hong Kong, Macao, Taiwan Funded Enterprises in TEDA by Sector, 2022

行业	Sector	企业个数(个) Number of Enterprises (unit)	投资总额(万美元) Total Investment Contracted (USD 10000)	#外方注册资本 Registered Capital of Foreign Party
合计	**Total**	**1372**	**8000655**	**3732922**
农、林、牧、渔业	Agriculture, Forestry, Animal Husbandry and Fishery			
煤炭开采和洗选业	Mining and Washing of Coal	1	84385	35750
开采专业及辅助性活动	Professional and Support Activities for Mining	3	4880	1056
农副食品加工业	Processing of Food from Agricultural Products	17	70826	32824
食品制造业	Manufacture of Food	16	114659	43107
酒、饮料和精制茶制造业	Manufacture of Liquor, Beverages and Refined Tea	8	52261	13523
纺织业	Manufacture of Textile	6	14861	5048
纺织服装、服饰业	Manufacture of Textile Wearing and Apparel	10	1221	930
皮革、毛皮、羽毛及其制品和制鞋业	Manufacture of Leather, Fur, Feather and Related Products, Footwear	8	2087	1326
木材加工和木、竹、藤、棕、草制品业	Processing of Timber, Manufacture of Wood, Bamboo, Rattan, Palm and Straw Products	3	98	72
家具制造业	Manufacture of Furniture	6	17900	7248
造纸和纸制品业	Manufacture of Paper and Paper Products	4	1838	389
印刷和记录媒介复制业	Printing and Reproduction of Recording Media	7	7194	3482
文教、工美、体育和娱乐用品制造业	Manufacture of Articles for Culture, Education, Industrial Art, Sport Activity and Amusement	7	8170	3138
石油、煤炭及其他燃料加工业	Processing of Petroleum, Coal and Other Fuels	11	432383	87737
化学原料和化学制品制造业	Manufacture of Raw Chemical Materials and Chemical Products	45	186824	68129
医药制造业	Manufacture of Medicines	22	215461	103142
化学纤维制造业	Manufacture of Chemical Fibers	3	3955	1537
橡胶和塑料制品业	Manufacture of Rubber and Plastics Products	27	117444	50581
非金属矿物制品业	Manufacture of Non-metallic Mineral Products	20	29827	11537
黑色金属冶炼和压延加工业	Smelting and Pressing of Ferrous Metals	8	27233	10382
有色金属冶炼和压延加工业	Smelting and Pressing of Non-ferrous Metals	4	41507	7846
金属制品业	Manufacture of Metal Products	19	29467	11369
通用设备制造业	Manufacture of General Purpose Machinery	36	409662	94488
专用设备制造业	Manufacture of Special Purpose Machinery	48	224842	77313
汽车制造业	Manufacture of Automobiles	41	865876	212082
铁路、船舶、航空航天和其他运输设备制造业	Manufacture of Railway, Ship, Aerospace and Other Transport Equipments	4	5207	1567
电气机械和器材制造业	Manufacture of Electrical Machinery and Apparatus	25	167001	57416
计算机、通信和其他电子设备制造业	Manufacture of Computers, Communication and Other Electronic Equipment	47	370821	119761
仪器仪表制造业	Manufacture of Measuring Instruments	11	3905	2124

注：本表数据不含中心商务区数据。

Note: Data in this table doesn't include Central Business District.

8-5 续表 continued

行　业	Sector	企业个数（个）Number of Enterprises (unit)	投资总额（万美元）Total Investment Contracted (USD 10000)	#外方注册资本 Registered Capital of Foreign Party
其他制造业	Other Manufacture	3	13556	10692
废弃资源综合利用业	Comprehensive Utilization of Waste Resources	1	6085	3577
金属制品、机械和设备修理业	Repair Service of Metal Products, Machinery and Equipment	3	3614	2965
电力、热力生产和供应业	Production and Supply of Electric Power and Heat Power	3	24197	10726
燃气生产和供应业	Production and Supply of Gas	2	9467	3212
水的生产和供应业	Production and Supply of Water	4	47074	40073
房屋建筑业	Building Engineering	2	100072	100072
土木工程建筑业	Civil Engineering	6	22552	14227
建筑安装业	Building Installation	2	92	68
建筑装饰、装修和其他建筑业	Building Decoration and Others	3	2730	132
批发业	Wholesale	134	755083	371518
零售业	Retail	15	113690	110997
道路运输业	Highway Transport	2	14757	2020
水上运输业	Waterway Transport	3	12711	4929
多式联动和运输代理业	Intermodality and Forwarding Agency	9	7639	2609
装卸搬运和仓储业	Loading, Unloading and Storage	15	57283	9845
住宿业	Accommodation	3	1043	923
餐饮业	Catering Services	12	3203	909
电信、广播电视和卫星传输服务	Telecommunications, Broadcasting, Television and Satellite Transmission Services	4	1342	690
互联网和相关服务业	Internet and Related Services	1	603	374
软件和信息技术服务业	Software and IT Services	31	111215	44128
房地产业	Real Estate	53	372513	117655
货币金融服务	Monetary and Financial Services	55	233090	147719
资本市场服务	Capital Market Services	57	851273	768917
保险业	Insurance	1	177	42
其他金融业	Other Financial Intermediation	35	444916	157193
租赁业	Leasing Services	37	237735	143131
商务服务业	Business Services	138	302072	228455
研究和试验发展	R&D	10	19336	7169
专业技术服务业	Special Technical Services	29	42358	21576
科技推广和应用服务业	Science and Technology Generalizing and Application Services	205	656286	331504
公共设施管理业	Management for Public Facilities	2	6444	4204
居民服务业	Resident Services	1	258	49
机动车、电子产品和日用产品修理业	Motor Vehicle, Electronic Products and Household Products Repair Industry	5	7881	2921
其他服务业	Other Services	2	560	310
教　育	Education			
卫　生	Health Care	1	1206	246
广播、电视、电影和录音制作业	Broadcast, TV, Movies and Record Production	2	2554	594
文化艺术业	Culture and Arts	8	831	687
娱乐业	Entertainment Industry	1	100	100
体　育	Sports	4	54	54
社会工作	Social Work	1	1206	808

9 能源生产和消费

Energy Production and Consumption

9-1 规模以上工业主要能源品种消费量
Consumption of Main Energy Varieties of Industries above Designated Size

品 种 Item	单 位 Unit	2021	2022
煤 炭	万 吨	1791.54	1703.85
Coal	10000 tons		
其他焦化产品	万 吨	40.44	36.30
Other Coal Coking Product	10000 tons		
原 油	万 吨	1722.46	1660.32
Crude Oil	10000 tons		
汽 油	万 吨	1.09	0.99
Gasoline	10000 tons		
柴 油	万 吨	19.85	19.73
Diesel Oil	10000 tons		
燃料油	万 吨	3.85	3.04
Fuel Oil	10000 tons		
液化石油气	万 吨	44.57	66.35
Liquefied Petroleum Gas	10000 tons		
炼厂干气	万 吨	63.60	65.12
Refinery Gas	10000 tons		
石脑油	万 吨	198.44	356.48
Naphtha	10000 tons		
其他石油制品	万 吨	379.03	256.75
Other Petroleum Products	10000 tons		
天然气	亿立方米	38.30	37.50
Natural Gas	100 million cu.m		
热 力	万百万千焦	7551.20	8526.79
Heat	10000 million kJ		
电 力	亿千瓦时	254.84	268.03
Electricity	100 million kW·h		

9-2 工业行业主要能源终端消费量(2022年)
The Final Consumption of Main Energy by Industrial Sector,2022

行业	Sector	煤炭(万吨) Coal (10000 tons)	焦炭(万吨) Coke (10000 tons)	原油(万吨) Crude Oil (10000 tons)	汽油(万吨) Gasoline (10000 tons)
总计	**Total**	**139.45**	**36.97**	**9.78**	**0.98**
石油和天然气开采业	Extraction of Petroleum and Natural Gas			8.90	0.06
黑色金属矿采选业	Mining and Processing of Ferrous Metal Ores				0.01
非金属矿采选业	Mining and Processing of Non-metal Ores				0.22
开采专业及辅助性活动	Professional and Support Activities for Mining				
农副食品加工业	Processing of Food from Agricultural Products				0.01
食品制造业	Manufacture of Food				
酒、饮料和精制茶制造业	Manufacture of Liquor, Beverages and Refined Tea				
纺织业	Manufacture of Textile				
纺织服装、服饰业	Manufacture of Textile Wearing and Apparel				0.01
木材加工及木、竹、藤、棕、草制品业	Processing of Timber, Manufacture of Wood, Bamboo, Rattan, Palm and Straw Products				
家具制造业	Manufacture of Furniture				
造纸及纸制品业	Manufacture of Paper and Paper Products				0.01
印刷和记录媒介复制业	Printing and Reproduction of Recording Media				0.01
文教、工美、体育和娱乐用品制造业	Manufacture of Articles for Culture, Education, Industrial Art, Sport Activity and Amusement				0.01
石油、煤炭及其他燃料加工业	Processing of Petroleum, Coal and Other Fuels	0.15		0.88	0.01
化学原料和化学制品制造业	Manufacture of Raw Chemical Materials and Chemical Products	134.58	36.30		0.09
医药制造业	Manufacture of Medicines		0.10		
橡胶和塑料制品业	Manufacture of Rubber and Plastics Products				0.03
非金属矿物制品业	Manufacture of Non-metallic Mineral Products				0.05
黑色金属冶炼和压延加工业	Smelting and Pressing of Ferrous Metals	3.20			0.01
有色金属冶炼和压延加工业	Smelting and Pressing of Non-ferrous Metals				0.02
金属制品业	Manufacture of Metal Products				0.04
通用设备制造业	Manufacture of General Purpose Machinery				0.05
专用设备制造业	Manufacture of Special Purpose Machinery				0.09
汽车制造业	Manufacture of Automobiles				0.05
铁路、船舶、航空航天和其他运输设备制造业	Manufacture of Railway, Ship, Aerospace and Other Transport Equipments				0.04
电气机械和器材制造业	Manufacture of Electrical Machinery and Apparatus				0.03
计算机、通信和其他电子设备制造业	Manufacture of Computers, Communication and Other Electronic Equipment				0.04
仪器仪表制造业	Manufacture of Measuring Instruments				0.01
其他制造业	Other Manufacture				
废弃资源综合利用业	Comprehensive Utilization of Waste Resources	1.52	0.57		0.01
金属制品、机械和设备修理业	Repair Service of Metal Products, Machinery and Equipment				0.01
电力、热力生产和供应业	Production and Supply of Electric Power and Heat Power				0.01
燃气生产和供应业	Production and Supply of Gas				0.04
水的生产和供应业	Production and Supply of Water				0.01

9-2 续表1 Continued

行业	Sector	柴油(万吨) Diesel Oil (10000 tons)	燃料油(万吨) Fuel Oil (10000 tons)	天然气(亿立方米) Natural Gas (100 million cu.m)
总计	**Total**	**19.60**	**2.07**	**12.71**
石油和天然气开采业	Extraction of Petroleum and Natural Gas	3.74		1.80
黑色金属矿采选业	Mining and Processing of Ferrous Metal Ores	0.02		0.02
非金属矿采选业	Mining and Processing of Non-metal Ores	13.86		0.25
开采专业及辅助性活动	Professional and Support Activities for Mining			
农副食品加工业	Processing of Food from Agricultural Products	0.01		0.10
食品制造业	Manufacture of Food	0.01		0.20
酒、饮料和精制茶制造业	Manufacture of Liquor, Beverages and Refined Tea	0.01		0.04
纺织业	Manufacture of Textile			0.03
纺织服装、服饰业	Manufacture of Textile Wearing and Apparel			
木材加工及木、竹、藤、棕、草制品业	Processing of Timber, Manufacture of Wood, Bamboo, Rattan, Palm and Straw Products	0.01		
家具制造业	Manufacture of Furniture	0.01		0.04
造纸及纸制品业	Manufacture of Paper and Paper Products	0.01		0.02
印刷和记录媒介复制业	Printing and Reproduction of Recording Media	0.01		0.01
文教、工美、体育和娱乐用品制造业	Manufacture of Articles for Culture, Education, Industrial Art, Sport Activity and Amusement			0.01
石油、煤炭及其他燃料加工业	Processing of Petroleum, Coal and Other Fuels	0.15	0.10	1.67
化学原料和化学制品制造业	Manufacture of Raw Chemical Materials and Chemical Products	0.14		4.19
医药制造业	Manufacture of Medicines			0.08
橡胶和塑料制品业	Manufacture of Rubber and Plastics Products	0.06		0.23
非金属矿物制品业	Manufacture of Non-metallic Mineral Products	0.71	1.87	0.91
黑色金属冶炼和压延加工业	Smelting and Pressing of Ferrous Metals	0.01		0.59
有色金属冶炼和压延加工业	Smelting and Pressing of Non-ferrous Metals	0.03		0.20
金属制品业	Manufacture of Metal Products	0.18		0.52
通用设备制造业	Manufacture of General Purpose Machinery	0.02		0.06
专用设备制造业	Manufacture of Special Purpose Machinery	0.17		0.03
汽车制造业	Manufacture of Automobiles	0.07		0.64
铁路、船舶、航空航天和其他运输设备制造业	Manufacture of Railway, Ship, Aerospace and Other Transport Equipments	0.10	0.10	0.07
电气机械和器材制造业	Manufacture of Electrical Machinery and Apparatus	0.04		0.39
计算机、通信和其他电子设备制造业	Manufacture of Computers, Communication and Other Electronic Equipment	0.02		0.29
仪器仪表制造业	Manufacture of Measuring Instruments			
其他制造业	Other Manufacture			
废弃资源综合利用业	Comprehensive Utilization of Waste Resources	0.07		0.02
金属制品、机械和设备修理业	Repair Service of Metal Products, Machinery and Equipment			
电力、热力生产和供应业	Production and Supply of Electric Power and Heat Power	0.15		0.03
燃气生产和供应业	Production and Supply of Gas			0.29
水的生产和供应业	Production and Supply of Water			

9-2 续表2 Continued

行业	Sector	热力(万百万千焦) Heat (10000 million kJ)	电力(亿千瓦时) Electricity (100 million kW·h)	其他石油制品(万吨) Other Petroleum Products (10000 tons)	其他焦化产品(万吨) Other Coal Coking Product (10000 tons)
总计	**Total**	**8526.79**	**268.03**	**130.89**	**36.30**
石油和天然气开采业	Extraction of Petroleum and Natural Gas	17.16	59.15		
黑色金属矿采选业	Mining and Processing of Ferrous Metal Ores	112.00	1.16		
非金属矿采选业	Mining and Processing of Non-metal Ores	32.73	3.82		
开采专业及辅助性活动	Professional and Support Activities for Mining				
农副食品加工业	Processing of Food from Agricultural Products	522.52	4.52		
食品制造业	Manufacture of Food	268.90	3.50		
酒、饮料和精制茶制造业	Manufacture of Liquor, Beverages and Refined Tea	67.37	1.46		
纺织业	Manufacture of Textile	3.02	0.58		
纺织服装、服饰业	Manufacture of Textile Wearing and Apparel	1.10	0.01		
木材加工及木、竹、藤、棕、草制品业	Processing of Timber, Manufacture of Wood, Bamboo, Rattan, Palm and Straw Products		0.03		
家具制造业	Manufacture of Furniture	0.07	0.39		
造纸及纸制品业	Manufacture of Paper and Paper Products	2.59	0.80		
印刷和记录媒介复制业	Printing and Reproduction of Recording Media	15.25	0.61		
文教、工美、体育和娱乐用品制造业	Manufacture of Articles for Culture, Education, Industrial Art, Sport Activity and Amusement	3.66	0.18		
石油、煤炭及其他燃料加工业	Processing of Petroleum, Coal and Other Fuels	1081.87	23.08	43.27	
化学原料和化学制品制造业	Manufacture of Raw Chemical Materials and Chemical Products	5246.25	61.20	87.62	36.30
医药制造业	Manufacture of Medicines	123.12	3.23		
橡胶和塑料制品业	Manufacture of Rubber and Plastics Products	87.17	6.01		
非金属矿物制品业	Manufacture of Non-metallic Mineral Products	0.73	2.86		
黑色金属冶炼和压延加工业	Smelting and Pressing of Ferrous Metals	12.76	2.92		
有色金属冶炼和压延加工业	Smelting and Pressing of Non-ferrous Metals	32.83	1.25		
金属制品业	Manufacture of Metal Products	32.11	4.32		
通用设备制造业	Manufacture of General Purpose Machinery	17.08	2.06		
专用设备制造业	Manufacture of Special Purpose Machinery	32.94	2.47		
汽车制造业	Manufacture of Automobiles	162.22	16.50		
铁路、船舶、航空航天和其他运输设备制造业	Manufacture of Railway, Ship, Aerospace and Other Transport Equipments	18.24	2.10		
电气机械和器材制造业	Manufacture of Electrical Machinery and Apparatus	27.54	11.40		
计算机、通信和其他电子设备制造业	Manufacture of Computers, Communication and Other Electronic Equipment	38.30	17.02		
仪器仪表制造业	Manufacture of Measuring Instruments	4.51	0.23		
其他制造业	Other Manufacture	6.24	0.09		
废弃资源综合利用业	Comprehensive Utilization of Waste Resources	10.00	0.55		
金属制品、机械和设备修理业	Repair Service of Metal Products, Machinery and Equipment	1.70	0.08		
电力、热力生产和供应业	Production and Supply of Electric Power and Heat Power	541.37	29.25		
燃气生产和供应业	Production and Supply of Gas		1.43		
水的生产和供应业	Production and Supply of Water	3.44	3.77		

9-3 规模以上工业综合能源消费量分组表(2022年)
Overall Energy Balance Sheet of Industrial Enterprises above Designated Size by Sector, 2022

指 标	Sector	综合能源消费量 (万吨标准煤) Overall Energy Consumption (10000 tons of SCE)
总 计	**Total**	**2349.87**
采矿业	**Mining**	**297.81**
煤炭开采和洗选业	Mining and Washing of Coal	0.01
石油和天然气开采业	Extraction of Petroleum and Natural Gas	262.52
非金属矿采选业	Mining and Processing of Non-metal Ores	5.57
开采专业及辅助性活动	Professional and Support Activities for Mining	29.71
制造业	**Manufacturing**	**1501.48**
农副食品加工业	Processing of Food from Agricultural Products	24.69
食品制造业	Manufacture of Food	16.23
酒、饮料和精制茶制造业	Manufacture of Liquor, Beverages and Refined Tea	4.57
纺织业	Manufacture of Textile	1.19
纺织服装、服饰业	Manufacture of Textile Wearing and Apparel	0.07
木材加工和木、竹、藤、棕、草制品业	Processing of Timber, Manufacture of Wood, Bamboo, Rattan, Palm and Straw Products	0.05
家具制造业	Manufacture of Furniture	0.98
造纸和纸制品业	Manufacture of Paper and Paper Products	1.41
印刷和记录媒介复制业	Printing, Reproduction of Recording Media	1.36
文教、工美、体育和娱乐用品制造业	Manufacture of Articles for Culture, Education, Industrial Art, Sport Activity and Amusement	0.38
石油、煤炭及其他燃料加工业	Processing of Petroleum, Coal and Other Fuels	287.24
化学原料和化学制品制造业	Manufacture of Raw Chemical Materials and Chemical Products	989.97
医药制造业	Manufacture of Medicines	9.28
橡胶和塑料制品业	Manufacture of Rubber and Plastics Products	13.70
非金属矿物制品业	Manufacture of Non-metallic Mineral Products	19.18
黑色金属冶炼和压延加工业	Smelting and Pressing of Ferrous Metals	14.51
有色金属冶炼和压延加工业	Smelting and Pressing of Non-ferrous Metals	5.26
金属制品业	Manufacture of Metal Products	13.25
通用设备制造业	Manufacture of General Purpose Machinery	3.98
专用设备制造业	Manufacture of Special Purpose Machinery	4.98
汽车制造业	Manufacture of Automobiles	34.53
铁路、船舶、航空航天和其他运输设备制造业	Manufacture of Railway, Ship, Aerospace and Other Transport Equipments	4.52
电气机械和器材制造业	Manufacture of Electrical Machinery and Apparatus	19.96
计算机、通信和其他电子设备制造业	Manufacture of Computers, Communication and Other Electronic Equipment	25.92
仪器仪表制造业	Manufacture of Measuring Instruments	0.48
其他制造业	Other Manufacture	0.32
废弃资源综合利用业	Utilization of Waste Resources	3.28
金属制品、机械和设备修理业	Repair Service of Metal Products, Machinery and Equipment	0.18
电力、热力、燃气及水生产和供应业	**Production and Supply of Electric Power, Heat Power, Gas and Water**	**550.58**
电力、热力生产和供应业	Production and Supply of Electric Power and Heat Power	540.06
燃气生产和供应业	Production and Supply of Gas	5.71
水的生产和供应业	Production and Supply of Water	4.81

10 人民生活、社会事业和其他

People's Livelihoods, Social Undertakings and Others

10-1 城镇居民人均可支配收入及消费支出
Per Capita Disposable Income & Consumption Expenditure of Urban Households

单位：元 (yuan)

项　目	Item	2021	2022
人均可支配收入	**Per Capita Disposable Income**	**59582**	**61594**
工资性收入	Income of Wages and Salaries	43512	45528
经营净收入	Net Business Income	2258	2191
财产净收入	Net Income from Properties	4897	4687
转移净收入	Net Income from Transfers	8915	9188
人均消费支出	**Per Capita Consumption Expenditure**	**32476**	**31342**
食品烟酒	Food, Tobacco and Liquor	10218	10524
衣　着	Clothing and Footwear	3299	3074
居　住	Housing	5958	5002
生活用品及服务	Household Equipments, Furnishings and Services	2441	2218
交通通信	Transport and Communications	4002	4241
教育文化娱乐	Education, Culture and Recreation	2974	2748
医疗保健	Health Care and Medical Services	2182	2475
其他用品及服务	Miscellaneous Goods and Services	1402	1060

资料来源：国家统计局滨海新区调查队，表10-2至10-7同。
Source: NBS Survey Office in Binhai New Area. Same as table 10-2 to 10-7.

10-2 城乡住户基本情况
Basic Statistics on Urban and Rural Households

项　目	Item	单　位	Unit	2021	2022
调查样本户数	**Survey Sample Households**	**户**	**household**	**600**	**600**
城镇住户	Urban Households	户	household	560	560
农村住户	Rural Households	户	household	40	40
调查样本户结构	**Structure of Survey Sample Households**				
城镇住户	Urban Households	%	%	93.3	93.3
农村住户	Rural Households	%	%	6.7	6.7
城镇住户基本情况	**Basic Statistics on Urban Households**				
户均常住人口	Average Persons per Permanent Household	人/户	person/household	2.7	2.7
户均就业人口	Average Employees per Permanent Household	人/户	person/household	1.2	1.2
平均每户就业人口比重	Employees Percentage per Permanent Household	%	%	42.4	42.4
平均每一就业者负担人口	Persons Supported by Each Employee	人	person	1.8	1.8

10-3 城镇居民家庭人均收支及增幅(2012-2022年)
Per Capita Income & Expenditure and Increase Rate of Urban Households, 2012-2022

年份 Year	人均可支配收入(元) Per Capita Disposable Income (yuan)	人均消费支出(元) Per Capita Consumption Expenditure (yuan)	人均可支配收入增幅(%) Increase Rate of per Capita Disposable Income (%)	人均消费支出增幅(%) Increase Rate of per Capita Consumption Expenditure (%)
2012	29172	20201	12.8	11.0
2013	32659	21369	12.0	5.8
2014	35680	24789	9.3	16.0
2015	39268	26525	10.1	7.0
2016	42869	28261	9.2	6.5
2017	46556	28487	8.6	0.8
2018	49611	30599	6.6	7.4
2019	53218	32414	7.3	5.9
2020	55026	29044	3.4	-10.4
2021	59582	32476	8.3	11.8
2022	61594	31342	3.4	-3.5

10-4 城镇居民家庭人均可支配收入及构成(2018-2022年)
Per Capita Disposable Income of Urban Households and Composition, 2018-2022

项目	Item	2018	2019	2020	2021	2022
人均可支配收入(元)	**Per Capita Disposable Income(yuan)**	**49611**	**53218**	**55026**	**59582**	**61594**
工资性收入	Income of Wages and Salaries	35792	38423	39784	43512	45528
经营净收入	Net Business Income	2279	2283	2079	2258	2191
财产净收入	Net Income from Property	4275	4552	4571	4897	4687
转移净收入	Net Income from Transfer	7265	7960	8592	8915	9188
人均可支配收入构成(%)	**Composition of per Capita Disposable Income(%)**	**100.0**	**100.0**	**100.0**	**100.0**	**100.0**
工资性收入	Income of Wages and Salaries	72.1	72.2	72.3	73.0	73.9
经营净收入	Net Business Income	4.6	4.3	3.8	3.8	3.6
财产净收入	Net Income from Property	8.6	8.6	8.3	8.2	7.6
转移净收入	Net Income from Transfer	14.6	15.0	15.6	15.0	14.9

10-5 城镇居民家庭人均消费支出及构成(2020-2022年)
Per Capita Consumption Expenditure of Urban Households and Composition, 2020-2022

项　目	Item	2020	2021	2022
人均消费支出(元)	**Per Capita Consumption Expenditure(yuan)**	**29044**	**32476**	**31342**
食品烟酒	Food, Tobacco and Liquor	9623	10218	10524
衣　着	Clothing and Footwear	3043	3299	3074
居　住	Housing	5623	5958	5002
生活用品及服务	Household Equipments, Furnishings and Services	2153	2441	2218
交通通信	Transport and Communications	3401	4002	4241
教育文化娱乐服务	Education, Culture and Recreation Services	2391	2974	2748
医疗保健	Health Care and Medical Services	1658	2182	2475
其他用品和服务	Miscellaneous Goods and Services	1152	1402	1060
人均消费支出构成(%)	**Compositions of per Capita Consumption Expenditure (%)**	**100.0**	**100.0**	**100.0**
食品烟酒	Food, Tobacco and Liquor	33.1	31.5	33.6
衣　着	Clothing and Footwear	10.5	10.2	9.8
居　住	Housing	19.4	18.3	15.9
生活用品及服务	Household Equipments, Furnishings and Services	7.4	7.5	7.1
交通通信	Transport and Communications	11.7	12.3	13.5
教育文化娱乐服务	Education, Culture and Recreation Services	8.2	9.2	8.8
医疗保健	Health Care and Medical Services	5.7	6.7	7.9
其他用品和服务	Miscellaneous Goods and Services	4.0	4.3	3.4

10-6 城镇居民家庭平均每百户耐用消费品年末拥有量(2020-2022年)
Per 100 Urban Households Year-end Possessions of Major Durable Consumer Goods, 2020-2022

商品名称	Item	2020	2021	2022
家用汽车(辆)	Automobile(unit)	45.2	46.3	46.5
洗衣机(台)	Washing Machine(set)	100.2	100.3	100.4
电冰箱、柜(台)	Refrigerator(set)	111	111.1	111.1
彩色电视机(台)	Color TV Set(set)	115.8	116.5	115.9
家用电脑(台)	Personal-computer(set)	71.3	70.6	70.3
照相机(架)	Camera(set)	21.5	20.1	19.5
空调器(台)	Air-conditioner(set)	153.2	153.5	153.6
热水器(台)	Shower(set)	92.8	93.2	93.3
固定电话(部)	Fixed Telephone(set)	20.6	20.1	19.9
移动电话(部)	Mobile Phone(set)	228.8	229.4	230.3

10-7 城镇居民人均食品消费量
Per Capita Consumption on Foods of Urban Households

单位：千克 (kg)

商品名称	Item	2020	2021	2022
粮　食	Grain	87.3	87.2	87.3
谷　物	Cereals	78.4	78.3	78.3
薯　类	Tuber	2.5	2.6	2.5
豆　类	Beans and Products	6.4	6.3	6.3
食用油	Edible Oil and Fats	8.3	8.3	8.3
蔬菜及菜制品	Vegetables and Related Products	88.5	88.6	88.7
#鲜　菜	Fresh Vegetables	85.1	85.2	82.3
肉及制品	Meat and Related Products	22.8	22.9	23.0
#猪　肉	Pork	10.6	10.5	10.5
牛羊肉	Beef and Mutton	3.9	4.0	4.0
鸡　肉	Chicken	1.5	1.5	1.6
水产品及制品	Aquatic and Related Products	17.2	17.3	17.3
蛋　类	Eggs	14.6	14.7	14.6
奶和奶制品	Milk and Dairy Products	16.0	16.1	16.1
干鲜瓜果类	Dried and Fresh Melons and Fruits	62.2	62.4	62.3
#鲜瓜果	Fresh Melons and Fruits	56.4	56.5	56.6
糖果糕点类	Confectionery	7.4	7.4	7.4
白　酒	Liquor	1.7	1.7	1.7

10-8 社会福利事业机构和职工人数
Number of Social Welfare Institutions and Number of Staff

部　门	Department	2021	2022
机构数(个)	**Number of Institutions (unit)**		
烈士纪念建筑物管理单位	Martyr Memorial Building Management Units	1	1
救助管理单位	Collecting and Repatriation Units	1	1
殡仪服务单位	Funeral and Interment Units	4	4
老年社会福利院	Elderly Social Welfare Homes	2	2
人员数(人)	**Number of Persons Engaged (person)**		
烈士纪念建筑物管理单位	Martyr Memorial Building Management Units	28	29
救助管理单位	Collecting and Repatriation Units	15	15
殡仪服务单位	Funeral and Interment Units	45	45
老年社会福利院	Elderly Social Welfare Homes	134	108

资料来源：天津市滨海新区民政局和退役军人事务局
Source: Tianjin Binhai New Area Bureau of Civil Affairs and Tianjin Binhai New Area Bureau of Veterans Affairs

10-9 社会救助人员情况
Basic Statistics on Social Relief Personnel

指　标	Item	2021	2022
全部最低生活保障人数(人)	**Total Persons Enjoying Subsistence Allowance(person)**	**10938**	**10470**
城镇居民最低生活保障人数	Number of Urban Residents Entitled to Minimum Living Allowance	6175	6000
塘沽街	Tanggu Street	316	311
新村街	Xincun Street	436	416
新港街	Xingang Street	284	267
杭州道街	Hangzhoudao Street	820	811
大沽街	Dagu Street	907	868
新北街	Xinbei Street	109	118
新河街	Xinhe Street	316	304
北塘街	Beitang Street	316	296
胡家园街	Hujiayuan Street	288	261
新城镇	Xincheng Town	91	77
汉沽街	Han'gu Street	442	430
茶淀街	Chadian Street	465	465
寨上街	Zhaishang Street	594	590
杨家泊镇	Yangjiabai Town	25	24
大港街	Dagang Street	300	318
古林街	Gulin Street	143	129
海滨街	Haibin Street	192	190
中塘镇	Zhongtang Town	62	60
太平镇	Taiping Town	20	17
小王庄镇	Xiaowangzhuang Town	49	48
农村居民最低生活保障人数	Number of Rural Residents Entitled to Minimum Living Allowance	4763	4470
特困供养人数(人)	**Number of Persons Enjoying Livelihood Guarantees in Extreme Difficulty (person)**	**301**	**312**
集中供养人数	Number of Concentrated Support	157	165
分散供养人数	Number of Decentralized Support	144	147
临时救济人次数(人次)	**Total Persons Receiving Temporary Almsgiving (person-time)**	**2437**	**2009**

资料来源：天津市滨海新区民政局，表10-10同。
Source:Tianjin Binhai New Area Bureau of Civil Affairs, same as table 10-10.

10-10 社会救助支出情况
Basic Statistics on Social Relief Expenditure

单位：万元 (10000 yuan)

指 标	Item	2021	2022
社会救助总支出	**Relief Expenditures**		
社会救济费	Relief Funds	14740	14341
#城市低保费	Urban Relief Funds	8854	8697
农村低保费	Rural Relief Funds	5885	5644
特困人员救助供养	Expenses of Destitute Households Receiving Almsgiving	87	58
临时救助	Temporary Almsgiving	7811	6745
#流浪乞讨人员救助	The Aid of Vagrants and Beggars	88.67	87.34
医疗救助支出	**Medical Aid Expenditures**	**215.84**	**91.50**

资料来源：天津市滨海新区民政局和天津市滨海新区医疗保障局。
Source:Tianjin Binhai New Area Bureau of Civil Affairs and Tianjin Binhai New Area Healthcare Security Bureau.

10-11 享受国家定期抚恤补助的优抚人数
Number of Entitled Groups Enjoying Regeular Pension and Subside

单位：人 (person)

项 目	Item	2021	2022
总 计	**Total**	**2324**	**2315**
烈 属	Members of Martyr's Family	27	24
牺牲病故军人家属	Families of Soldiers Sacrificed or Died of Illness	20	18
革命伤残人员	Revolutionary Disabled	586	626
在乡复员军人	Demobilized Soldiers in Hometown	40	30
带病回乡退伍军人	Veterans in Hometown with Illness	53	53
参战退役人员	Ex-serviceman Attended in War	252	251
参试补助人员	Ex-serviceman Attended in Nuclear Test	358	341
60周岁以上农村籍退役人员	Retired Soldier over 60 Years Old in Hometown	943	926
部分烈士子女	Eligible Children of Martyrs	45	46

资料来源：天津市滨海新区退役军人事务局
Source:Tianjin Binhai New Area Bureau of Veterans Affairs

10-12 老年事业基本情况
Basic Statistics on Senile Citizen Undertakings

指 标	Item	单 位	Unit	2021	2022
老年活动站、中心、室	Senile Activity Stations, Centers, Rooms	个	unit	198	198
老年人参与活动人数	Senile Activity Participants	万人	10000 persons	5.0	2.0
老年医疗护理机构	Senile Medical Care Institutions	个	unit	24	24
老年医疗护理机构病床数	Beds in Senile Medical Care Institutions	张	bed	5268	5268
老年人协会个数	Senile Unions	个	unit	235	235
老年事业投入经费	Expenditures for Senile Undertakings	万元	10000 yuan	7851	8271
老年学校个数	Senile Schools	个	unit	177	177
老年学校在校人数	Students Enrollment in Senile Schools	万人	10000 persons	3.12	2.00
享受高龄补贴的老年人数	Citizens with Senile Subsidy	人	person	35884	37508
老年人照料项目	Projects of Taking Care of Senile Citizens	个	unit	155	160

资料来源：天津市滨海新区民政局
Source: Tianjin Binhai New Area Bureau of Civil Affairs
注：老年医疗护理机构是指福利院、养老院、敬老院等。
Note: Senile medical care institutions refers to welfare homes, nursing homes, homes for the elderly and so on.

10-13 劳动人事争议处理情况
The Disposal of Labour Disputes

单位：件 (case)

项 目	Item	2021	2022
上期未结案数	**Number of Cases Left Over from Last Period**	**960**	**1043**
案件受理情况	**Cases Accepted**		
当期案件受理数	Number of Cases	6164	5196
#劳动者申诉案件数	Number of Cases Appealed by Labourers	6144	5175
按争议原因分	By Cause of Disputes		
确认劳动关系	Confirmation of Labour Relations	450	672
解除、终止劳动合同	Relieve the Labour Contract	840	847
劳动报酬	Labor Remuneration	3445	2537
社会保险	Social Insurance	71	133
其 他	Others	1358	1007
劳动者当事人数(人)	Number of Persons Involved (person)	6215	5285
案件处理情况	**Cases Settled**		
结案数	Number of Cases Settled	6649	5444
按处理方式分	By Manners of Settlement		
仲裁调解	Mediation	3828	2234
仲裁裁决	Arbitration Lawsuit	2024	1741
其他方式	Others	797	1469
按处理结果分	By Results of Settlement		
用人单位胜诉	Won by Units	977	580
劳动者胜诉	Won by Labours	445	348
双方部分胜诉	Partly by Both Parties	2832	2640
其 他	Others	2395	1876
本期未结案数	**Number of Cases Unsettled**	**475**	**795**

资料来源：天津滨海新区人力资源和社会保障局
Source: Tianjin Binhai New Area Human Resources & Social Security Bureau

10-14 社会保障事业基本情况
Basic Statistics on Social Security

指　　标　　Item	单位　Unit	2021	2022
基本养老保险缴费情况　Basic Pension Insurance			
城镇职工基本养老保险缴费人数	万　人	116.25	118.15
Urban Staff and Workers Paying in Basic Pension Insurance	10000 persons		
城乡居民基本养老保险缴费人数	万　人	3.62	3.62
Urban and Rural Residents Paying in Basic Pension Insurance	10000 persons		
基本医疗保险参保情况　Basic Medical Insurance			
城镇职工基本医疗保险人数	万　人	151.18	153.95
Urban Staff and Workers Participated in Basic Medical Insurance	10000 persons		
城乡居民医疗保险人数	万　人	55.43	55.39
Urban and Rural Residents Participated in Medical Insurance	10000 persons		
失业保险缴费情况　Unemployment Insurance			
失业保险缴费人数	万　人	107.86	109.09
Staff and Workers Paying in Unemployment Insurance	10000 persons		
领取失业保险金人数	万　人	0.95	1.26
Personnel Drawing Unemployment Insurance Programme	10000 persons		
工伤保险缴费情况　Work Injury Insurance			
工伤保险缴费人数	万　人	109.15	110.32
Staff and Workers Paying Work Injury Insurance	10000 persons		
最低工资标准	**元/人**	**2180**	**2180**
Minimum Standard of Wages of Staff and Workers	**yuan per person**		

资料来源：天津市滨海新区人力资源和社会保障局和天津市滨海新区医疗保障局。
Source: Tianjin Binhai New Area Human Resources and Social Security Bureau and Tianjin Binhai New Area Healthcare Security Bureau.

11 城建环保和交通邮电

Urban Construction,
Environment Protection,
Transport,
Postal and Telecommunication Services

11-1 城市市政设施
Municipal Facilities in City

项　目	Item	单　位	Unit	2021	2022	2022比2021年增长(%) Increase Rate in 2022 over 2021(%)
年末实有道路	**Road (year-end)**					
铺装道路长度	Length of Paved Roads	公　里	km	589	602	2.2
铺装道路面积	Area of Paved Roads	万平方米	10000 sq.m	1478	1497	1.3
年末实有桥梁	**Bridges (year-end)**					
桥梁座数	Number of Bridges	座	unit	55	56	1.8
#立交桥	Flyovers	座	unit	9	9	
排泄污水能力	**Capacity of Sewage Drainage**					
排水泵站	Pump Stations	座	unit	160	171	6.9
排水管道长度	Length of Sewage Pipes	公　里	km	7028	7028	
污水处理厂	Sewage Treatment Works	座	set	30	30	
污水处理厂能力	Disposal Capacity of Sewage Treatment Works	万吨/日	10000 tons/day	84	84	
污水处理率	**Percentage of Disposed Sewage Treatment**	**%**	**%**	**96.22**	**96.85**	

资料来源：天津市滨海新区城市管理委和水务局
Source: Tianjin Binhai New Area Commission of Urban Management and Tianjin Binhai New Area Bureau of Water Authority

11-2 自备水开采能力和供水量
Exploitation Capacity and Supply of Self-contained Water

指　标	Item	单　位	Unit	2021	2022	2022比2021年增长(%) Increase Rate in 2022 over 2021(%)
全年售水总量	Total Annual Volume of Water Sold	万　吨	10000 tons	441	688	0.6
生产用水	For Productive Use	万　吨	10000 tons	327	555	0.7
生活用水	Water Consumption for Daily Life	万　吨	10000 tons	114	134	0.2

资料来源：天津市滨海新区水务局，表11-3同。
Source: Tianjin Binhai New Area Bureau of Water Authority. Same as table 11-3.

11-3 自来水厂生产能力和供水量
Production and Supply of Tap Water

项　目	Item	单　位	Unit	2021	2022	2022比2021年增长(%) Increase Rate in 2022 over 2021(%)
综合生产能力	Overall Production Capacity	万吨/日	10000 tons/day	112	124	10.8
供水管道长度	Length of Water Supply Pipelines	公 里	km	5722	5722	
售水总量	Total Annual Volume of Water Sold	万 吨	10000 tons	34331	38679	12.7
生产用水	For Productive Use	万 吨	10000 tons	21100	23852	13.0
生活用水	Water Consumption for Daily Life	万 吨	10000 tons	13231	14827	12.1
用水人口	Number of Residents with Access to Tap Water	万 人	10000 persons	203	202	-0.5
人均日生活用水量	Per Capita Daily Living Consumption of Tap Water	公 斤	kg	95	110	16.1

11-4 城市环境卫生事业基本情况
Basic Statistics on Urban Environmental Sanitation

指　标	Item	单　位	Unit	2021	2022
清运垃圾粪便工作量	**Volume of Garbage, Excrement and Urine Disposal**				
道路清扫保洁面积	Road Area Cleaned	万平方米	10000 sq.m	5498	5041
生活垃圾清运量	Volume of Garbage Disposal	万 吨	10000 tons	66	63
清运粪便	Volume of Excrement and Urine Disposal	万 吨	10000 tons	4.4	2.4
垃圾无害化处理量	Volume of Garbage Innocuous Disposal	万 吨	10000 tons	66	63
生活垃圾无害化处理率	**Innocuous Disposal Rate of Living Garbage**	**%**	**%**	**100**	**100**
环境卫生设施	**Environmental Sanitation Facilities**				
公共厕所	Number of Public Lavatories	座	unit	326	322
垃圾无害化处理厂	Garbage Innocuous Disposal Plant	座	unit	2	2
无害化处理厂能力	Capacity of Innocuous Disposal Plant	吨/日	ton/day	2500	3000
环卫职工人数	**Number of Environment Sanitation Staff & Workers**	**人**	**person**	**2711**	**2788**
#合同工	Contract Workers	人	person	2367	2189

资料来源：天津市滨海新区城市管理委，表11-5同。
Source: Tianjin Binhai New Area Commission of Urban Management, same as table 11-5.

11-5 城市绿化情况
Green Area in City

指 标	Item	2021	2022
公 园(个)	Parks(unit)	44	43
公园面积(公顷)	Area fo Parks(hectare)	1293	1448
人均公园面积(平方米)	Per Capita Area of Parks(sq.m)	13.9	13.9
建成区绿地面积(公顷)	Total Area of Green Area in Developed Area(hectare)	16239	16715
公园绿地	Park Green Area	2726	2803
防护绿地	Protection Green Area	2154	2421
广场绿地	Square Green Area	35	68
附属绿地	Accessorial Green Area	8411	9276
区域绿地	Area Green Space	3446	3150
年末实有树木(万株)	Trees(year-end)(10 000 trees)	5187.93	5346.98
#行道树	Roadside Trees	19.23	19.73
建成区绿化覆盖率(%)	Coverage Rate of Afforestation in Developed Area(%)	39.4	39.4
建成区绿地率(%)	Coverage Rate of Green Area in Developed Area(%)	38.0	38.1

11-6 重点工业废水、废气、废渣排放量情况(2022年)
Main Emission of Industrial Waste Water, Gas and Residue, 2022

项 目 Item	合 计 Total	#经济技术开发区 TEDA	天津港保税区 TPFTZ	滨海高新区 Binhai HI-TECH Area	东疆综合保税区 Dongjiang Comprehensive Bonded Zone	中新天津生态城 China-Singapore Tianjin Eco-city
工业废水排放量(万吨) Volume of Waste Water Discharged (10000 tons)	5358.6	2221.95	1296.34	429.79	0.27	13.44
工业废气排放总量(亿标立方米) Total Volume of Industrial Waste Gas Emission (100 million st.cu.m)	4504.02	1814.78	881.08	96.45	0.000015	37.01
工业废渣产生量(万吨) Amount of Industrial Waste Residue (10000 tons)	573.39	118.92	80.08	8.2	0.011	0.07

资料来源：天津市滨海新区生态环境局，表11-7同。
Source: Tianjin Binhai New Area Bureau of Ecology and Environment, same as table 11-7.

11-7 重点工业主要污染物排放量(2022年)
Main Industrial Pollutants Emission, 2022

单位：吨 (ton)

项目	Item	合计 Total	#经济技术开发区 TEDA	天津港保税区 TPFTZ	滨海高新区 Binhai HI-TECH Area	东疆综合保税区 Dongjiang Comprehensive Bonded Zone	中新天津生态城 China-Singapore Tianjin Eco-city
二氧化硫排放量	Volume of Sulphur Dioxide Emission	2049.03	698.67	136.18	8.21		0.24
氮氧化物排放量	Volume of Nitrogen Oxides Emission	7565.81	1299.41	1169.49	36.97	0.036	20.54
颗粒物排放量	Volume of Particulate Matter Emission	1490.14	634.86	317.02	14.73	0.002	1.56
化学需氧量排放量	Volume of COD Discharged	874.66	366.05	233.59	57.65		3.8
氨氮排放量	Volume of Ammonia and Nitrogen Discharged	13.81	5.44	2.02	0.82		0.036

注：本表统计范围为工业污染物的排放。
Note: Data in this table refer to the pollutant discharge for industrial use.

11-8 通讯网络和设备能力情况
Capacity of Telecommunication Network and Facility

项目	Item	单位	Unit	2021	2022
通信网络情况	**Telecommunication Network**				
邮电局所数	Number of Post and Telecommunication Offices	处	unit	110	110
邮路单程总长度	Length of Postal Routes (Single Trip)	公里	km	542	619
#自办汽车邮路	Independent Postal Routes by Highway	公里	km	542	619
通信设备能力情况	**Capacity of Telecommunication Facility**				
邮政汽车总数	Number of Automobiles for Post Services	辆	unit	201	242
固定互联网宽带接入端口	Fixed Broadband Subscribers Port of Internet	万个	10000 units	217.6	239.1
长途光缆线路总长度	Length of Long Distance Optical Cable Lines	公里	km	741.7	761.7
移动电话基站	Base Stations of Mobile Phones	个	unit	15610	19910
#5G基站数量	5G Base Station	个	unit	3987	6660

资料来源：天津市邮政管理局和天津市通信管理局,表11-9同。
Source: Tianjin Post Office and Tianjin Communications Administration. Same as table 11-9.
注：通信管理局指标统计范围为塘沽、汉沽、大港。
Note: Data from Tianjin Communications Administration adopted the coverage of Tanggu, Han'gu and Dagang District.

11-9 邮电通信业务基本情况

Basic Statistics on Postal and Telecommunication Services

项目 Item	单位 Unit	2021	2022	2022比2021年增长(%) Increase Rate in 2022 over 2021(%)
邮电业务总量 Business Volume of Post and Telecommunication Services	万元 10000 yuan	33917.1	34063.0	0.4
函件 Number of Letters	万件 10000 pcs	70.3	47.2	-32.8
包裹 Packages	万件 10000 pcs	1.6	2.2	41.9
汇票 Postal Remittance Transactions	万笔 10000 pcs	0.9	1.0	10.3
机要文件 Confidential Documents	万件 10000 pcs	1.7	1.5	-14.4
特快专递 Express Mail Services	万件 10000 pcs	1070.3	1182.1	10.4
订销报纸累计份数 Number of Newspapers Subscribed Accumulated	万份 10000 pcs	2245.1	1377.8	-38.6
订销杂志累计份数 Number of Magazines Subscribed Accumulated	万份 10000 pcs	121.1	119.6	-1.2
邮政储蓄收储余额 Deposit Balance of Postal Savings	亿元 100 million yuan	169.1	194.7	15.1
集邮业务 Philately Business	万枚 10000 pcs	169.9	139.8	-17.7
邮电局所数 Number of Post and Telecommunication Offices	处 unit	110	110	
邮路单程总长度 Length of Postal Routes (Single Trip)	公里 km	542.0	619.0	14.2
邮政汽车总数 Number of Automobiles for Post Services	辆 unit	201	242	20.4
固定电话用户 Number of Fixed Telephone Subscribers	万户 10000 subscribers	63.2	62.7	-0.8
移动电话用户 Number of Mobile Phone Subscribers	万户 10000 subscribers	279.9	293.5	4.8
#4G移动电话 4G Mobile Phone	万户 10000 subscribers	190.7	170.6	-10.6
固定电话主叫通话时长 Length of Calling Call of Fixed Phones	亿分钟 100 million minutes	1.6	1.8	11.7
移动电话通话时长 Length of Call of Mobile Phones	亿分钟 100 million minutes	86.4	93.1	7.7
电信业务收入 Business Income of Telecommunication Services	亿元 100 million yuan	24.7	26.3	6.4
移动短信业务量 Short Message Services	亿条 100 million messages	20.2	18.4	-8.9
互联网用户 Number of Internet Subscribers	万户 10000 subscribers	338.3	352.8	4.3
#(固定)互联网宽带接入用户 (Fixed) Number of Internet Broadband Access Households	万户 10000 subscribers	88.4	95.0	7.5
光纤接入用户 Fiber-Optic Broadband Internet Access Households	万户 10000 subscribers	84.7	94.0	11.1

11-10 公共交通基本情况
Basic Statistics on Public Traffic

项目	Item	单位	Unit	2021	2022	2022比2021年增长(%) Increase Rate in 2022 over 2021(%)
公共汽车	**Public Transportation Vehicles**					
营运车辆	Operation Vehicles	辆	unit	2438	2031	-16.7
线路条数	Number of Routes	条	route	189	191	1.1
线路长度	Length of Routes	公里	km	5919.36	5964.35	0.8
乘客人数	Passengers	万人次	10000 person-times	7507.73	5559.5	-25.9
出租汽车	**Taxes**					
营运车辆	Operation Vehicles	辆	unit	8090	8090	
长途汽车	**Coaches**					
营运车辆	Operation Vehicles	辆	unit	44	48	9.1
线路条数	Number of Routes	条	route	36	27	-25.0
线路长度	Length of Routes	公里	km	6671	10957	64.2
全年客运量	Annual Volume of Passengers	万人次	10000 person-times	6.84	0.25	-96.3
津滨轻轨	**Binhai Mass Trains**					
运营车辆	Operation Vehicles	节	car	152	152	
运营线路长度	Length of Operation Routes	公里	km	52.3	52.3	
客运总量	Volume of Passengers	万人次	10000 person-times	4762	3219	-32.4

资料来源：天津市滨海新区交通运输局
Source: Tianjin Binhai New Area Transportation Bureau

11-11 天津港(集团)有限公司港口设施情况
Port Facilities of Tianjin Port (Group) Corporation

项　　目	Item	单　位	Unit	2021	2022
码头泊位	Berths of Dock	个	unit	124	130
#万吨级	Class of 10000-ton Level	个	unit	90	96
生产性泊位	Berths for Production	个	unit	91	97
#万吨级	Class of 10000-ton Level	个	unit	84	90
非生产性泊位	Berths for Non-production	个	unit	33	33
#万吨级	Class of 10000-ton Level	个	unit	6	6
码头长度	Length of Quay Line	米	m	29152	30501
生产性码头长度	Length of Quay Line for Production	米	m	26614	27963
非生产性码头长度	Length of Quay Line for Non-production	米	m	2538	2538
生产用库场面积	Area of Store and Piles for Production	万平方米	10000 sq.m	1389.6	1424.7
仓库总面积	Area of Store Houses	万平方米	10000 sq.m	29.5	27.1
堆场总面积	Area of Goods Pile	万平方米	10000 sq.m	1360.1	1397.6
非生产用库场面积	Area of Store and Piles for Non-production	万平方米	10000 sq.m	50.0	49.1
集装箱堆场堆存能力	Capacity of Piling Containers	国际标准箱	TEU	542739	518744
装卸机械实有数	Number of Loading & Unloading Machines	台	unit	2432	2433
生产用装卸机械实有数	Loading & Unloading Machines for Production	台	unit	2001	2061
非生产用装卸机械实有数	Loading & Unloading Machines for Non-production	台	unit	431	372

资料来源：天津港(集团)有限公司
Source: Tianjin Port (Group) Corporation

11-12 历年港口客货吞吐量(2002-2022年)
Volume of Passenger & Freight Handled in Ports, 2002-2022

年份 Year	港口旅客吞吐量(万人次) Volume of Passenger Handled in Ports (10000 person-times)	港口货物吞吐量(万吨) Volume of Freight Handled in Ports (10000 tons)	外贸 Foreign Trade		内贸 Domestic Trade	
			进港 In-port	出港 Out-port	进港 In-port	出港 Out-port
2002	33.0	12906.4	2861.9	4144.9	1241.7	4657.8
2003	22.7	16181.7	3618.3	5139.8	1651.7	5771.8
2004	32.5	20619.0	5181.7	5610.1	2220.3	7606.9
2005	31.6	24068.8	6719.3	5590.6	2650.1	9108.9
2006	33.8	25759.8	7272.2	6694.3	3202.9	8590.4
2007	30.0	30946.5	8533.8	8268.8	3339.6	10804.4
2008	8.7	35593.2	10607.8	7636.9	4523.2	12825.3
2009	15.9	38111.3	14466.5	5166.1	7053.3	11425.4
2010	23.4	41325.4	14415.6	6293.2	6862.0	13754.6
2011	24.9	45338.0	15533.7	6627.9	7139.4	16036.9
2012	29.3	47696.9	17192.5	7133.8	8123.7	15247.0
2013	33.0	50062.9	18743.7	7994.3	8258.9	15066.0
2014	32.6	54001.8	19835.4	9657.6	7620.7	16888.1
2015	52.1	54051.3	20064.0	9788.4	5500.7	18698.2
2016	78.7	55055.8	19299.9	10392.9	5191.3	20171.7
2017	97.0	50056.1	18466.6	9578.6	5022.4	16988.4
2018	75.7	50773.8	18893.6	8735.6	6065.5	17079.0
2019	82.7	49220.0	19622.6	8219.3	6120.7	15257.3
2020	3.8	50290.5	20705.4	7762.3	6114.2	15708.6
2021		52953.6	20107.9	9314.3	6692.4	16839.0
2022		54902.5	20481.8	10048.5	6941.8	17430.4

资料来源：天津市港航管理局，表11-13至11-14同。
Source: Tianjin Bureau of Harbour and Channel Management. Same as table 11-13 to 11-14.

11-13 历年港口集装箱吞吐量(2002-2022年)
Containers Handled in Ports, 2002-2022

单位：万国际标准箱 (10000 TEU)

年份 Year	合计 Total	外贸 Foreign Trade		内贸 Domestic Trade	
		进港 In-port	出港 Out-port	进港 In-port	出港 Out-port
2002	240.8	92.4	104.2	22.6	21.6
2003	301.5	116.0	125.9	31.1	28.5
2004	381.6	144.7	157.6	38.1	41.2
2005	480.1	180.3	186.0	54.7	59.1
2006	594.9	207.6	223.7	79.3	84.3
2007	710.2	256.6	272.1	87.1	94.4
2008	850.3	291.1	302.7	128.2	128.3
2009	870.4	265.2	271.1	158.2	175.9
2010	1008.6	280.3	294.9	215.6	217.8
2011	1158.8	319.9	329.0	253.3	256.4
2012	1230.3	338.2	345.6	269.9	276.6
2013	1301.2	363.8	363.5	273.9	300.0
2014	1406.1	364.3	382.0	312.6	347.1
2015	1411.1	372.8	364.4	326.2	347.7
2016	1451.9	374.2	388.8	334.2	354.7
2017	1506.9	397.1	407.2	348.1	354.5
2018	1600.7	403.0	401.2	399.8	396.7
2019	1730.1	445.8	427.9	424.2	432.1
2020	1835.3	411.1	433.0	491.8	499.5
2021	2026.9	431.5	579.0	455.5	561.0
2022	2102.1	486.9	477.5	574.4	563.3

11-14 分品种货物吞吐量
Volume of Freight Handled by Category

单位：万吨 (10000 tons)

项目	Item	合计 Total		出港 Out-port		进港 In-port	
		2021	2022	2021	2022	2021	2022
港口货物吞吐量	**Volume of Freight Handled in Ports**	**52953.6**	**54902.5**	**26153.3**	**27478.9**	**26800.3**	**27423.6**
外贸	Foreign Trade	29422.3	30530.3	9314.3	10048.5	20107.9	20481.8
内贸	Domestic Trade	23531.3	24372.2	16839.0	17430.4	6692.4	6941.8
分品种货物吞吐量	**Volume of Freight Handled by Category**						
煤炭及制品	Coal and Related Products	6670.7	7503.7	6659.4	7457.4	11.2	46.3
石油、天然气及制品	Petroleum, Natural Gas and Related Products	7376.7	7398.8	3038.5	3309.7	4338.2	4089.1
金属矿石	Metal Ores	11624.9	11375.2	182.0	110.9	11442.9	11264.3
钢铁	Steel and Iron	4161.1	3910.0	3685.2	3405.6	475.9	504.4
矿建材料	Mineral Building Materials	1931.0	1746.7	1085.1	869.8	845.9	876.9
水泥	Cement	18.6	81.7	11.0	36.4	7.6	45.3
木材	Timber	154.8	223.2	103.9	151.0	50.9	72.3
非金属矿石	Nonmetal Ores	494.3	791.9	241.9	249.1	252.4	542.8
化学肥料及农药	Chemical Fertilizers and Pesticides	606.2	624.5	556.7	559.1	49.5	65.4
盐	Salt	57.2	220.8	28.0	175.8	29.3	45.0
粮食	Grain	1397.6	1476.1	255.3	272.1	1142.3	1204.0
机械、设备、电器	Machine, Electric Machinery, Equipment	2407.6	2793.8	1710.6	2004.6	697.0	789.2
化工原料及制品	Chemical Materials and Related Products	2510.3	2301.9	1709.1	1488.1	801.1	813.8
有色金属	Nonferrous Metals	359.9	391.8	197.5	120.9	162.4	270.9
轻工、医药产品	Light Industry, Medical and Pharmaceutical Products	7059.8	7156.5	3712.1	3763.3	3347.7	3393.2
农林牧渔业产品	Agricultural, Forestry, Animal Husbandry and Fishery Products	1230.4	1490.8	407.8	662.4	822.5	828.4
其他	Others	4892.5	5415.2	2569.2	2842.8	2323.3	2572.4

11-15 天津滨海国际机场业务情况(2018-2022年)

Statistics on Tianjin Binhai International Airport, 2018-2022

项 目 Item	2018	2019	2020	2021	2022	2022比2021年增长(%) Increase Rate in 2022 over 2021(%)
旅客吞吐量(万人) Passenger Traffic (10000 persons)	**2359.1**	**2381.3**	**1328.5**	**1512.7**	**584.2**	**-61.4**
国内旅客 Domestic	2066.2	2043.3	1291.0	1501.5	573.4	-61.8
国际旅客 International	239.9	294.6	34.5	9.1	9.9	8.3
港澳台地区旅客 Hong Kong, Macao and Taiwan	53.0	43.5	3.0	2.1	0.8	-58.8
货邮吞吐量(吨) Freight Traffic (ton)	**258735**	**226163**	**184980**	**194887**	**131517**	**-32.5**
国内货邮 Domestic	141746	131929	107227	107252	58221	-45.7
国际货邮 International	108615	90390	77654	87626	73278	-16.4
港澳台地区货邮 Hong Kong, Macao and Taiwan	8374	3844	99	8.6	17.8	108.4
起降架次(次) Times of Ascend and Descend (time)	**179414**	**167869**	**115770**	**125328**	**60173**	**-52.0**
主要指标全国排名(位) Position in Whole Nation of Main Indicators (place)						
旅客吞吐量 Passenger Traffic	18	19	21	21	31	
货邮吞吐量 Freight Traffic	14	16	17	17	20	
起降架次 Times of Ascend and Descend	18	20	22	23	39	

资料来源：天津滨海国际机场
Source: Tianjin Binhai International Airport

12 科技、教育及文化体育卫生

Science and Technology, Education, Culture, Sports and Public Health

12-1 按行业分规模以上工业企业科研与试验发展(R&D)活动情况(2022年)

R&D Activities in Industrial Enterprises above Designated Size by Sector, 2022

项目	Item	有R&D活动企业数(个) Enterprises with R&D Activities (unit)	R&D人员(人) R&D Personnel (person)
总计	**Total**	**526**	**36702**
采矿业	**Mining**	**8**	**4343**
煤炭开采和洗选业	Mining and Washing of Coal	1	15
石油和天然气开采业	Extraction of Petroleum and Natural Gas	2	943
黑色金属矿采选业	Mining and Processing of Ferrous Metal Ores		
有色金属矿采选业	Mining and Processing of Non-ferrous Metal Ores		
非金属矿采选业	Mining and Processing of Non-metal Ores	2	470
开采专业及辅助性活动	Professional and Support Activities for Mining	3	2915
其他采矿业	Mining of Other Ores		
制造业	**Manufacturing**	**505**	**32106**
农副食品加工业	Processing of Food from Agricultural Products	8	265
食品制造业	Manufacture of Food	15	710
酒、饮料和精制茶制造业	Manufacture of Liquor, Beverages and Refined Tea	4	89
烟草制品业	Manufacture of Tobacco		
纺织业	Manufacture of Textile	2	54
纺织服装、服饰业	Manufacture of Textile Wearing and Apparel		
皮革、毛皮、羽毛及其制品和制鞋业	Manufacture of Leather, Fur, Feather and Related Products, Footwear		
木材加工及木、竹、藤、棕、草制品业	Processing of Timber, Manufacture of Wood, Bamboo, Rattan, Palm, and Straw Products	1	17
家具制造业	Manufacture of Furniture	3	519
造纸和纸制品业	Manufacture of Paper and Paper Products	7	202
印刷和记录媒介复制业	Printing and Reproduction of Recording Media	5	169
文教、工美、体育和娱乐用品制造业	Manufacture of Articles for Culture, Education, Industrial Art, Sport Activity and Amusement	2	178
石油、煤炭及其他燃料加工业	Processing of Petroleum, Coal and Other Fuels	6	180
化学原料和化学制品制造业	Manufacture of Raw Chemical Materials and Chemical Products	51	3073
医药制造业	Manufacture of Medicines	32	3973
化学纤维制造业	Manufacture of Chemical Fibers		
橡胶和塑料制品业	Manufacture of Rubber and Plastics Products	30	955
非金属矿物制品业	Manufacture of Non-metallic Mineral Products	12	368
黑色金属冶炼和压延加工业	Smelting and Pressing of Ferrous Metals	10	404
有色金属冶炼和压延加工业	Smelting and Pressing of Non-ferrous Metals	3	143
金属制品业	Manufacture of Metal Products	18	760
通用设备制造业	Manufacture of General Purpose Machinery	37	1641
专用设备制造业	Manufacture of Special Purpose Machinery	64	3103
汽车制造业	Manufacture of Automobiles	32	2203
铁路、船舶、航空航天和其他运输设备制造业	Manufacture of Railway, Ship, Aerospace and Other Transport Equipments	20	1802
电气机械和器材制造业	Manufacture of Electrical Machinery and Apparatus	44	2257
计算机、通信和其他电子设备制造业	Manufacture of Computers, Communication and Other Electronic Equipment	64	8064
仪器仪表制造业	Manufacture of Measuring Instruments	25	799
其他制造业	Other Manufacture	2	26
废弃资源综合利用业	Comprehensive Utilization of Waste Resources	3	59
金属制品、机械和设备修理业	Repair Service of Metal Products, Machinery and Equipment	5	93
电力、热力、燃气及水生产和供应业	**Production and Supply of Electricity, Heat, Gas and Water**	**13**	**253**
电力、热力生产和供应业	Production and Supply of Electric Power and Heat Power	7	150
燃气生产和供应业	Production and Supply of Gas	2	11
水的生产和供应业	Production and Supply of Water	4	92

12-1 续表 continued

项目	Item	R&D经费内部支出(万元) R&D Internal Expenditures (10000 yuan)	专利申请数(件) Patent Applications (item)
总计	**Total**	**1452645**	**6999**
采矿业	**Mining**	**147615**	**615**
煤炭开采和洗选业	Mining and Washing of Coal	159	18
石油和天然气开采业	Extraction of Petroleum and Natural Gas	51596	294
黑色金属矿采选业	Mining and Processing of Ferrous Metal Ores		
有色金属矿采选业	Mining and Processing of Non-ferrous Metal Ores		
非金属矿采选业	Mining and Processing of Non-metal Ores	13327	53
开采专业及辅助性活动	Professional and Support Activities for Mining	82533	250
其他采矿业	Mining of Other Ores		
制造业	**Manufacturing**	**1291019**	**6231**
农副食品加工业	Processing of Food from Agricultural Products	10027	68
食品制造业	Manufacture of Food	14730	86
酒、饮料和精制茶制造业	Manufacture of Liquor, Beverages and Refined Tea	3501	26
烟草制品业	Manufacture of Tobacco		
纺织业	Manufacture of Textile	665	4
纺织服装、服饰业	Manufacture of Textile Wearing and Apparel		2
皮革、毛皮、羽毛及其制品和制鞋业	Manufacture of Leather, Fur, Feather and Related Products, Footwear	780	6
木材加工及木、竹、藤、棕、草制品业	Processing of Timber, Manufacture of Wood, Bamboo, Rattan, Palm, and Straw Products	3383	53
家具制造业	Manufacture of Furniture	5210	15
造纸和纸制品业	Manufacture of Paper and Paper Products	2854	9
印刷和记录媒介复制业	Printing and Reproduction of Recording Media	3357	26
文教、工美、体育和娱乐用品制造业	Manufacture of Articles for Culture, Education, Industrial Art, Sport Activity and Amusement		
石油、煤炭及其他燃料加工业	Processing of Petroleum, Coal and Other Fuels	4878	77
化学原料和化学制品制造业	Manufacture of Raw Chemical Materials and Chemical Products	162560	395
医药制造业	Manufacture of Medicines	137860	304
化学纤维制造业	Manufacture of Chemical Fibers		
橡胶和塑料制品业	Manufacture of Rubber and Plastics Products	37028	253
非金属矿物制品业	Manufacture of Non-metallic Mineral Products	11874	217
黑色金属冶炼和压延加工业	Smelting and Pressing of Ferrous Metals	44273	46
有色金属冶炼和压延加工业	Smelting and Pressing of Non-ferrous Metals	7394	16
金属制品业	Manufacture of Metal Products	45286	170
通用设备制造业	Manufacture of General Purpose Machinery	51929	441
专用设备制造业	Manufacture of Special Purpose Machinery	102758	762
汽车制造业	Manufacture of Automobiles	93207	372
铁路、船舶、航空航天和其他运输设备制造业	Manufacture of Railway, Ship, Aerospace and Other Transport Equipments	57382	300
电气机械和器材制造业	Manufacture of Electrical Machinery and Apparatus	91400	675
计算机、通信和其他电子设备制造业	Manufacture of Computers, Communication and Other Electronic Equipment	382755	1609
仪器仪表制造业	Manufacture of Measuring Instruments	13807	227
其他制造业	Other Manufacture	409	17
废弃资源综合利用业	Comprehensive Utilization of Waste Resources	441	25
金属制品、机械和设备修理业	Repair Service of Metal Products, Machinery and Equipment	1271	30
电力、热力、燃气及水生产和供应业	**Production and Supply of Electricity, Heat, Gas and Water**	**14011**	**153**
电力、热力生产和供应业	Production and Supply of Electric Power and Heat Power	10989	107
燃气生产和供应业	Production and Supply of Gas	553	18
水的生产和供应业	Production and Supply of Water	2469	28

12-2 全社会研发活动情况(2020-2022)
Main Indicators of Total Science and Technology and R&D Activities, 2020-2022

项　　目	Item	单位	Unit	2020	2021	2022
有R&D活动单位数	With R&D Activities	个	unit	679	770	772
R&D人员数	R&D Personnel	人	person	47750	64700	62927
R&D人员折合全时当量	R&D Personnel as Full-time Equivalent	人年	person-year	28100	36449	38203
R&D经费支出	R&D Expenditures	亿元	100 million yuan	212.31	250.02	265.52
R&D经费投入强度	Ratio of Expenditure on R&D to GDP	%	%	3.64	3.72	3.80

注：自2019年起，R&D人员折合全时当量为规模以上企业数据。
Source: Since 2019, the coverage of Full-time Equivalent of R&D Personnel was adjusted to industrial enterprises above designated size.

12-3 专利授权和有效情况
Statistics on Patent Granted and in Force

单位：项 (item)

项　　目	Item	专利授权量 Granted		有效专利量 In Force	
		2021	2022	2021	2022
合　计	**Total**	**27611**	**24283**	**90562**	**103812**
按专利类型分	**Grouped by Category**				
发　明	Invention	2453	4205	13056	16687
实用新型	Utility Model	23831	18966	71629	80732
外观设计	Designs	1327	1112	5877	6393
按对象分	**Grouped by Applicant**				
大专院校	Universities and Colleges	300	437	830	1092
科研单位	Scientific Research Institutes	689	746	2427	2946
企　业	Enterprises	25616	22123	84683	96794
机关团体	Government Agencies and Organizations	129	159	289	413
个　人	Individual	877	818	2333	2567

资料来源：天津市滨海新区市场监管局，表12-4至12-5同。
Source: Tianjin Binhai New Area Market Supervision Bureau, same as table 12-4 to 12-5.

12-4 技术质量监督检验情况
Check and Administration on Quality & Technique

类别	Sort	2021	2022
计量仪器强制检定(台、件)	**Measuring Implements Tested (set, piece)**	**35135**	**39014**
商品质量专项监督检验	**Special Check and Administration of Commodities**		
检查商业企业数(个)	Number of Commercial Enterprises Checked (unit)	662	311
检查商品批次(批次)	Checked-times of Commodities (batch)	1949	641
合格批次(批次)	Number of Checked-times Qualified (batch)	1889	631
批次合格率(%)	Rate of Batch-times Qualified (%)	96.92	98.40
产品质量定期监督检验	**Fixed-period Check and Administration of Products**		
检查企业(个)	Number of Enterprises Checked (unit)	200	108
检查批次(批次)	Checked-times of Products (batch)	410	168
合格批次(批次)	Number of Checked-times Qualified (batch)	403	166
批次合格率(%)	Rate of Batch-times Qualified (%)	98.3	98.8

12-5 特种设备监督监察情况
Supervision of Special Equipment

项目	Item	单位	Unit	2021	2022
在用的特种设备	**Special Equipment in Use**				
锅炉	Boiler	台	set	1280	1308
压力容器	Pressure Vessel	台、套	set, series	42797	45493
压力管道	Pressure Conduit	单元	unit	34914	39052
电梯	Elevator	台	set	30696	32605
起重机械	Hoisting Machinery	台	set	14525	14599
厂内机动车辆	Automobiles Used in Factories	辆	set	15260	16503
大型游乐设施	Large Entertainment Facilities	台、套	set, series	61	41
监督监察情况	**Supervision Condition**				
监督监察特种设备	Supervision of Special Equipment	台、套	set, series	11392	13669
发现隐患	Hidden Danger Found	项	unit	193	125
下达安全监察指令书	Safety Supervision Order Issued	份	unit	189	105
取得生产、制造、安装、改造、维修许可证	**Production, Manufacture, Installation, Rebuild and Maintenance Licence Acquired**	**个**	**unit**	**120**	**55**

12-6 各类学校数、教职工数和学生数(2022年)
Number of Schools, Teachers and Students by Type, 2022

学校类别	Item	学校数(所) Number of Schools (unit)	教职工人数(人) Teachers, Staff and Workers (person)	#专任教师数 Full-time Teachers	毕业生数(人) Graduates (person)	招生数(人) New Students Enrollment (person)	在校学生数(人) Students Enrollment (person)
高等教育	**Higher Education**	**1**	**321**	**291**	**2430**	**2978**	**8017**
中等教育	**Secondary Education**						
普通中学	Regular Secondary Schools	94	11375	9741	23961	29557	84564
高　中	Senior Secondary Schools	32	5424	3274	8389	10104	29753
初　中	Junior Secondary Schools	62	5951	6467	15572	19453	54811
中职学校	Vocational Secondary Schools	13	726	454	2106	2748	7288
初等教育	**Primary Education**						
小　学	Primary Schools	97	6926	6063	19225	21817	128840
特殊教育	**Special Education**	**3**	**80**	**61**	**54**	**22**	**363**
学前教育	**Pre-school Educaiton Institutions**	**284**	**8753**	**4011**	**15736**	**14369**	**53847**

资料来源：天津市滨海新区教体局,表12-7至12-9表同。
Source: Tianjin Binhai New Area Education and Sport Bureau. Same as table 12-7 to 12-9.
注：高等教育数据中不含大学在新区的分校,此表将中等专业学校和成人中专统称为中职学校。
Note: Data of higher education exclude figures of branch schools in Binhai New Area. Vocational secondary schools refer to specialized secondary school and secondary schools for adults.

12-7 职业、普通中学和小学专任教师学历情况
Education Background of Full-time Teachers in Regular & Vocational Secondary Schools and Primary Schools

单位：人 (person)

项　目	Item	2021	2022
中职学校教师	**Vocational Secondary School Teachers**	**466**	**454**
#硕士生毕业	Postgraduate Graduation	44	27
大学本科毕业	Undergraduate Graduation	411	417
大学专科毕业	College Graduation	11	10
高中教师	**Senior Secondary School Teachers**	**2578**	**2648**
#研究生学历	Postgraduate Graduation	723	819
大学本科毕业	Undergraduate Graduation	1854	1827
大学专科毕业	College Graduation	1	2
初中教师	**Junior Secondary School Teachers**	**4683**	**4802**
#研究生学历	Postgraduate Graduation	996	1125
大学本科毕业	Undergraduate Graduation	3635	3624
大学专科毕业	College Graduation	52	53
小学教师	**Primary School Teachers**	**8240**	**8354**
#研究生学历	Postgraduate Graduation	1560	1544
大学本科毕业	Undergraduate Graduation	6142	6317
大学专科毕业	College Graduation	515	475
高中阶段毕业	High School Graduation	23	18

12-8 幼儿园基本情况
Basic Statistics on Kindergartens

项　　目	Item	单　位	Unit	2021	2022
幼儿园数	**Number of Kindergartens**	**所**	**unit**	**273**	**284**
在园儿童数	**Number of Children in Kindergartens**	**人**	**person**	**51288**	**53847**
三岁以上儿童	Children Aged 3 and over	人	person	51164	53759
三岁以下儿童	Children Aged 3 below	人	person	124	88
教职员数	**Teachers, Staff and Workers**	**人**	**person**	**8317**	**8753**
#专任教师	Full-time Teachers	人	person	3842	4011

注：统计口径为新区内所有国办园、集体园和部分民办园、企业园等。
Note: The coverage of this table include all the state kindergartens, collective kindergartens and part of civil kindergartens and enterprise kindergartens, etc.

12-9 基础教育基本情况(2022年)
Basic Statistics on Basic Education,2022

单位：人　　(person)

项　　目	Item	毕业生数 Graduates	招生数 New Students Enrollment	在校学生数 Students Enrollment
总　　计	**Total**	**58976**	**65765**	**267614**
按城乡分组	**By Urban and Rural**			
城　区	City	55474	62707	254276
镇　区	County	1960	2078	8456
乡　村	Rural	1542	980	4882
按教育性质分组	**By School Type**			
学前教育	Pre-school Education Institutions	15736	14369	53847
义务教育	Compulsory Education			
普通小学	Regular Primary Schools	19225	21817	128840
小　学	Primary Schools	14379	14787	91023
九年一贯制学校	9-Year Schools	3609	4963	27273
十二年一贯制学校	12-Year Schools	1237	2607	10544
初　中	Junior Secondary Schools	15572	19453	54811
初级中学	Regular Junior Secondary Schools	8900	9067	27057
九年一贯制学校	9-Year Schools	2826	4749	12092
十二年一贯制学校	12-Year Schools	875	1135	3122
完全中学	Combined Secondary Schools	2971	4502	12540
职业初中	Junior Secondary Vocational Schools			
普通高中	Regular Senior Secondary Schools	8389	10104	29753
完全中学	Combined Secondary Schools	3578	4579	13100
高级中学	Regular High Schools	4314	4578	14172
十二年一贯制学校	12-Year Schools	497	947	2481
特殊教育学校	Special Education Schools	54	22	363

12-10 卫生事业基本情况(2022年)

Statistics on Health Care, 2022

项　目	Item	合　计 Total	政府办 Run by Government	社会办 Run by Community	其　他 Others
卫生机构(个)	Health Care Institutions (unit)	764	135	323	306
#医院	Hospitals	53	16	18	19
卫生机构床位(张)	Beds in Health Care Institutions (bed)	8933	5040	3301	592
#医院	Hospitals	8555	4770	3193	592
卫生技术人员(人)	Health Technical Personnel (person)	17619	9711	5316	2592
医生	Doctors	7355	4029	2114	1212
#执业医师	Licensed Physicians	7024	3949	1983	1092
执业助理医师	Licensed Physicians & Physician Assistants	331	80	131	120
注册护士	Registered Nurses	7132	4046	2362	724
药　师(士)	Pharmacists	880	50	239	133
技　师(士)	Technicians	1331	698	373	260
#检验师(士)	Docimaster	861	435	220	206
其他人员	Others	825	334	228	263

资料来源：天津市滨海新区卫生健康委，表12-11至12-14同。
Source: Tianjin Binhai New Area Health Commission. Same as table 12-11 to 12-14.

12-11 卫生机构数

Number of Health Care Institutions

单位：个　　(unit)

项　目	Item	2021	2022
总　计	**Total**	**739**	**764**
医　院	**Hospitals**	**55**	**53**
#综合类医院	Comprehensive Hospitals	38	36
中医类医院	Hospitals Specialized in Traditional Chinese and Chinese Medicine	7	7
中西医结合类医院	Hospitals of Integrated Traditional Western Medicine		
专科医院	Special Hospitals	10	10
#妇产(科)类医院	Gynecology Hospitals	2	2
儿童类医院	Children Hospitals		
传染病类医院	Infectious Disease Hospitals	1	1
精神病类医院	Mental Disease Hospitals	3	3
基层医疗卫生机构	**Health Care Institutions at the Basic Level**	**661**	**688**
社区卫生服务中心(站)	Community Health Care Stations	157	160
卫生院	Health Care Centers	1	1
村卫生室	Village Clinics	106	103
疗养院	Sanatoriums		
门诊部	Outpatient Departments	85	100
诊所、医务室、卫生所	Clinics	312	324
专业公共卫生机构	**Specialized Public Health Institutions**	**8**	**8**
疾病预防控制中心	Centers for Disease Control	3	3
妇幼保健院(所、站)	Maternity and Children Care Centers	1	1
卫生监督所	Health Inspection Institutions	2	2
急救中心(站)	First-aid Centers	1	1
采供血机构	Blood Collection and Supply Institutions	1	1
其他卫生机构	**Other Health Care Institutions**	**15**	**15**

12-12 卫生技术人员数
Number of Medical Technical Personnel

单位：人 (person)

项　　目	Item	2021	2022
总　计	**Total**	**17408**	**17619**
医　院	**Hospitals**	**11669**	**11585**
#综合类医院	Comprehensive Hospitals	8044	7792
中医类医院	Hospitals Specialized in Traditional Chinese and Chinese Medicine	1176	1183
中西医结合类医院	Hospitals of Integrated Traditional Western Medicine		
专科医院	Special Hospitals	2449	2610
#妇产(科)类医院	Gynecology Hospitals	409	416
传染病类医院	Infectious Disease Hospitals	110	109
精神病类医院	Mental Disease Hospitals	214	221
基层医疗卫生机构	**Health Care Institutions at the Basic Level**	**4607**	**4736**
社区卫生服务中心(站)	Community Health Care Stations	2425	2471
卫生院	Health Care Centers	17	16
村卫生室	Village Clinics	90	81
门诊部	Outpatient Departments	1357	1486
诊所、医务室、卫生所	Clinics	718	682
专业公共卫生机构	**Specialized Public Health Institutions**	**771**	**793**
专科疾病防治院(所、站)	Specialized Disease Prevention & Treatment Institutions		
疾病预防控制中心	Centers for Disease Control	249	261
妇幼保健院(所、站)	Maternity and Children Care Centers	183	179
卫生监督所	Health Inspection Institutions	94	96
急救中心(站)	First-aid Centers	200	213
采供血机构	Blood Collection and Supply Institutions	45	44
其他卫生机构	**Other Health Care Institutions**	**361**	**505**

12-13 卫生机构床位数
Number of Beds in Health Care Institutions

单位：张 (bed)

项　　目	Item	2021	2022
总　计	**Total**	**8880**	**8933**
#医院	Hospitals	8581	8555
社区卫生服务中心(站)	Community Health Service Centers (Stations)	207	313
卫生院	Health Care Centers	15	15
疗养院	Sanatoriums	50	50
每千人拥有卫生机构床位数	**Number of Beds in Health Care Institutions per 1000 persons**	**4.34**	**4.41**

12-14 二级以上医院诊疗和病床使用情况
Diagnosis, Treatment and Beds Used of Medical Institutions at Grade Ⅱ and Above

项 目	Item	单 位	Unit	2021	2022
诊疗情况	**Diagnosis and Treatment**				
诊疗人数	Patients Treated	人次	person-time	7413345	7841857
#门诊诊疗人数	Out-patients	人次	person-time	6616401	7840856
急诊诊疗人数	Emergency	人次	person-time	835598	800597
入院诊疗人数	Inpatients	人次	person-time	199985	207414
平均每月诊疗人数	Number of Patients Treated per Month	人次	person-time	617778	653488
#门诊诊疗人数	Out-patients	人次	person-time	551366	653404
急诊诊疗人数	Emergency	人次	person-time	69633	66716
入院诊疗人数	Inpatients	人次	person-time	16665	17284
医师人均全年担负诊疗	Visits per Doctor Annual	人次	person-time		
病床使用情况	**Sickbeds Used**				
死亡率	Mortality Rate	%	%	0.55	0.55
病床周转次数	Turnover of Beds	次	time	29.0	25.4
出院人数	Leaving Hospital	人	person	200011	204620
平均开放病床数	Average Usable Beds	张	unit	6889	8061
病床使用率	Occupancy Rate of Hospital Beds	%	%	55.51	49.68
实际开放总床日数	Period of Actual Total Usable	天	day	2514341	2942298
实际占用总床日数	Period of Actual Total Used	天	day	1395746	1461654
病床工作日	Working Days of Beds	天	day	202.6	181.3
出院者平均住院日数	Average Hospitalization Period of Leaving	天	day	6.9	70.0
出院者占用总床日数	Total Period Using Beds of Leaving	天	day	1385422	1423423

12-15 群众文化事业基本情况
Basic Statistics on Mass Art

项 目	Item	单 位	Unit	2021	2022	2022比2021年增长(%) Increase Rate in 2022 over 2021(%)
机构数	**Units**					
文化馆	Cultural Centers	个	unit	1	1	
文化站	Cultural Stations	个	unit	21	21	
工作人员数	**Employment**	**人**	**person**	**96**	**87**	**-9.4**
文化活动情况	**Cultural Activities**					
组织文艺活动次数	Number of Cultural Activities	次	time	435	246	-43.4
举办展览次数	Number of Exhibitions	次	time	105	93	-11.4
举办训练班	Training Courses					
班次	Classes	次	time	2870	1260	-56.1
培训人数	Persons Completed	人	person	51200	21300	-58.4

资料来源：天津市滨海新区文化和旅游局,表12-16同。
Source: Tianjin Binhai New Area Administration of Culture and Tourism. Same as table 12-16.

12-16 公共图书馆基本情况
Basic Statistics on Public Libraries

项　目	Item	单　位	Unit	2021	2022	2022比2021年增长(%) Increase Rate in 2022 over 2021(%)
公共图书馆数	Number of Public Libraries	个	unit	4	4	
工作人员数	Employment Personnel	人	person	352	352	
房屋建筑面积	Floor Space of Buildings	平方米	sq.m	169351	169351	
#阅览室	Reading Room	平方米	sq.m	38703	42771	10.5
书　库	Stack Room	平方米	sq.m	22581	26672	18.1
阅览室座席数	Seating Capacity of Reading Room	个	unit	7440	7440	
总藏书量	Total Collections	万 册	10000 volumes	472	487	3.3
发放借书证	Library Cards Granted	张	piece	112630	204543	81.6
图书借阅人次	Person-times of Lent-out	万人次	10000 person-times	78	46	-41.2
图书借阅册次	Volume-times of Lent-out	万册次	10000 volume-times	190	147	-22.5

12-17 体育场地情况
Statistics on Sport Fields

单位：个 (unit)

项　目	Item	2021	2022
体育场	Stadium	6	6
体育馆	Coliseum	7	7
游泳池	Swimming Pool	43	44
#室内游泳池	Indoor Swimming Pool	42	43
有看台的灯光球场	Illuminated Court with Stand	4	4
足球场	Football Ground	51	53
运动场	Sports Field	8	8

资料来源：天津市滨海新区教体局
Source: Tianjin Binhai New Area Education and Sport Bureau

主要统计指标解释

Explanatory Notes on Main Statistical Indicators

主要统计指标解释

建成区

指城市行政区内实际已成片开发建设、市政公用设施和公共设施基本具备的区域。对核心城市，它包括集中连片的部分以及分散的若干个已经成片建设起来的市政公用设施和公共设施基本具备的地区；对一城多镇来说，它包括由几个连片开发建设起来的市政公用设施和公共设施基本具备的地区组成。因此，建成区范围一般是指建成区外轮廓线所能包括的地区，也就是这个城市实际建设用地所达到的范围。

生产总值

指按市场价格计算的一个国家（或地区）所有常住单位在一定时期内生产活动的最终成果。

从价值形态看，它是所有常驻单位在一定时期内所生产的全部货物和服务价值超过同期投入的全部非固定资产货物和服务价值的差额，即所有常驻单位的增加值之和；从收入形态看，它是所有常驻单位在一定时期内所创造并分配给常驻单位和非常驻单位的初次分配收入之和；从产品形态看，它是最终使用的货物和服务减去进口货物和服务。在实际核算中，其三种表现形态体现为三种计算方法，即生产法、收入法和支出法。三种方法分别从不同的方面反映生产总值及其构成。

三次产业划分

根据《国民经济行业分类》（GB/T 4754-2017），我们对《三次产业划分规定》中行业类别进行了对应调整。

第一产业是指农、林、牧、渔业（不含农、林、牧、渔专业及辅助性活动）。

第二产业是指采矿业（不含开采专业及辅助性活动），制造业（不含金属制品、机械和设备修理业），电力、热力、燃气及水生产和供应业，建筑业。

第三产业即服务业，是指除第一产业、第二产业以外的其他行业。第三产业包括：批发和零售业，交通运输、仓储和邮政业，住宿和餐饮业，信息传输、软件和信息技术服务业，金融业，房地产业，租赁和商务服务业，科学研究和技术服务业，水利、环境和公共设施管理业，居民服务、修理和其他服务业，教育，卫生和社会工作，文化、体育和娱乐业，公共管理、社会保障和社会组织，国际组织，以及农、林、牧、渔业中的农、林、牧、渔专业及辅助性活动，采矿业中的开采专业及辅助性活动，制造业中的金属制品、机械和设备修理业。

企业登记注册类型

是以在市场监管部门登记注册的各类企业为划分对象，以市场监管部门对企业登记注册的类型为依据，将企业登记注册类型分为内资企业、港澳台商投资企业和外商投资企业三大类。内资企业包括国有企业、集体企业、股份合作企业、联营企业、有限责任公司、股份有限公司、私营企业和其他企业；港澳台商投资企业和外商投资企业分别包括合资经营企业、合作经营企业、独资经营企业和股份有限公司等。

内资企业

国有企业 指企业全部资产归国家所有，并按《中华人民共和国企业法人登记管理条例》规定登记注册的非公司制的经济组织。不包括有限责任公司中的国有独资公司。

集体企业 指企业资产归集体所有，并按《中华人民共和国企业法人登记管理条例》规定登记注册的经济组织。

股份合作企业 指以合作制为基础，由企业职工共同出资入股，吸收一定比例的社会资产投资组建，实行自主经营，自负盈亏，共同劳动，民主管理，按劳分配与按股分红相结合的一种集体经济组织。

联营企业 指两个及两个以上相同或不同所有制性质的企业法人或事业单位法人，按自愿、平等、互利的原则，共同投资组成的经济组织。联营企业包括国有联营企业、集体联营企业、国有与集体联营企业和其他联营企业。

有限责任公司 指根据《中华人共和国公司登记管理条例》规定登记注册，由两个以上、五十个以下的股东共同出资，每个股东以其所认缴的出资额对公司承担有限责任，公司以其全部资产对其债务承担责任的经济组织。有限责任公司包括国有独资公司以及其他有限责任公司。

股份有限公司 指根据《中华人民共和国公司登记管理条例》规定登记注册，其全部注册资本由等额股份构成并通过发行股票筹集资本，股东以其认购的股份对公司承担有限责任，公司以其全部资产对其债务承担责任的经济组织。

私营企业 指由自然人投资设立或由自然人控股，以雇佣劳动为基础的营利性经济组织。包括按照《公司法》《合伙企业法》以及《个人独资企业法》规定登记注册的私营独资企业、私营合伙企业、私营有限责任公司、私营股份有限公司和个人独资企业。

其他内资企业 指上述企业之外的其他内资经济组织。

港澳台商投资企业

与港澳台商合资经营企业 指港澳台地区投资者与内地的企业依照原《中华人民共和国中外合资经营企业法》及有关法律的规定，按合同规定的比例投资设立，分享利润、分担风险和亏损的企业。

与港澳台商合作经营企业 指港澳台地区投资者与内地企业依照原《中华人民共和国中外合作经营企业法》及有关法律的规定，依照合作合同的约定进行投资或提供条件设立，分配利润、分担风险和亏损的企业。

港澳台商独资经营企业 指依照原《中华人民共和国外资企业法》及有关法律的规定，在内地由港澳台地区投资者全额投资设立的企业。

港澳台商投资股份有限公司 指根据国家有关规定，经商务部（原外经贸部）批准设立，并且其中港、澳、台商的股本占公司注册资本的比例达 25%以上的股份有限公司。凡其中港、澳、台商的股本占公司注册资本的比例小于 25%的，属于内资企业中的股份有限公司。

其他港澳台商投资企业 指在中国境内参照原《外国企业或个人在中国境内设立合伙企业管理办法》和《外商投资合伙企业登记管理规定》，依法设立的港、澳、台商投资合伙企业等。

外商投资

中外合资经营企业 指外国企业或外国人与中国内地企业依照原《中华人民共和国中外合资经营企业法》及有关法律的规定，按合同规定的比例投资设立，分配利润、分担风险和亏损的企业。

中外合作经营企业 指外国企业或外国人与中国内地企业依照原《中华人民共和国中外合作经营企业法》及有关法律的规定，按合同规定的比例投资设立，分配利润、分担风险和亏损的企业。

外资企业 指依照《中华人民共和国外资企业法》及有关法律的规定，在中国内地由外国投资者全额投资设立的企业。

外商投资股份有限公司 指根据国家有关规定，经商务部（原外经贸部）批准设立，并且其中外资的股本占公司注册资本的比例达 25%以上的股份有限公司。凡其中外资股本占公司注册资本的比例小于 25%的，属于内资企业中的股份有限公司。

其他外商投资企业 指在中国境内依照原《外国企业或个人在中国境内设立合伙企业管理办法》和《外商投资合伙企业登记管理规定》，依法设立的外商投资合伙企业等。

行政机关、事业单位和社会团体

填写登记注册类型参照企业登记注册类型，主要按其经费来源和管理方式划分。具体规定如下：

1. 行政机关：包括国家机关和政党机关，原则上均列为“国有”。

2. 事业单位：包括经国家机构编制部门和有关业务主管部门批准成立的各类事业单位，不包括实行企业化管理的事业单位。事业单位的划分办法如下：

(1) 由国家财政预算拨款或列入财政预算外资金管理以及经费主要来源于国有主管部门或国有上级单位的事业单位，列为“国有”。

(2) 经费主要来源于集体单位的事业单位，列为“集体”。

(3) 公民个人（或个人合伙）开办的事业单位，列为“私营”。

(4) 上述以外的其他事业单位，如果其经费来源不明确，按管理方式进行归类。

3. 社会团体：包括经民政部门批准成立以及未纳入社会团体管理条例范围的工会、妇联等各类社会团体。社会团体的划分办法如下：

(1) 未纳入民政部社会团体管理条例范围的工会、妇联、共青团、青联、工商联、科协、侨联等社会团体，国家拨款设立的基金会或基金管理组织以及经费主要来源于国有业务主管部门或国有上级单位的社会团体，列为“国有”。

(2) 经费主要来源于集体单位的社会团体，列为“集体”。

(3) 公民个人（或个人合伙）开办的社会团体，划为“私营”。

(4) 上述以外的其他社会团体，如果其经费来源不明确，按管理方式进行归类。

现行价格（或称当年价格）

指报告期的实际价格，如工业品的出厂价格，农副产品的收购价格，商业的零售价格等。它反映当年的实际情况，使国民经济各项指标互相衔接，便于对生产、流通、分配、消费之间进行综合平衡。

可比价格

指计算各种总量指标所采用的扣除了价格变动因素的价格，可进行不同时期总量指标的对比。按可比价格计算总量指标有两种方法：一种是直接用产品产量乘某一年的不变价格计算；另一种是用价格指数进行缩减。

平均增长速度

平均增长速度表明社会经济现象在一个较长的时期内逐期平均增长变化的程度，它不能根据各个环比增长速度直接求得，但与平均发展速度之间存在着一定的数量关系：

平均增长速度＝平均发展速度－1

平均发展速度是一种根据环比发展速度计算的序时平均数，由于各时期对比的基础不同，所以计算平均发展速度不能采用一般的序时平均数的计算方法，计算方法分为水平法和累计法。水平法，又称几何平均法，即将环比发展速度按连乘法用几何平均数公式计算。累计法，也称方程法，根据一段时期内各年发展水平总和与基期水平的关系，列出方程式计算平均发展速度。水平法着重考虑最后一年所达到的发展水平；累计法着重考虑整个时期累计发展水平的总量。

常住人口

指实际经常居住在某地区半年以上的人口。按人口普查和抽样调查规定，主要包括：(1) 除离开本地半年以上（不包括在国外工作或学习的人）的全部常住本地的户籍人口；(2) 户口在外地，但在本地居住半年以上者，或离开户口地半年以上而调查时在本地居住的人口；(3) 调查时居住在本地，但在任何地方都没有登记常住户口，如手持户口迁移证、出生证、退伍证、劳改劳教释放证等尚未办理常住户口的人，即所谓“口袋户口”的人。

户籍人口

指公民依照《中华人民共和国户口登记条例》，已在其经常居住地的公安户籍管理机关登记了常住户口的人。这类人口不管其是否外出，也不管外出时间长短，只要在某地注册有常住户口，则为该地区的户籍人口。

人口出生率（又称粗出生率）

指在一定时期内（通常为一年）一定地区的出生人数与同期内平均人数（或期中人数）之比，用千分率表示。本资料中的出生率指年出生率，其计算公式为：

$$人口出生率=\frac{年出生人数}{年平均人数}\times 1000‰$$

公式中：出生人数指活产婴儿，即胎儿脱离母体时（不管怀孕月数），有过呼吸或其他生命现象。年平均人数指年初、年底人口数的平均数，也可用年中人口数代替。

人口死亡率（又称粗死亡率）

指在一定时期内（通常为一年）一定地区的死亡人数与同期内平均人数（或期中人数）之比，用千分率表示。本资料中的死亡率指年死亡率，其计算公式为：

$$人口死亡率=\frac{年死亡人数}{年平均人数}\times 1000‰$$

人口自然增长率

指在一定时期内（通常为一年）人口自然增加数（出生人数减死亡人数）与该时期内平均人数（或期中人数）之比，用千分率表示。计算公式为：

$$人口自然增长率=\frac{本年出生人数-本年死亡人数}{年平均人数}\times 1000‰$$

$$=人口出生率-人口死亡率$$

法定婚龄、劳龄人口

我国进入婚龄法定人口标准为男 22 岁、女 20 岁；进入劳龄人口、劳动年龄内人口、退出劳龄人口的国内标准分别是男 16 岁、16-59 岁、60 岁和女 16 岁、16-54 岁、55 岁；国际标准男女均为 15 岁、15-64 岁、65 岁。

经济类型

本年鉴中的经济类型分组是在企业登记注册类型分组基础上的再加工。其中，国有经济包括国有企业、国有联营企业、国有与集体联营企业和国有独资企业；集体经济包括集体企业、股份合作企业和集体联营企业；私有经济包括私营独资企业、私营合伙企业、私营有限责任公司和私营股份有限公司。

从业人员期末人数

指报告期最后一日在本单位工作，并取得工资或其他形式劳动报酬的人员数。该指标为时点指标，不包括最后一日当天及以前已经与单位解除劳动合同关系的人员，是在岗职工、劳务派遣人员及其他从业人员之和。

在岗职工

指在本单位工作且与本单位签订劳动合同，并由单位支付各项工资和社会保险、住房公积金的人员，以及上述人员中由于学习、病伤、产假等原因暂未工作仍由单位支付工资的人员。在岗职工还包括：应订立劳动合同而未订立劳动合同人员；处于试用期人员；编制外招用的人员，如临时人员；派往外单位工作，但工资或其他形式劳动报酬仍由本单位发放的人员（如挂职锻炼、外派工作等情况）。

从业人员平均人数

指报告期内（年度、季度、月度）平均拥有的从业人员数。季度或年度平均人数按单位实际月平均人数计算得到，不得用期末人数替代。

从业人员工资总额

指根据《关于工资总额组成的规定》1990 年 1 月 1 日国家统计局发布的一号令）进行修订，本单位在报告期内（季度或年度）直接支付给本单位全部从业人员的劳动报酬总额。包括计时工资、计件工资、奖金、津贴和补贴、加班加点工资、特殊情况下支付的工资，是在岗职工工资总额、劳务派遣人员工资总额和其他从业人员工资总额之和。

在岗职工工资总额

指本单位在一定时期内直接支付给本单位全部在岗职工的全部劳动报酬总额。在岗职工工资总额由基本工资、绩效工资、工资性津贴和补贴、其他工资四部分组成。工资总额不包括病假、事假等情况的扣款。

从业人员平均工资

指本单位从业人员在报告期内平均每人所得的工资额。

计算公式为：从业人员平均工资 = 从业人员工资总额/从业人员平均人数

在岗职工平均工资

指本单位在岗职工在报告期内平均每人所得的工资额。

计算公式为：在岗职工平均工资 = 在岗职工工资总额/在岗职工平均人数

农林牧渔业总产值

指以货币表现的农、林、牧、渔业全部产品和对农林牧渔业生产活动进行的各种支持性服务活动的价值总量，它反映一定时期内农林牧渔业生产总规模和总成果。

农林牧渔业总产值的计算方法通常是按农、林、牧、渔业产品及其副产品的产量分别乘以各自单位产品价格求得；少数生产周期较长，当年没有产品或产品产量不易统计的，则采用间接方法匡算其产值；然后将四业产品产值相加即为农林牧渔业总产值。

农林牧渔业增加值

指各种经济类型的农业生产单位和农户从事农业生产经营活动所提供的社会最终产品的货币表现。其计算方法有两种，一是生产法：农林牧渔业增加值＝农林牧渔业总产值—农林牧渔业中间消耗；二是分配法：农林牧渔业增加值＝固定资产折旧＋劳动者报酬＋生产税净额（生产税—生产补贴）＋营业盈余。

农业机械总动力

指全部农业机械动力的额定功率之和。农业机械是指用于种植业、畜牧业、渔业、农产品初加工、农用运输和农田基本建设等活动的机械及设备。

肉类产量

指当年出栏并已屠宰的猪、牛、羊、马、骡、驴、家禽、兔等肉产量。即屠宰后除去头、蹄、下水后带骨肉的重量，也叫胴体重。

水产品产量

指本年度内捕捞的水产品（包括人工养殖并捕捞的水产品和捕捞天然生长的水产品）产量。不论自食或出售的，都应计算在内。用作继续扩大再生产的水产品（如鱼苗、鱼种、鱼饵及转塘鱼、存塘鱼等）不作水产品产量统计。在淡水生长的各种水生植物，如莲藕、菱角等，因属农作物范畴，均不包括在水产品产量之内。

水果产量

指本年度内从果树上收获的全部水果产量，不论自食的或出售的，都应计算在内。不包括果用瓜（如西瓜、甜瓜、白兰瓜、哈密瓜、脆瓜等）和主要作蔬菜食用的藕、西红柿等。也不包括采集的野生水果。水果的产量按鲜果计算，干枣、葡萄干、柿饼、桔饼等应统一折成鲜果计算。

工 业

指从事自然资源的开采，对采掘品和农产品进行加工和再加工的物质生产部门。具体包括：(1) 对自然资源的开采，如采矿、晒盐等（但不包括禽兽捕猎和水产捕捞）； (2) 对农副产品的加工、再加工，如粮油加工、食品加工、缫丝、纺织、制革等； (3) 对采掘品的加工、再加工，如炼铁、炼钢、化工生产、石油加工、机器制造、木材加工等，以及电力、自来水、煤气的生产和供应等；(4) 对工业品的修理、翻新，如机器设备的修理、交通运输工具（包括小卧车）的修理等。

1984 年以前农村的村及村以下办工业归属农业，1984 年以后划归工业。工业统计调查单位为独立核算法人工业企业。

独立核算法人工业企业指从事工业生产经营活动的单位。独立核算法人工业企业应同时具备以下条件：(1) 依法成立，有自己的名称、组织机构和场所，能够承担民事责任；(2) 独立拥有和使用资产，承担负债，有权与其他单位签订合同；(3) 独立核算盈亏，并能够编制资产负债表。

轻工业

指主要提供生活消费品和制作手工工具的工业。按其所使用的原料不同，可分为两大类： （1）以农产品为原料的轻工业，是指直接或间接以农产品为基本原料的轻工业。主要包括食品制造、饮料制造、烟草加工、纺织、缝纫、皮革和毛皮制作、造纸以及印刷等工业； （2）以非农产品为原料的轻工业，是指以工业品为原料的轻工业。主要包括文教体育用品、化学药品制造、合成纤维制造、日用化学制品、日用玻璃制品、日用金属制品、手工工具制造、医疗器械制造、文化和办公用机械制造等工业。

重工业

指为国民经济各部门提供物质技术基础的主要生产资料的工业。按其生产性质和产品用途，可以分为下列三类：（1）采掘（伐）工业，是指对自然资源的开采，包括石油开采、煤炭开采、金属矿开采、非金属矿开采等工业；（2）原材料工业，指向国民经济各部门提供基本材料、动力和燃料的工业。包括金属冶炼及加工、炼焦及焦炭、化学、化工原料、水泥、人造板以及电力、石油和煤炭加工等工业； （3）加工工业，是指对工业原材料进行再加工制造的工业。包括装备国民经济各部门的机械设备制造工业、金属结构、水泥制品等工业，以及为农业提供的生产资料如化肥、农药等工业。根据上述划分原则，修理业中以重工业产品为修理作业对象的划为重工业，反之划为轻工业。

规模以上工业企业

指年主营业务收入 2000 万元及以上的工业法人企业。

大、中、小、微型企业（工业企业）

根据国家统计局制定的《统计上大中小微型企业划分办法（2017）》，以从业人员和营业收入两项指标为依据，将工业企业划分为大、中、小、微型。划分标准如下：

行业名称	指标名称	计量单位	大型	中型	小型	微型
工业	从业人员（X）	人	X≥1000	300≤X＜1000	20≤X＜300	X＜20
	营业收入（Y）	万元	Y≥40000	2000≤Y＜40000	300≤Y＜2000	Y＜300

资产总计

指企业过去的交易或者事项形成的、由企业拥有或者控制的、预期会给企业带来经济利益的资源。包括企业拥有的土地、办公楼、厂房、机器、运输工具、存货等实物资产和现金、存款、应收账款和预付账款等金融资产。资产一般按流动性分为流动资产和非流动资产。其中流动资产可分为货币资金、交易性金融资产、应收票据、应收账款、预付款项、其他应收款、存货等；非流动资产可分为长期股权投资、固定资产、无形资产及其他非流动资产等。

流动资产合计

资产满足以下条件之一应归为流动资产：（1）预计在一个正常营业周期中变现、出售或耗用，主要包括存货、应收账款等；（2）主要为交易目的而持有；（3）预计在资产负债表日起一年内（含一年）变现；（4）自资产负债表日起一年内，交换其他资产或清偿负债的能力不受限制的现金或现金等价物。包括货币资金、应收票据、应收账款、存货等项目。

存货

指企业在日常活动中持有以备出售的产成品或商品、处在生产过程中的在产品、在生产过程或提供劳务过程中耗用的材料或物料等，通常包括原材料、在产品、半成品、产成品、商品以及周转材料等。

产成品

指企业已经完成全部生产过程并验收入库，可以按照合同规定的条件送交订货单位，或者可以作为商品对外销售的产品。

负债合计

指企业过去的交易或者事项形成的，预期会导致经济利益流出企业的现时义务。包括银行贷款、借款、应付账款、应付职工工资、应付职工福利费、应交税金等企业负有偿还责任的债务。负债一般按偿还期长短分为流动负债和非流动负债。

固定资产原价

指固定资产的成本，包括企业在购置、自行建造、安装、改建、扩建、技术改造某项固定资产时所发生的全部支出总额。

营业收入

指企业从事销售商品、提供劳务和让渡资产使用权等生产经营活动形成的经济利益流入。包括“主营业务收入”和“其他业务收入”。

营业成本

指企业从事销售商品、提供劳务和让渡资产使用权等生产经营活动发生的实际成本。包括“主营业务成本”和“其他业务成本”。

税金及附加

指企业因从事生产经营活动按税法规定应缴纳的消费税、城市维护建设税、资源税、环境保护税、教育费附加、房产税、城镇土地使用税、车船税、印花税等相关税费。

利税总额

指利润总额、税金及附加和本期应交增值税之和。

利润总额

指企业在一定会计期间的经营成果，是生产经营过程中各种收入扣除各种耗费后的盈余，反映企业在报告期内实现的盈亏总额。

固定资产投资（不含农户）

是以货币形式表现的在一定时期内全社会建造和购置固定资产的工作量以及与此有关的费用的总称。

房地产开发投资

指各种登记注册类型的房地产开发法人单位统一开发的包括统代建、拆迁还建的住宅、厂房、仓库、饭店、宾馆、度假村、写字楼、办公楼等房屋建筑物，配套的服务设施，土地开发工程（如道路、给水、排水、供电、供热、通讯、平整场地等基础设施工程）和土地购置的投资；不包括单纯的土地开发和交易活动。

固定资产投资的资金来源

指固定资产投资项目单位在报告期收到的（以到账为准），用于固定资产建造和购置的各种货币资金。包括国家预算资金、国内贷款、债券、利用外资、自筹资金和其他资金。

国家预算资金 指各级政府用于固定资产投资的财政资金，包括中央预算资金和地方预算资金。国家预算包括一般预算、政府性基金预算、国有资本经营预算和社保基金预算。各类预算中用于固定资产投资的资金全部作为国家预算资金填报，其中一般预算中用于固定资产投资的部分包括基建投资、车购税、灾后恢复重建基金和其他财政投资。各级政府债券也应归入国家预算资金。

国内贷款 指报告期固定资产投资项目单位向银行及非银行金融机构借入的用于固定资产投资的各种国内借款，包括银行利用自有资金及吸收存款发放的贷款、上级拨入的国内贷款、国家专项贷款、地方财政专项资金安排的贷款、国内储备贷款、周转贷款等。

债　券 指企业或金融机构为筹集用于固定资产投资的资金向投资者出具的承诺按一定发行条件还本付息的债务凭证，包括金融债券和企业债券。

利用外资 指报告期收到的境外（包括外国及港澳台地区）资金（包括设备、材料、技术在内）。包括对外借款（外国政府贷款、国际金融组织贷款、出口信贷、外国银行商业贷款、对外发行债券和股票）、外商直接投资、外商其他投资（包括补偿贸易、加工装配由外商提供的设备价款、国际租赁，外商投资收益的再投资资金）。不包括我国自有外汇资金（国家外汇、地方外汇、留成外汇、调剂外汇和中国境内银行自有资金发放的外汇贷款等）。各类外资按报告期的外汇牌价（中间价）折成人民币计算。

自筹资金 指固定资产投资项目单位在报告期内筹集的用于项目建设和购置的资金。包括自有资金、股东投入资金和借入资金，但不包括各类财政性资金、从各类金融机构借入资金和国外资金。

其他资金来源 指在报告期收到的除以上各种资金之外的用于固定资产投资的资金，包括社会集资、个人资金、无偿捐赠的资金及其他单位拨入的资金等。

固定资产投资按构成分

建筑工程 指各种房屋、建筑物的建造工程。这部分投资额必须兴工动料，通过施工活动才能实现，是固定资产投资额的重要组成部分。建筑工程包括各种房屋的建造；设备基础及各种窑炉的砌筑工程和金属结构工程；为施工而进行的建筑场地布置、工程地质勘探、平整场地、施工临时用水、电、气、路和清理绿化等；矿井的开凿、铁路、公路、桥梁、水利及防空、地下建筑等特殊工程。

安装工程 指各种设备、装置的安装工程。在安装工程投资额中，不包括被安装设备本身的价值。安装工程包括生产、动力、起重、运输、传动和医疗、试验等各种需要安装设备的装配和安装，与设备相连的工作台、梯子、栏杆以及管线敷设、保温、油漆、防腐和单机试运、系统联动无负荷试运工作（不包括投料试运）。

设备、工具、器具购置 指报告期内购置或自制的，达到固定资产标准的设备、工具、器具的价值。但新建单位、扩建单位的新建车间，按照设计和计划要求购置或自制的全部设备、工具、器具，不论是否达到固定资产标准均计入“设备、工具、器具购置”中。

其他费用 指在固定资产建造和购置过程中发生的，除建筑安装工程和设备、工器具购置投资完成额以外的应当分摊计入固定资产投资项目的费用，包括土地购置费（建设用地费）、旧建筑物购置费（房屋建筑物购置费）等，但不指经营中财务上的其他费用。

固定资产投资按建设性质分

新　建 指从无到有“平地起家”开始建设的项目。有的单位原有基础很小，经扩大建设后，其新增加的固定资产价值（原值）超过原有固定资产价值三倍以上的也应算为新建。

扩 建 指为扩大原有产品生产能力（或效益）或增加新的产品生产能力，而增建的生产车间（或主要工程）、独立的生产线等。事业单位和行政单位在原单位增建业务用房，也作为扩建。

改建和技术改造 指对原有设施进行技术改造或更新（包括相应配套的辅助性生产、生活福利设施）的建设项目。有的还充分发挥现有的生产能力，进行填平补齐而增建不直接增加本单位主要产品生产能力的车间等，也属于改建。

新增固定资产

指报告期内已经完成建造和购置过程，并已交付生产或使用单位的固定资产价值，包括已经建成投入生产或交付使用的工程投资和达到固定资产标准的设备、工具、器具的投资以及有关的摊入费用，属于增加固定资产价值的其他建设费用，应随同交付使用的工程一并计入新增固定资产。

商品房销售面积

指报告期内出售商品房屋的合同总面积（即双方签署的正式买卖合同中所确定的建筑面积）。由现房销售建筑面积和期房销售建筑面积两部分组成。

商品房销售额

指报告期内出售商品房屋的合同总价款（即双方签署的正式买卖合同中所确定的合同总价）。该指标与商品房销售面积同口径，由现房销售额和期房销售额两部分组成。

建筑业总产值

是以货币形式表现的建筑业企业在一定时期内生产的建筑业产品和提供服务的总和。建筑业总产值包括：

⑴建筑工程产值：指列入建筑工程预算内的各种工程价值。

⑵安装工程产值：指设备安装工程价值以及将预制部品部件安装成建筑工程产品的价值，不包括被安装设备本身的价值。

⑶其他产值：建筑业总产值中除建筑工程、安装工程以外的产值。包括房屋构筑物修理产值、非标准设备制造产值、总包企业向分包企业收取的管理费以及不能明确划分的施工活动所完成的产值。

a.房屋构筑物修理产值：指房屋和构筑物修理所完成的产值，但不包括被修理房屋、构筑物本身价值和生产设备的修理价值。

b.非标准设备制造产值：指加工制造没有定型的非标准生产设备的加工费和原材料价值（如化工厂、炼油厂用的各种罐、槽，矿井生产统一使用的各种漏斗、三角槽、阀门等）以及附属加工厂为本企业承建工程制作的非标准设备的价值。

房屋施工面积

指报告期内施工的全部房屋建筑面积，包括本期新开工的房屋建筑面积、上期跨入本期继续施工的房屋建筑面积、上期停缓建在本期恢复施工的房屋建筑面积、本期竣工的房屋建筑面积及本期施工后又停缓建的房屋建筑面积。

房屋竣工面积

指报告期内房屋建筑按照设计要求已全部完工，达到住人和使用条件，经验收鉴定合格或达到竣工验收标准，可正式移交使用的各栋房屋建筑面积的总和。

财政收入

指国家可直接支配的财力，主要包括税收收入和其他收入两大类。1994 年我国统一实行分税制财政体制，按税种分为上划中央收入和地方财政收入。上划中央收入包括：增值税的 75% 和消费税的100%等；地方财政收入包括：增值税的 25%、 营业税（不含银行总行、铁道、保险总公司的营业税）、地方企业交纳的企业所得税、外商投资企业和外国企业所得税、个人所得税、土地使用税、固定资产投资方向调节税、城市维护建设税（不含银行总行、铁道、保险总公司集中交纳的部分）、资源税（不包括海洋石油资源税）、房产税、车船使用税、印花税、屠宰税、农牧业税、耕地占用税、契税、遗产和赠与税、土地增值税、国有土地有偿使用收入以及基金收入等。地方财政收入加上划中央收入为全市财政收入。需要指出的是 1994 年以后地方财政收入与以前实行的总额分成财政体制下的地方财政收入在内容和范围上有一定差别，历年数据不完全可比。

一般公共预算收入

是通过一定的形式和程序，由各级财政部门组织并纳入预算管理的各项收入，也就是会计制度改革以前所称的“预算收入”。

政府性基金收入

是按规定收取，转入或通过当年财政安排，由财政管理并具有指定用途的政府性基金预算收入等。

一般公共预算支出

是各级财政部门对集中的一般预算收入有计划地分配和使用而安排的支出。

政府性基金支出

是各级财政部门用基金预算收入安排的支出。

存 款

指企业、机关、团体或居民根据资金必须收回的原则，把货币资金存入金融机构保管并取得一定利息的一种信用活动形式。根据存款对象的不同可划分为企业存款、财政性存款、城乡储蓄存款、农村存款、信托及其他存款等，它是银行信贷资金的主要来源。

贷 款

指金融机构根据资金必须归还的原则，按一定利率，为企业、个人等提供资金的一种信用活动形式。我国银行贷款分为工业贷款、农业贷款、商业贷款、建筑业贷款、私营和个体贷款、乡镇企业贷款、中长期贷款、信托及其他贷款等。

社会消费品零售总额

指企业（单位、个体户）通过交易直接售给个人、社会集团非生产、非经营用的实物商品金额，以及提供餐饮服务所取得的收入金额。个人包括城乡居民和入境人员。社会集团包括机关、社会团体、部队、学校、企事业单位、居委会或村委会。

商品购进额

指从本企业以外的单位和个人购进（包括从国外直接进口）作为转卖或加工后转卖的商品金额（含增值税）。商品购进包括：（1）从工农业生产者、批发和零售业、住宿和餐饮业、出版社或报社的出版发行部门和其他服务业等企事业单位和个体经营户购进的商品；（2）从机关、社会团体购进的商品；（3）从海关、市场管理部门购进的缉私和没收的商品；（4）从居民收购的废旧商品等。不包括：（1）企业为本单位自身经营用，不是作为转卖而购进的商品，如材料物资、包装物、低值易耗品、办公用品等；（2）未通过买卖行为而收入的商品，如接受其他部门移交的商品、借入的商品、收入代其他单位保管的商品、其他单位赠送的样品、加工回收的成品等；（3）经本单位介绍，由买卖双方直接结算，本单位只收取手续费的业务；（4）销售退回和买方拒付货款的商品；（5）商品溢余；（6）期货交易商品。

商品销售额

指对本单位以外的单位和个人出售的商品金额（包括售给本单位消费用的商品，含增值税）。商品销售包括：（1）售给个人和社会集团消费用的商品；（2）售给农业、工业、建筑业、服务业等国民经济各行业用于生产、经营用的商品，包括售予批发和零售业作为转卖或加工后转卖的商品；（3）对国（境）外直接出口的商品。不包括：（1）未通过买卖行为付出的商品，如因机构变动移交给其他企业单位的商品、借出的商品、归还受其他单位委托代保管的商品、付出的加工原料和赠送给其他单位的样品等；（2）促销返券所销售的、不计入营业收入的商品；（3）经本单位介绍，由买卖双方直接结算，本单位只收取手续费的业务；（4）未发生所有权转移的商品预付卡销售，如加油卡；（5）汽车维修、电话卡销售等服务性经济活动；（6）购货退回的商品；（7）商品损耗和损失；（8）出售本单位自用的废旧物资；（9）期货交易商品；（10）自来水供应企业、电力企业、天然气供应企业提供的水、电、气。

商品库存额

对于批发和零售业法人单位和个体经营户，是指报告期末取得所有权的全部商品金额（含增值税）；对于批发和零售业产业活动单位，是指报告期末实际在库且归属法人具有所有权的全部商品金额（含增值税）。它反映批发零售企业的商品库存情况，以及对市场商品供应的保证程度。库存商品包括：（1）存放在本单位（如门市部、批发站、采购站、经营处）的仓库、货场、货柜和货架中的商品；（2）挑选、整理、包装中的商品；（3）已记入购进而尚未运到本单位的商品，即发货单或银行承兑凭证已到而货未到的商品；（4） 寄放他处的商品，如因购货方拒绝付款而暂时存放在购货方的商品；（5）委托其他单位代销（未作销售或调出）尚未售出的商品；（6）代其他单位购进尚未交付的商品。库存商品不包括：（1）所有权不属于本单位的商品，如商品已作销售但买方尚未取走的商品，代替他人保管、运输、加工的商品，代其他单位销售（未做购进或调入）而未售出的商品；（2）委托外单位加工的商品（包括本单位所属加工厂和其他生产单位加工生产尚未收回成品的商品）；（3）外贸企业代理其他单位从国外进口，尚未付给订货单位的商品；（4）代国家储备部门保管的商品。

限额以上批发和零售业、住宿和餐饮业企业划分标准

批发业是指年主营业务收入 2000 万元及以上；零售业是指年主营业务收入 500 万元及以上；住宿业和餐饮业是指年主营业务收入 200 万元及以上。

外贸进出口总额

指海关统计中按经营单位即进出口企业在海关注册地的行政区域口径统计的数据，它反映的是天津行政辖区内各类具有进出口经营权企业（外贸企业）的进出口。它不包含外省市外贸企业途经天津口岸由天津海关结关放行及统计的进出口商品，但包含天津外贸企业经由非天津口岸进出口结关放行及统计的商品。

利用外资

包括三部分，一是借用国外资金；二是直接利用投资；三是其他利用投资。外资包括现金、实物、工业产权或专有技术等。凡是本年内实际投资（不论是执行本年签订的协议或是执行过去几年签订的协议）均应计算在内。

借用国外资金 指由我国政府、部门、企业或其他经济组织从境外借入的资金或在境外发行的外币债券。按借款类别不同划分为：外国政府贷款、国际金融组织贷款、外国银行商业贷款、出口信贷和其他，包括对外发行债券、股票等。

直接利用投资 指国外及港澳台地区的法人和自然人按照我国有关政策、法规在中国大陆地区以现金、实物、无形资产等各种方式投资于非上市公司中的全部投资及在单个外国投资者所占股权比例不低于 10%的上市公司中的投资。

其他利用投资 凡是国外及港澳台地区的法人和自然人按照我国有关政策、法规在中国大陆地区以现金、实物、无形资产等各种方式进行的投资中不属于客商直接投资的部分，均列入本类。

实际利用外资

包括借用国外资金、直接利用投资和其他利用投资三部分实际到位的外资。借用国外资金按实际提取或拨交的使用数、直接利用投资按外方实际到位资金统计（以会计师事务所出具的验资报告为准）、其他利用投资按到位数计算。

终端能源消费量

指能源消费环节的最后一个环节的能源消费，包括直接用作燃料、原材料、动力的各种能源的消费，即各种未经过加工转换的一次能源直接消费，以及经过加工转换的各种二次能源的消费。终端消费量不包括用于加工转换的投入量、加工转换损失量和损失量。

工业生产综合能源消费量

指工业企业为进行工业生产活动而实际消费的各种能源总和。计算企业工业生产综合能源消费量时，需要先将使用的各种能源折算成标准燃料后再进行计算。它在不同的企业有不同的计算方法。

1.没有能源回收能利用的非能源加工转换工业企业：

工业生产综合能源消费量＝工业生产消费的各种能源（折标准煤）的合计

2.有能源回收能利用的非能源加工转换工业企业：

工业生产综合能源消费量＝工业生产消费的各种能源（包括回收能消费，折标准煤）的合计－回收能利用量（折标准煤）

3.没有回收能利用的能源加工转换工业企业：

工业生产综合能源消费量＝工业生产消费的各种能源（包括能源加工转换的投入量，折标准煤）的合计－能源加工转换产出量（折标准煤）的合计

4.有回收能利用的能源加工转换工业企业：

工业生产综合能源消费量＝工业生产消费的各种能源（包括能源加工转换的投入量和工业生产消费的回收能，折标准煤）的合计－能源加工转换产出量（折标准煤）的合计－回收能利用量（折标准煤）的合计

城乡一体化住户调查

从2012年四季度起，国家统计局对分别进行的城乡住户调查实施了一体化改革，统一了城乡居民收入指标名称、分类和统计标准，建立了城乡统一的一体化住户调查《住户收支与生活状况调查》，并据此获得居民有关数据。2013年起开始实施，自2014年1季度起，开始发布一体化住户调查新口径收支数据。

常住成员

指住户成员中，经常在家居住、或者调查期内居住时间超过一半的人员，以及本住户供养的学生。常住成员为住户调查的对象。

可支配收入

指调查户在调查期内获得的、可用于最终消费支出和储蓄的总和，即调查户可以用来支配的收入。可支配收入既包括现金，也包括实物收入。按照收入的来源，可支配收入包含四项，分别为：工资性收入、经营净收入、财产净收入和转移净收入。

工资性收入 指就业人员通过各种途径得到的全部劳动报酬和各种福利，包括受雇于单位或个人、从事各种自由职业、兼职和零星劳动得到的全部劳动报酬和福利。

经营净收入 指住户或住户成员从事生产经营活动所获得的净收入，是全部经营收入中扣除经营费用、生产性固定资产折旧和生产税之后得到的净收入，包括第一、二、三产经营净收入。

财产净收入 指住户或住户成员将其所拥有的金融资产、住房等非金融资产和自然资源交由其他机构单位、住户或个人支配而获得的回报并扣除相关的费用之后得到的净收入。

转移净收入 指国家、单位、社会团体对住户的各种经常性转移支付和住户之间的经常性收入转移。

消费支出

指住户用于满足日常生活消费需要的全部支出，包括用于消费品的支出和用于服务性消费的支出。根据用途不同，消费支出可划分为食品烟酒、衣着、居住、生活用品及服务、交通通信、教育文化娱

乐、医疗保健、其他用品及服务八类。根据来源不同，消费支出可划分为现金消费支出、实物消费支出（含自产自用、来自单位、来自政府和其他社会组织）。

食品烟酒 指用于各种食品和烟草、酒类的支出，包括食品、烟酒和饮料三个中类。

衣着 指与居民穿着有关的支出，包括服装、服装材料、鞋类、其他衣类及配件、衣着相关加工服务的支出。

居住 指与居住有关的支出，包括房租、水、电、燃料、物业管理等方面的支出，也包括自有住房折算租金。

生活用品及服务 指家庭及个人的各类生活品及家庭服务。包括家具及室内装饰品、家用器具、家用纺织品、家庭日用杂品、个人用品和家庭服务。

交通和通信 指用于交通和通信工具及相关的各种服务费、维修费和车辆保险等支出。

教育文化娱乐服务 指用于教育和文化娱乐方面的支出。

医疗保健 指用于医疗和保健的药品、用品和服务的总费用。包括医疗器具及药品，以及医疗服务。

其他用品和服务 指无法直接归入上述各类支出的其他用品与服务支出。

城镇居民最低生活保障人数

指在报告期末纳入当地城镇最低生活保障范围、并已发放补助经费的人数。

农村居民最低生活保障人数

指在报告期末纳入当地农村最低生活保障范围、并已发放补助经费的人数。

城镇社区服务设施数

指报告期末城镇（街道办事处、居委会）设立的以非盈利为目的，为本社区居民服务，特别是为老年人、残疾人、儿童服务的社区服务中心、活动站、服务站、养老院、老年公寓（托老所），残疾人工疗站、残疾儿童日托所、家务服务站、婚姻介绍所等福利性设施以及职工社会保险管理服务的机构数。几种不同类型的社区服务单位，共用一个场所的，只能统计为一个社区服务设施。成为社区服务设施的条件：（1）是独立核算单位；（2）有固定的从业人员；（3）有一定的服务项目；（4）有一定的场所。

基本医疗保险

1. 参保人数：指报告期末按国家有关规定参加基本医疗保险的人数。包括参加保险的职工人数和退休人员人数。

2. 基金收入：指根据国家有关规定，由纳入基本医疗保险范围的缴费单位和个人，按国家规定的缴费基数和缴费比例缴纳的基金，以及通过其他方式取得的形成基金来源的款项，包括：单位缴纳的社会统筹基金收入、个人缴纳的个人账户基金收入、财政补贴收入、利息收入、其他收入。

3. 基金支出：指按照国家政策规定的开支范围和开支标准从社会统筹基金中支付给参加基本医疗保险的职工和退休人员的医疗保险待遇支出，和从个人账户基金中支付给参加基本医疗保险的职工和退休人员的医疗费用支出，以及其他支出。包括：住院医疗费用支出、门急诊医疗费用支出、个人账户基金支出、其他支出。

4. 基金累计结余：指截止报告期末基本医疗保险的社会统筹和个人账户基金累计结余金额。包括银行存款、财政专户、债券投资和其他。

失业保险

1. 参保人数：指报告期末按照国家法律、法规和有关政策规定参加了失业保险的城镇企业事业单位的职工及地方政府规定参加失业保险的其他人员的人数。

2. 失业保险基金收入：指按照规定从企业、事业及其他单位筹集的失业保险费及其他并入失业保险基金收入的总额。包括单位和个人缴纳的失业保险费、失业保险基金利息收入、上级补助收入、下级上解收入、转移收入、财政补贴和其他收入。

3. 失业保险基金支出：指报告期内为保障失业人员和下岗职工基本生活、促进其再就业等支出的基金总额。包括失业救济金、医疗费、死亡丧葬补助费、抚恤救济费、转业训练费支出、失业保险经办机构管理费、补助下级支出、上解上级支出、转移支出和其他支出。

4. 基金累计结余：指截止报告期末失业保险基金收支相抵后的累计余额。

基本养老保险

1.（参保）职工人数：指报告期末按照国家法律、法规和有关政策规定参加基本养老保险并在社保经办机构已建立缴费记录档案的职工人数，包括中断缴费但未终止养老保险关系的职工人数，不包括只登记未建立缴费记录档案的人数。

2.（参保）离退休人员人数：指报告期末参加基本养老保险的离休、退休和退职人员的人数。

3. 基本养老保险基金收入：指根据国家有关规定，由纳入基本养老保险范围的缴费单位和个人按国家规定的缴费基数和缴费比例缴纳的养老保险基金，以及通过其他方式取得的形成基金来源的收入。包括单位和职工个人缴纳的基本养老保险费、基本养老保险基金利息收入、上级补助收入、下级上解收入、转移收入、财政补贴和其他收入。

4. 基本养老保险基金支出：指按照国家政策规定的开支范围和开支标准从养老保险基金中支付给参加基本养老保险的个人的养老金、丧葬抚恤补助，以及由于保险关系转移、上下级之间调剂资金等原因而发生的支出。包括离休金、退休金、退职金、各种补贴、医疗费、死亡丧葬补助费、抚恤救济费、社会保险经办机构管理费、补助下级支出、上解上级支出、转移支出、其他支出等。

5. 基本养老保险基金累计结余：指截止报告期末基本养老保险基金收支相抵后的累计余额。

受理劳动争议案件数

指劳动争议仲裁委员会根据国家有关规定，对劳动争议当事人的申请予以审查，符合受理条件而正式立案、准备处理的劳动争议案件数。

工业废水排放量

指经过企业厂区所有排放口排到企业外部的工业废水量。包括生产废水、外排的直接冷却水、超标排放的矿井地下水和与工业废水混排的厂区生活污水，不包括外排的间接冷却水（清污不分流的间接冷却水应计算在内）。

工业废水排放达标率

指工业废水排放达标量占工业废水排放量的百分率，计算公式为：

$$工业废水排放达标率=\frac{工业废水排放达标量}{工业废水排放量}\times 1000\%$$

工业废气排放量

指报告期内企业厂区内燃料燃烧和生产工艺过程中产生的各种排入大气的含有污染物的气体的总量，以标准状态（273K，101325Pa）计算。测算公式为：

工业废气排放量 ＝ 燃料燃烧过程中废气排放量 ＋ 生产工艺过程中废气排放量

工业粉尘排放量

指企业在燃料燃烧和生产工艺过程中排放的能在空气中悬浮一定时间的固体颗粒物排放量。如钢铁企业的耐火材料粉尘、焦化企业的筛焦系统粉尘、烧结机的粉尘、石灰窑的粉尘、建材企业的水泥粉尘等。不包括电厂排入大气的烟尘。

货（客）运量

指在一定时期内，各种运输工具实际运送的货物（旅客）数量。该指标是反映运输业为国民经济和人民生活服务的数量指标，也是制定和检查运输生产计划、研究运输发展规模和速度的重要指标。

货运按吨计算，客运按人计算。货物不论运输距离长短、货物类别，均按实际重量统计。旅客不论行程远近或票价多少，均按一人一次客运量统计；半价票、小孩票也按一人统计。

货物（旅客）周转量

指在一定时期内，由各种运输工具运送的货物（旅客）数量与其相应运输距离的乘积之总和。该指标可以反映运输业生产的总成果，也是编制和检查运输生产计划，计算运输效率、劳动生产率以及核算运输单位成本的主要基础资料。计算货物周转量通常按发出站与到达站之间的最短距离，也就是计费距离计算。计算公式为：

货物（旅客）周转量=Σ〔货物（旅客）运输量×运输距离〕

港口货物吞吐量（又称港口吞吐量）

指经由水路运进、出港区范围，并经过装卸的货物数量。按货物流向分为进港吞吐量和出港吞吐量；按货物的贸易性质分为内贸和外贸吞吐量；按货物的类别分，可根据现行的交通行业标准《运输货物分类和代码》分类。

港口集装箱吞吐量

凡经过水运进、出港区范围，并经过装卸的集装箱箱数和重量（含集装箱自重），通常是按进港和出港分别统计。TEU 是“折合 20 英尺标准箱”的英文缩写。它是指各种尺寸的国际标准集装箱的自然箱数，按各自的换算比例，折算为 20 英尺标准箱数。其换算比例为：40 英尺箱 1∶2；35 英尺箱 1∶1.75；20 英尺箱 1∶1；10 英尺箱 1∶0.5。

邮电业务总量

指以价值量形式表现的邮电通信企业为社会提供各类邮电通信服务的总数量。邮电业务量按专业分类包括函件、包件、汇票、报刊发行、邮政快件、特快专递、邮政储蓄、集邮、公众电报、用户电报、传真、长途电话、出租电路、无线寻呼、移动电话、分组交换数据通信、出租代维等。计算方法为各类产品乘以相应的平均单价（不变价）之和，再加上出租电路和设备、代用户维护电话交换机和线路等的服务收入。该指标综合反映了一定时期邮电业务发展的总成果，是研究邮电业务量构成和发展趋势的重要指标。计算公式为：

邮电业务总量=Σ（各类邮电业务量×不变单价）+出租代维及其他业务收入=邮政业务总量+电信业务总量

研究与试验发展（R&D）

指为增加知识存量（也包括有关人类、文化和社会的知识）以及设计已有知识的新应用而进行的创造性、系统性工作，包括基础研究、应用研究和试验发展三种类型。国际上通常采用 R&D 活动的规模和强度指标反映一国的科技实力和核心竞争力。

基础研究 指一种不预设任何特定应用或使用目的的实验性或理论性工作，其主要目的是为获得（已发生）现象和可观察事实的基本原理、规律和新知识。其成果通常表现为提出一般原理、理论或规律，并以论文、著作、研究报告等形式为主。

应用研究 指为获取新知识，达到某一特定的实际目的或目标而开展的初始性研究。应用研究是为了确定基础研究成果的可能用途，或确定实现特定和预定目标的新方法。其研究成果以论文、著作、研究报告、原理性模型或发明专利等形式为主。

试验发展 指利用从科学研究、实际经验中获取的知识和研究过程中产生的其他知识，开发新的产品、工艺或改进现有产品、工艺而进行的系统性研究。其研究成果以专利、专有技术，以及具有新颖性的产品原型、原始样机及装置等形式为主。

专 利

是专利权的简称，是对发明人的发明创造经审查合格后，由专利局依据专利法授予发明人和设计人对该项发明创造享有的专有权。包括发明、实用新型和外观设计。反映拥有自主知识产权的科技和设计成果情况。

发明 指对产品、方法或者其改进所提出的新的技术方案。是国际通行的反映拥有自主知识产权技术的核心指标。

实用新型 指对产品的形状、构造或者其结合所提出的适于实用的新的技术方案。反映具有一定技术含量的技术成果情况。

外观设计 指对产品的形状、图案、色彩或者其结合所做出的富有美感并适于工业上应用的新设计。反映拥有自主知识产权的外观设计成果情况。

R&D 经费支出

指报告期调查单位内部为实施 R&D 活动而实际发生的全部经费，按支出性质分为日常性支出和资产性支出。不包括调查单位委托其他单位或与其他单位合作开展 R&D 活动而转拨给其他单位的全部经费。

普通高等学校

是按国家规定的设置标准和审批程序批准举办的，通过全国普通高等教育统一招生考试，招收高中毕业生为主要培养对象，实施高等学历教育的全日制大学、独立设置的学院和高等专科学校、高等职业学校和其他机构。大学、独立设置的学院主要实施本科及本科层次以上的教育。高等专科学校、高等职业学校实施专科层次教育。

中等职业学校

是按国家规定的设置标准和审批程序批准成立的实施中等职业教育的学校（机构）。调整后的中等职业学校是指将普通中等专业学校（中等技术学校、中等师范学校）、成人中等专业学校、职业高中学校等各种实施中等职业教育的办学类型，通过合并、共建、联办、划转等形式调整为统一的办学类型，即中等职业学校。

职业中学（职业高中、职业初中）

是指经县或县以上教育行政部门批准设立，招收小学或初中毕业生实施中等职业技术教育的教学机构。职业中学按学校性质类别可分为：独立设置的职业中学（包括：职业初中、职业高中、职业初高中合设学校）；附设有普通中学班的职业中学。

普通中等学校（普通高中、普通初中）

通常称普通中学，分为普通高级中学和普通初级中学两个阶段。普通初级中学是指独立设置的招收小学毕业的适龄人口进行初级中等基础教育的机构；普通高级中学是指独立设置的招收初中毕业的适龄人口进行高级中等基础教育的机构；完全中学是指普通初、高中合设的教育机构；一贯制学校是指在一所学校连续实施中小学教育的机构。其中包括实施九年义务教育的九年一贯制学校和实施高中教育的十二年一贯制学校。（说明：一贯制学校的办学条件如能划分为小学、初中、高中，则分开填报；如不能划分清楚，可按就高不就低的方法填入初中、高中报表中，不能重复填写。）

初等教育（普通小学）

是指由县或县以上教育行政部门批准，招收学龄儿童实施初等教育的教学机构。

学前教育（幼儿园）

是指招收三周岁以上（含三周岁）学龄前幼儿，对其进行保育和教育的单位，包括全市各幼儿教学点；幼儿园以游戏为基本活动形式，寓教于乐、寓教于动。

文化事业机构

指从事专业文化工作和为专业文化工作服务的单独核算、独立建制的单位，不包括文化主管部门直属单位举办的其他行业和各部门的业余文化组织。

卫生技术人员

指卫生事业机构支付工资的全部固定职工和合同制职工中现任职务为卫生技术工作的人员。包括中医师、西医师、中西医结合高级医师、护师、中药师、西药师、检验师、其他技师、中医士、西医士、护士、助产士、中药剂士、西药剂士、检验士、其他技士、其他中医、护理员、中药剂员、西药剂员、检验员和其他初级卫生技术人员。不包括从事管理工作的卫生技术人员。

执业（助理）医师

指具有《医师执业证》及其“级别”为“执业（助理）医师”且实际从事医疗、预防保健工作的人员，不包括实际从事管理工作的执业（助理）医师。执业（助理）医师类别分为临床、中医、口腔和公共卫生。

Explanatory Notes on Main Statistical Indicators

Developed Areas

refer to the land in administrative areas having been developed concentratedly with municipal public facilities. For core city, developed areas include concentrated areas and decentralized areas, having basic perfect municipal public facilities; for the city with several towns, developed areas are composed of several concentrated areas with municipal public facilities. Therefore, the scope of developed areas refers to actual construction land of a city.

Gross Domestic Product

refers to the final products at market prices produced by all resident units in a country (or a region) during a certain period of time.

From the aspect of value added form, GDP refers to the total value of all products and services produced by all resident units during a certain period of time minus total value of inputs of non-fixed-assets products and services or the summation of the value added of all resident units; the form of products refers to all final goods and services minus imports of goods and services. In the practice of national accounting, it is calculated by three approaches, i.e. product approach, income approach and expenditure approach, respectively, to reflect gross product and its composition of different aspects.

Category of Three Industries

Regulation on Classification of Three Strata of Industry was adjusted according to the standard of the *Industrial Classification of the National Economy* (GB/T 4754-2017).

Primary Industry includes agriculture, forestry, animal husbandry and fishery (excluding professional and auxiliary activities of agriculture, forestry, animal husbandry and fishery).

Secondary Industry includes minerals mining (excluding mining professional and auxiliary activities), manufacturing (excluding metal products, machinery and equipment repair), production and supply of electricity, heat, gas and water and construction.

Tertiary Industry namely service industry, includes all other industries not included in primary or secondary industry, including wholesale and retail trade; transportation, storage and post services; accommodation and catering services; information transmitting, software and information technology services; finance; real estate; leasing and business services; scientific research and technical services; management for water conservancy, environment and public facilities; resident services, repair and other services; education; health care and social work; culture, sports and recreational services; public management, social security and social organizations; international organizations and professional and auxiliary activities of agriculture, forestry, animal husbandry and fishery, mining professional and auxiliary activities, metal products, machinery and equipment repair of manufacturing.

Registration Status of Enterprises (units)

Enterprises are classified into 3 categories, namely enterprises with domestic investment, enterprises with investment from Hong Kong, Macao and Taiwan, and enterprises with foreign investment, according to the registration status of an enterprise in market supervision administration. Domestic-invested enterprises include state-owned enterprises, collective-owned enterprises, cooperative enterprises, joint ownership enterprises, limited liability corporations, share-holding corporations Ltd., private enterprises and other enterprises. Included in the enterprises with investment from Hong Kong, Macao and Taiwan and enterprises with foreign investment are joint-venture enterprises, cooperative enterprises, sole- proprietorship enterprises and share-holding corporations Ltd.

Domestic Funded Enterprises

State-owned Enterprises refer to non-corporation economic units where the entire assets are owned by the State and which have been registered in accordance with the *Regulation of the People's Republic of China on the*

Management of Registration of Corporate Enterprises. Not included from this category are state sole-proprietorship corporations in the limited liability corporations.

Collective-owned Enterprises refer to economic units where the assets are owned collectively and which have been registered in accordance with the *Regulation of the People's Republic of China on the Management of Registration of Corporate Enterprises*.

Cooperative Enterprises refer to a form of collective economic units (enterprises) where capitals come mainly from employees as their shares, with certain proportion of capital from the outside, where production is organized on the basis of independent operation, independent accounting for profits and losses, joint work, democratic management, and a distribution system that integrates remuneration according to work with dividend according to capital share.

Joint Ownership Enterprises refer to economic units established by two or more corporate enterprises or corporate institutions of the same or different ownership, through joint investment on the basis of voluntary participation, equality, and mutual benefits. They include state joint ownership enterprises; collective joint ownership enterprises; joint State-collective enterprises; and other joint ownership enterprises.

Limited Liability Corporations refer to economic units established with investment from 2-50 investors and registered in accordance with the *Regulation of the People's Republic of China on the Management of Registration of Corporations,* each investor bearing limited liability to the corporation depending on its share of investment, and the corporation bearing liability to its debt to the maximum of its total assets. Limited liability corporations include state sole-proprietorship corporations and other limited liability corporations.

Share-holding Corporations Ltd. refer to economic units registered in accordance with the *Regulation of the People's Republic of China on the Management of Registration of Corporations*, with total registered capital divided into equal shares and additional capitals raised through issuing stocks. Each investor bears limited liability to the corporation depending on the holding of shares, and the corporation bears liability to its debt to the maximum of its total assets.

Private Enterprises refer to profit-making economic units invested and established by natural persons, or controlled by natural persons, using employed labour. Included in this category are private sole-proprietorship enterprise, private partnership enterprise, private limited liability companies, private limited-liability company by shares and individual sole-proprietorship enterprises registered in accordance with the *Company Law, the Law on Partnership Business* and *the Law on Individual Proprietorship Enterprises*.

Other Domestic-Invested Enterprises refer to domestic-invested economic units other than those mentioned above.

Enterprises with Funds from Hong Kong, Macao and Taiwan

Joint Venture Enterprises with Hong Kong, Macao and Taiwan are enterprises established by investors from Hong Kong, Macao and Taiwan with enterprises in the mainland of China in accordance with the former *Law of the People's Republic of China on Sino-foreign Equity Joint Ventures* and other relevant laws, where the establishment of the investment and the sharing of profits, taking risks and former are stipulated in joint venture contracts.

Cooperative Enterprises with Hong Kong, Macao and Taiwan established by investors from Hong Kong, Macao and Taiwan with enterprises in the mainland of China in accordance with the former *Law of the People's Republic of China on Sino-foreign Contractual Joint Venture* and other relevant laws, where the investment or provision of facilities and the sharing of profits and risks are stipulated under cooperative contracts.

Sole-proprietorship Enterprises with Investment from Hong Kong, Macao and Taiwan refer to enterprises established in the mainland of China with exclusive investment from investors from Hong Kong, Macao and Taiwan in accordance with the former *Law of the People's Republic of China on Enterprises with Foreign Investment* and other relevant laws.

Share-holding Corporations Ltd. with Investment from Hong Kong, Macao and Taiwan refer to share-holding corporations Ltd. established with the approval from the Ministry of Commerce（the former Ministry of Foreign Trade and Economic Relations）in line with relevant state regulations, where the share of investment from Hong Kong, Macao or Taiwan businessmen exceeds 25% of the total registered capital of the corporation. In case the share of investment from Hong Kong, Macao or Taiwan is less than 25% of the total registered capital, the enterprise is to be classified as domestic-invested share-holding corporation Ltd.

Other Enterprises with Funds from Hong Kong, Macao and Taiwan refer to partnership enterprises with investments from Hong Kong, Macao and Taiwan established within the territory of China in accordance with former *Administrative Measures on the Establishment of Partnership Enterprises in China by Foreign Enterprises or Foreign Individuals and Regulations for the Administration of the Registration of Foreign-invested Partnership Enterprises*.

Enterprises with Foreign Investment

Joint Venture Enterprises with Foreign Investment refer to enterprises jointly established by foreign enterprises or foreigners with enterprises in the mainland of China in accordance with the former *Law of the People's Republic of China on Sino-foreign Equity Joint Ventures* and other relevant laws, where the sharing of investment, profits and risks is stipulated under contract.

Cooperative Enterprises with Foreign Investment refer to enterprises jointly established by foreign enterprises or foreigners with enterprises in the mainland of China in accordance with the former *Law of the People's Republic of China on Sino-foreign Contractual Joint Venture* and other relevant laws, where the investment or provision of facilities and the sharing of profits and taking risks and loss are stipulated in cooperative contracts.

Sole-proprietorship Enterprises with Foreign Investment refer to enterprises established in the mainland of China with exclusive investment from foreign investors in accordance with the former *Law of the People's Republic of China on Enterprises with Foreign Investment* and other relevant laws.

Share-holding Corporations Ltd. with Foreign Investment refer to share-holding corporations Ltd. established with the approval from the Ministry of Commerce（the former Ministry of Foreign Trade and Economic Relations) in line with relevant state regulations, where the share of investment from foreign investors exceeds 25% of the total registered capital of the corporation. In case the share of foreign investment is less than 25% of the total registered capital, the enterprise is to be classified as domestic-invested share-holding corporation Ltd.

Other Enterprises with Foreign Funds refer to partnership enterprises established within the territory of China in accordance with former *Administrative Measures on the Establishment of Partnership Enterprises in China by Foreign Enterprises or Foreign Individuals and Regulations for the Administration of the Registration of Foreign-invested Partnership Enterprises*.

Government Agencies, Institutions and Social Organizations

are classified into following categories by source of funds and way of management taking reference of the registration status of enterprises.

Administrative Agencies include state and party agencies, classified in principle as "state-owned".

Public Institutions include institutions of various types established with the approval by state commission of public sectors reform and other relevant staffing department of the government, but exclude institutions where enterprise management system is introduced. Institutions are further classified as follows:

(1) Institutions whose main budget is listed in the government budget appropriations or extra-budget funds, or allocated from the budget of their competent government agencies. Such institutions are classified as "state-owned".

(2) Institutions whose budget mainly comes from collective units. Such institutions are classified as "collective-owned".

(3) Institutions established by individual (individual partnership), which are classified as "private".

(4) Institutions other than those mentioned above whose source of budget are not clear. Such institutions are classified by way of management.

Social Organizations include social groups established with the approval from the Ministry of Civil Affairs, and organizations that are not covered by social organizations management regulations such as trade unions, women's federations etc. Social organizations are further classified as follows:

(1) Social organizations that are not covered by social organizations management regulations of the Ministry of Civil Affairs, such as trade unions, women's federations, communist youth leagues, youth associations, industrial and commerce associations, scientists associations, overseas Chinese associations, etc., foundations and fund management organization established with funds from state, and social organizations whose funds mainly come from the budget of their competent government agencies. Such institutions are classified as "state-owned".

(2) Social organizations whose budget mainly comes from collective units. Such institutions are classified as "collective-owned".

(3) Social organizations established by individual (individual partnership), which are classified as "private".

(4) Social organizations other than those mentioned above whose source of budget is not clear. Such institutions are classified by way of management.

Actual Price (current price)

includes all other industries not included in primary or secondary industry, including transport, storage, post services; information transmitting, computer services and software; wholesale and retail trade; accommodation and catering services; finance; real estate; leasing and business services; scientific research, technical services and geological prospecting; management for water conservancy, environment and public facilities; resident services and other social services; education; health care, social security and social welfare; culture, sports and recreational services; public management and social organizations and so on.

Constant Price

refers to prices that are used to remove the factors of price change in calculating economic aggregates, so as to facilitate comparison of aggregates over time. Two methods are used for calculating economic aggregates at constant prices, a) Multiplying the output of products by their constant prices of certain year; b) Deflation of data at current prices by relevant price index.

Average Annual Growth Rate

shows the average growth rate of social and economic development during a longer period. It can not be directly calculated by chain based growth rate. The relation is:

Average Growth Rate = Average Speed of Development – 1

Average speed of development is the time series average of speed which is obtained through chain-based calculation. Because the reference bases during the different periods are different, average speed of development can not be calculated by the general method. Level approach and accumulative approach for calculating average speed of development rate are applied. The "level approach", or geometric average approach, is derived by the formula of geometric average of the chain-based speeds of development by continuous multiplication. The other is called the "accumulative approach" or the "equation" method, which is derived by the summation of the actual figure of each year in the interval divided by the figure in the base year. The level approach focuses on the level of the last year, while the accumulative approach emphasizes the aggregate development for the entire duration.

Permanent Population

refers to the total number of people alive at a given area over half a year. According to the regulation of population census and sample survey, permanent resident population include (1) registered population in this area except those who have left this area over half a year (exclude those going abroad to work or study). (2) population with residence registered in other area, but having actually resided in this area over half a year or having left place of residence registration over half a year and resided in this area during the period of population survey. (3) population with residence registration in this enumeration area not yet settled, i.e. residence card on hand, migration certificate, birth certificate, demobilized soldier card, release certificate, etc.

Registered Population

refers to citizens who have registered permanent residence in the registered residence administration of their habitual residence in accordance with *the People's Republic of China Household Registration Ordinance*. No matter he is out or not, how long the time is, the citizen registered as permanent resident in a certain place where is counted as registered population.

Birth Rate (or Crude Birth Rate)

refers to the ratio of the number of births to the average population (or mid-year population) during a certain period of time (usually a year), expressed in ‰. Birth rate in the chapter refers to annual birth rate. The following formula is used:

$$\text{Birth Rate} = \frac{\text{Number of Births}}{\text{Annual Average Number of Population}} \times 1000‰$$

Number of births in the formula refers to live births, i.e. when a baby has breathed or showed any vital phenomena regardless of the length of pregnancy.

Annual average population is the average of the number of population at the beginning of the year and that at the end of the year. Sometimes it is substituted by the mid-year population.

Death Rate (or Crude Death Rate)

refers to the ratio of the number of deaths to the average population (or mid-year population) during a certain period of time (usually a year), expressed in ‰. Death rate in the chapter refers to annual death rate. The following formula is used:

$$\text{Death Rate} = \frac{\text{Number of Deaths}}{\text{Annual Average Number of Population}} \times 1000‰$$

Natural Growth Rate of Population

refers to the ratio of natural increase in population (number of births minus number of deaths) in a certain period of time (usually a year) to the average population (or mid-year population) of the same period, expressed in ‰. The following formula is applied:

$$\text{Natural Growth Rate of Population} = \frac{\text{Number of Births - Number of Deaths}}{\text{Annual Average Number of Population}} \times 1000‰$$

$$= \text{Birth Rate - Death Rate}$$

Legal Marriage Age, Labour Age Population

The standard of legal marriage age is 22 for male and 20 for female. The domestic standard of "reaching labour age", "within labour age" and "over labour age" are 16, 16 to 59, 60 for male respectively and 16, 16 to 54, 55 for female respectively; the international standard of these items are 15, 15-64 and 65 respectively for both male and female.

Status of Ownership

refers to enterprises classified as various type of ownership in accordance with registered categories of enterprises. In which, state-owned economy include state-owned enterprises, state joint ownership enterprises, joint state-collective enterprises, state sole-proprietorship enterprises; collective-owned economy include collective-owned enterprises, cooperative enterprises, collective joint ownership enterprises; private economy include private sole-proprietorship enterprises, private partnership enterprises ,private limited liability corporation and private share-holding corporations Ltd.

Number of Persons Employed at the End of the period

refer to the total number of employees who work at his unit on the last day and obtain wages or other forms of payment at the end of the reporting period. This indicator is a kind of time point index and it equals to the sum of the number of employed staff and workers, labor dispatch personnel and other employed persons, excluding those who have terminated labor contracts with working unit on or before the last day of the reporting period.

On-post Staff and Workers

refer to persons who signed labor contracts with working units and working units would pay wages, social insurance and housing funds for them. Persons who have their work posts but are temporarily absent from work for reasons of study or on sick, injury or maternal leave and still receive wages from their working units are also included. Employed staff and workers also include: Persons who should have signed the labor contracts but not; Employees on probation; Employees beyond the staffing quota, for example, temporary employees; Employees who are sent to other working units but still obtain wages from their original units (situations like on-the-job placement, expatriated assignment, etc.)

Average Number of Persons Employed

refers to the average number of employees in the reporting period (annual, quarterly and monthly). The quarterly or annual average number is calculated according to the actual monthly average number of the unit, and cannot be replaced by the number at the end of the period.

Total Wage Bill of Persons Employed

It is revised according to the *Provision of Composition of Total Wages* (Order No.1 by National Bureau of Statistics on January, 1st, ,1990), total wage bill refers to the total remuneration payment to all employed persons in various units during the reporting period (by quarter or by year), including hourly-paid wages, piece-rate wages, bonuses, allowance and subsidies, overtime wages and wages paid under special circumstances. It equals to the sum of total wages of employed staff and workers, dispatch labors and other employed persons.

Total Wage Bill of On-post Staff and Workers

refer to the total reward payment to working staff and workers in their units during a certain period of time. It consisted of basic salary, performance pay, wage-equivalent subsidy and other wages. It excludes the deduction of sick leave, personal leave and others.

Average Wage of Persons Employed

refers to the average per capita wage in the reporting period of time for employed persons.

It is calculated as follows:

$$\text{Average Wage} = \frac{\text{Total Wage Bill of Employed Persons}}{\text{Average Number of Persons Employed}}$$

Average Wage of On-post Staff and Workers

refers to the average per capita wage in the reporting period of time for on-post staff and workers.

It is calculated as follows:

$$\text{Average Wage} = \frac{\text{Total Wage Bill of On-post Staff and Workers}}{\text{Average Number of On-post Staff and Workers}}$$

Gross Output Value of Agriculture, Forestry, Animal Husbandry and Fishery

refers to the total value of products of farming, forestry, animal husbandry and fishery, and total value of services rendered to support farming, forestry, animal husbandry and fishery activities. It reflects the total scale and results of agricultural production during a given period.

Gross output value of agriculture is obtained by first multiplying the output of each product or by product by its price, resulting in the output value of each single item. For a small number of products, annual output of which is not available or difficult to get due to the long production (growing) process involved, the output value is estimated through an indirect approach. The sum of output value of all products of farming, forestry, animal husbandry and fishery is then equal to the gross output value of agriculture.

Value-added of Farming, Forestry, Animal Husbandry and Fishery

refers to the final results of various agricultural production and trade units in monetary expression. It is calculated with two approaches. First, production approach, value-added of farming, forestry, animal husbandry and fishery = gross output value of farming, forestry, animal husbandry and fishery - intermediate input of farming, forestry, animal husbandry and fishery. Second, distribution approach, value-added of farming, forestry, animal husbandry and fishery = depreciation of fixed assets + Labourers remuneration + net taxes on production (taxes on production - subsidies of production) + operating - surplus.

Total Power of Agricultural Machinery

refers to the total rated capacity of all agricultural machinery. Agricultural machinery refers to the machines and equipment which are used for activities of farming, animal husbandry, fishery, primary processing of agricultural products, agricultural transport and infrastructure construction of farmland.

Output of Meat

refers to output of butchered pork, beef, mutton, horse, mule, donkey, fowls, and rabbit in the current year, which is the heaviness minus head, hoof, offal, named nes weight also.

Output of Aquatic Products

refer to amount of fishing (including artificially cultured, naturally grown), in respective consumption by peasants themselves or sold. It excludes aquatic (i.e. fish fry, fish grows, fish bait and transferred fish from piscine, leave fish) for continuing expanded reproduction aquatic. Since various fresh water plants (i.e. lotus roots, water chestnut) are belong to farm crops, not included in aquatic products.

Yield of Fruits

refer to total output of fruits harvested from fruit trees in current year, not only for eating but also for sale, but not include melon-fruits (for example, watermelon, muskmelon, honey dew melon, hami melon, crisp melon, etc.), vegetables such as lotus root, tomatoes and so on, and collection of wild fruits. Output of fruits is calculated as fresh fruits. Dried dates, raisins, persimmon, orange cake, etc. should be unified into fresh fruits in the calculation.

Industry

refers to the material production sector which is engaged in extraction of natural resources and processing and reprocessing of minerals and agricultural products, including (1) extraction of natural resources, such as mining, salt production (but not including hunting and fishing); (2) processing and reprocessing of farm and sideline produces, such as rice husking, flour milling, wine making, oil pressing, silk reeling, spinning and weaving, and leather making; (3) manufacture of industrial products, such as steel making, iron smelting, chemicals manufacturing, petroleum processing, machine building, timber processing; water and gas production and electricity generation and supply; (4)repairing of industrial products such as the repairing of machinery and means of transport (including cars).

Prior to 1984, the rural industry run by villages and cooperative organizations under village was classified into agriculture. Since 1984, it has been grouped into industry. Units of industrial statistics survey corporate industrial enterprises with independent accounting system.

Corporate industrial enterprises with independent accounting system refer to enterprises engaging in industrial production activities, which meet the following requirements: They are established legally, having their own names, organizations, location, able to take civil liability; They possess and use their assets independently, assume liabilities, and are entitled to sign contracts with other units; They are financially independent and compile their own balance sheets.

Light Industry

refers to the industry that produces consumer goods and hand tools. It consists of two categories, depending on the materials used: (1) Industries using farm products as raw materials. These are branches of light industry which directly or indirectly use farm products as basic raw materials, including the manufacture of food and beverages, tobacco processing, textile, clothing, fur and leather manufacturing, paper making, printing, etc. (2) Industries using non farm products as raw materials. These are branches of light industry which use manufactured goods as raw materials, including the manufacture of cultural, educational articles and sports goods, chemicals, synthetic fiber, chemical products for daily use, glass products for daily use, metal products for daily use, hand tools, medical apparatus and instruments, and the manufacture of cultural and clerical machinery.

Heavy Industry

refers to the industry which produces capital goods, and provides various sectors of the national economy with necessary material and technical basis. It consists of the following three branches according to the purpose of production or the use of products: (1) Mining, quarrying and logging industry refers to the industry that extracts natural resources, including extraction of petroleum, coal, metal and non-metal ores. (2) Raw materials industry refers to the industry that provides various sectors of the national economy with raw materials, fuels and power. It includes smelting and processing of metals, coking and coke chemistry, chemical materials and building materials such as cement, plywood, and power, petroleum refining and coal dressing.(3) Manufacturing industry refers to the industry that processes raw materials. It includes machine building industry which equips sectors of the national economy, industries of metal structure and cement products, industries producing means of agricultural production, such as chemical fertilizers and pesticides. According to the above principle of classification, the repairing trades which are engaged primarily in repairing products of heavy industry are classified into heavy industry while these engaged in repairing products of light industry are classified into light industry.

Industrial Enterprises above Designated Size

refer to industrial enterprises as legal person with annual business revenue of over 20 million yuan.

Large, Medium, Small, Mini-sized Enterprises

Industrial enterprises are classified into large, medium, small, mini-sized enterprises according to employment personnel and sales revenue in accordance with *the regulation of Classification of Large, Medium, Small, Mini-sized Enterprises on Statistics in 2017*. The standard of classification as following:

Industry	Indicator	Unit	Large-sized	Medium-sized	Small-sized	Mini-sized
Industry	Employment Personnel (X)	person	X≥1000	300≤X<1000	20≤X<300	X<20
	Sales Revenue (Y)	10 000 yuan	Y≥40000	2000≤Y<40000	300≤Y<2000	Y<300

Total Assets

refer to all resources that are owned or controlled by enterprises through previous trades or transactions, with expectation of making economic profits to enterprises. Included are all assets owned by enterprises such as land, office buildings, factories, machines, vehicles, inventories and other physical assets as well as cash, deposits, accounts receivable, prepayments and other financial assets. Classified by the degree of liquidity, total assets include current assets and non-current assets. Current assets can be classified into monetary capital, trading financial assets, notes receivable, accounts receivable, advanced payments, other receivables and inventories. Non-current assets can be divided into long-term equity investment, fixed assets, intangible assets and other non-current assets.

Total Current Assets

refer to the assets that meet one of the following requirements: (1) expected to be cashed, sold or used in a normal operation cycle, mainly including inventory and accounts receivable; (2) owned for transaction purpose mainly; (3) expected to be cashed within one year (including one year) from the day of the Balance Sheet; (4) unlimited cash or cash equivalents that can be exchanged with other assets or capable of settling debts during one year since the day of the Balance Sheet. Included are monetary capital, notes receivable, accounts receivable and inventories.

Inventories

refers to finished goods or commodities held in preparation for sale in enterprises' daily activities, goods in the production process, material or the physical materials consumed in the production process or in the process of providing labor, usually include raw materials, goods in the production process, semi-finished products, finished products, goods and materials in flow.

Finished Goods

refers to the products that the enterprises have completed all of the production process and accepted and put in storage, and can be sent to the ordering units in accordance with the contract stipulations, or can be on sale.

Total Liabilities

refer to payable liabilities of enterprises that are accumulated from earlier transactions with expectation of leaking out of economic profits. Included are debts that enterprises are responsible for repaying such as bank loans, borrowings, accounts payable, wages payable, employee benefits payable, taxes payable, etc. In terms of payment, it can be divided into liquid liabilities and long-term liabilities.

Original Value of Fixed Assets

refers to the cost of fixed assets, including the total amount of all expenditures incurred by an enterprise in the purchase, self construction, installation, reconstruction, expansion and technological transformation of a fixed asset.

Business Revenue

refers to the inflow of economic benefits through production and operation activities of enterprises, such as selling commodities, providing labor services and transferring the right to use of assets. Business revenue includes "revenue from principal business" and " revenue from other business".

Business Cost

refers to the actual costs incurred by the enterprises in such production and operation activities as selling commodities, providing labor services and transferring the right to use of assets. It includes various expenditures incurred by enterprises (units) in their daily activities of selling goods and providing labour services during the reporting period. It includes "cost of principal business" and "cost of other business".

Tax and Surcharges

refer to the tax and charges by enterprises in accordance with the tax law for the production and operation activities, including consumption tax, city maintenance and construction tax, resources tax, environmental protection tax, the additional cost of education, property tax, land use tax, vehicle and vessel use tax, stamp tax and etc.

Total Profits and Taxes

refers to the sum of the total profits, tax and extra charges of principal business and the value added tax payable of industrial enterprises.

Total Profits

refer to the operational results in a certain accounting period, and it is the balance of various incomes minus various spendings in the course of operation, reflecting the total profits and losses of enterprises in reference period.

Investment in Fixed Assets (Excluding Rural Households)

refers to the total amount of construction and acquisition of fixed assets completed in a monetary form and the total amount of costs associated with it during a given period.

Investment in Real Estate Development

refers to investment by real estate development companies, commercialized buildings construction companies and other real estate development units of various types of ownership in the construction of buildings, such as residential buildings, factory buildings, warehouses, hotels, guesthouses, holiday villages, office buildings, the complementary service facilities and land development projects, such as roads, water supply, water drainage, power supply, heating supply, telecommunications, land leveling and other infrastructural projects. It does not include activities in pure land development and transactions.

Sources of Funds for Investment in Fixed Assets

refers to the funds used to establish or buy fixed assets by the construction unit of investment project in report period, included the state budget, domestic loans, bonds, foreign investment, self-raised funds, and others.

State Budgetary Appropriation refers to the financial funds used by governments at all levels for investment in fixed assets, including central budgetary appropriation and local budgetary appropriation. National budget includes the general budget, government fund budget, state-owned capital management budget and social security funds. In various types of budget, funds used for investment in fixed assets are all calculated as state budgetary appropriation. And general budget used for investment in fixed assets includes infrastructure investment, vehicle purchase tax, post-earthquake recovery and reconstruction funds and other financial investments. Government bonds of all levels are also included in the state budgetary appropriation.

Domestic Loans refer to loans of various forms borrowed by the construction unit of investment project from banks and non-bank financial institutions during the reference period for the purpose of investment in fixed assets, including the bank loans of its own funds and deposits, the domestic loans appropriated by the superior competent department, the national special loans (including coal oil loans, the special loans for reform-through-labour coal mine), the loans of local financial special funds, the domestic bank loans, revolving credits, etc.

Bonds refer to the voucher issued enterprise (company) or financial institutions in order to raise funds with commit of payback with interests according to certain conditions, including the financial bonds and enterprise bonds (approved by the National Development and Reform Commission and the China Securities Regulatory Commission).

Foreign Investment refers to overseas (foreign regions,Hong Kong, Macao and Taiwan) funds received during the reference period (covering equipment, materials and technology), including foreign borrowings (loans from foreign governments and international financial institutions, export credit, commercial loans from foreign banks, issue of bonds and stocks overseas), foreign direct investment and other foreign investments (includes compensation trade, equipment price provided by foreign investors, international leasing, and Reinvestment funds of foreign investment income). Excluded from this category is capital in foreign exchanges owned by China (foreign exchanges owned by the central and local governments, foreign exchanges retained by enterprises, foreign exchanges by enterprises through the regulating mechanism, loans in foreign exchanges issued by the banks within China with its own fund, etc.). In calculating the utilization of foreign capital, foreign currencies are converted into Chinese RMB applying the current exchange rate during the reference period.

Fundraising refer to funds for investment in fixed assets raised by enterprises and institutions and received by investment project units for project construction and purchase during the reference period, including self-raised funds of enterprises and institutions, funds invested and borrowed by shareholders, excluding government financial capital, funds borrowed from various financial institutions and foreign funds. Compared with the original fundraising concept, the biggest change is that the local finance all belong to the state budget funds and the fundraising do not contain financial funds.

Other Sources of Funding refer to funds for investment in fixed assets received from sources other than those listed above, including funds raised from individuals and through social donations, and funds transferred from other units.

Investment in Fixed Assets by Composition of Use

Construction refers to the construction of various houses and buildings, it also is called the work volume of construction, including construction of various houses, equipment foundations and industrial kilns and stoves, preparation works for project construction, and clearing up works post project construction, geological examination, land-leveling, water, electricity, gas road-cleaning, planting trees, drilling of mines, pavement of railways and roads, highway, bridge, construction of projects of water conservancy, construction of underground air-raid shelters and construction of other projects.

Installation refers to the installation of various kinds of equipment and instruments (work volume of installation). The value of equipment installed is excluded in the value of installation projects. Including various kinds of equipment, i.e. production, power-driven, lifting, transport, transmission, medical experiment etc. and working table, stepladder railing, putting up of pipes, keep warm, paint, rot-proofing, try operation (excluding put in material try operation).

Purchases of Equipment and Instruments refer to the total value of equipment, tools, and vessels purchased or self-produced by construction units, enterprises or institutions, within the reference period, which come up to standards for fixed assets. Equipment, tools and vessels purchased or selfproduced for new workshops by newly established or expanded units are categorized as "purchase of equipment and instruments" no matter whether they come up to the standards for fixed assets or not.

Other Expenses refer to investment in assets construction and purchases excluded in above items, which should be apportioned and included in the fixed assets investment project, including land acquisition costs (costs of land for construction use), old building purchase costs (building purchase costs), etc., but does not refer to any other financial expenses.

Investment in Fixed Assets by Type of Construction

New Construction refers to newly constructed units. In the case, in which the value of the original fixed assets of the unit is quite small, and the value of newly added fixed assets exceeds the original ones by three times, the expansion construction is considered as new construction.

Expansion Construction refers to construction of new major production workshop or independent production line within a factory or in other locations, or construction of a branch factory so as to increase the production capacity of the original products. Newly constructed business houses in institutions and administrative organizations are also classified as expansion.

Reconstruction and Technical Innovation refers to construction of technical innovation and transformation of the existing equipment and technical conditions undertaken by enterprises and institutions, (including accessory facilities for production and living purposes). The construction of new workshops for improving existing production capacity rather than increasing production capacity is also considered as reconstruction.

Newly Increased Fixed Assets

refers to the newly increased value of fixed assets finished construction and purchase in the reference period and delivered to the production or use units, including the value of projects completed and put into production, the value of equipment, tools, and vessels considered as fixed assets, as well as the relevant expenses as investment in fixed assets. Other construction expenses to increase the volume in fixed assets should be calculated into newly increased fixed assets with the project put in use.

Floor Space of Commercial Houses Sold

refers to total contracted area of commercialized housing (the area of floor space as designated in the formal contracts signed by both sides) during the reference time. It is constituted by floor space of completed housing and floor space of future housing.

Sales of Commercial Houses

refer to the total contracted value (the value of sales/purchase for selling/purchase of commercialized housing as designated in the contract signed by both sides) during the reference time. This indicator has the same coverage as the area of commercialized housing sold, which is constituted by floor space of completed housing and floor space of housing yet to be completed.

Gross Output Value of Construction

refers to total of construction products and services, expressed in monetary terms, produced or rendered by construction and installation enterprises during a given period of time. It includes:

(1) Output value of construction projects: the value of projects covered by the project budgets;

(2) Output value of installation projects: the value of the installation of equipment, and the value of installing prefabricated components into construction engineering products (excluding the value of the equipment to be installed);

(3) Other output values: the output value of construction industry apart from that of construction projects and installation projects. It includes: output value of repair of buildings and structures; output value of manufacturing of non-standard equipment; overhead expenses received by contracted enterprises from the sub-contracted enterprises, and the completed output value of construction activities for which there is no clear definition.

a. Output value of repair of buildings and structures: the value created through the repairs of buildings or structures. It does not include the value of buildings or structures being repaired and the value of the repair of production equipment.

b. Output value of manufactured non-standard equipment: refers to the value of non-standard production equipment, including raw materials and manufacturing cost, (i.e., kettles or tanks used by chemical plant or refinery; various fillers, triangle tanks, valves used in mines). It also includes the output value of non-standard equipment manufactured made by its subsidiary workshops for undertaking projects.

Floor Space of Buildings under Construction

refers to the total floor space area of buildings under construction in the reference period. It includes buildings new started; buildings started earlier and continued during the reference period; buildings suspended earlier but restarted during the reference period; buildings completed during the reference period; and buildings under construction but suspended during the reference period.

Floor Space of Buildings Completed

refers to the total floor space area of buildings that have been completed in the reference period in accordance with the requirements of the design, up to the standard for accomondation or putting into use, and have been checked and accepted by departments concerned as qualified or up to the standard of buildings completed and can be handed over for putting into use.

Government Revenue

refers to the revenue of the government directly disposable finance, including various tax revenue and other revenue. In accordance with the classification of the structure of the government finance in 1994 on the basis of the classification of channels for collection of tax revenue, the revenue of the central government and the revenue of the local governments have different coverage. Revenue of the central government includes 75% of the value added tax and 100% of the value consumption tax, etc. The revenue of the local governments includes 25% of the value added tax, business tax (excluding business taxes of head offices of bank, profits of railways, head office of insurance company), income tax of the local enterprises subordinated to the local government, income tax of foreign, Hong Kong, Macao and Taiwan funded enterprises, personal income tax, tax on the use of urban land, tax on the adjustment of the investment in fixed assets, tax on town maintenance and construction, tax on resources (excluding tax on ocean petroleum resources), tax on real estates, tax on the use of vehicles and ships, stamp tax, slaughter tax, tax on agriculture and animal husbandry, tax on the occupancy of cultivated land, contract tax, inheritance tax, gift tax, land value added tax, income of non-gratuitous use on the state-owned land and income of funds. Total of government revenue included the revenue of the central government and the revenue of the local governments. Now the content and coverage of the local financial revenue is different from that before 1994, data are not exactly comparable over the years.

General Public Budget Revenue

refers to financial revenue with budgetary management through certain form and procedure by financial departments at each level, also called "budgetary revenue" before reformation of accounting system.

Governmental Fund Revenue

refers to government fund budgetary revenue with financial management and assigned uses gathered by rules or through financial arrangement.

General Public Budget Expenditure

refers to expenditure distributed and used from general budgetary financial revenue by financial departments at each level.

Governmental Fund Expenditure

refers to expenditure arranged from fund budgetary revenue by financial departments at each level.

Deposits

are the form of credit by which enterprises, institutions, organizations or households can put money into banks and other credit institutions for safekeeping and interest earning under the principle of free withdrawal. According to different depositors, deposits are divided into enterprise deposits, treasury deposits, urban and rural savings deposits, rural deposits, entrust and other deposits. Deposits are major sources of credit funds of banks.

Loans

are the form of credit by which banks and other credit institutions provide funds at certain interest rate to enterprises and individuals in the light of the principle of unconditional repayment. Loans from Chinese banks include industry loans, agriculture loans, commerce loans, construction loans, loans to private and individuals, township enterprises loans, medium & long term loans, entrust and other loans.

Total Retail Sales of Consumer Goods

refer to the revenue received by enterprises (units, self-employed individuals) through direct sales of non-production and non-business physical commodities to individuals and social institutions, and revenue from providing catering services. Individuals include rural and urban households, population from abroad, social institutions include government agencies, social organizations, military units, schools, institutions, neighbourhood (village) committees, etc.

Total Purchases of Commodities

refer to the total value of purchases of commodities by enterprises (establishments) from other establishments or individuals (including direct import from abroad) for the purpose of re-selling, either with or without further processing of the commodities purchased. The commodities include: (1) commodities purchased from agricultural and industrial producers, wholesalers, retailers, hotels and catering services, publishing houses and other enterprises, institutions and individual operators of service business; (2) commodities purchased from institutions and government departments; (3) smuggled or confiscated goods purchased from the customs authorities or market regulation agencies; (4) second-hand goods purchased from households. The commodities exclude (1) commodities purchased by enterprises (establishments) for use in their own business operation, commodities obtained without buying or selling procedures, such as materials, consumable goods of low value, office appliance, etc. (2) received goods without trading, such as goods handed over from others, borrowed goods, goods kept for others, donated goods from others, processed and retrieved goods, etc. (3) goods of direct settlement between buyer and seller with handling fees introduced by others, (4) goods returned or refused to pay by the buyer, (5) excessive goods, (6) futures trading commodities.

Total Sales of Commodities

refer to value of commodities sold by the establishments to other establishments and individuals (including goods sold for self consumption, including VAT). The commodities include: (1) commodities sold to individuals and social groups for their consumption; (2) commodities sold to establishments in all industries for their production and operation, including agriculture, industry, construction, and catering services, including commodities sold to wholesale and retail establishments for re-selling, with or without further processing; (3) commodities for direct export to abroad. Excluded are (1) extended commodities without trading, such as goods handed over to other enterprises and institutions because of the change of organizations, lent goods, return of goods kept for others, extended processing materials and samples donated to others, (2) goods sold by coupon rebates that are not included in business income, (3) goods of direct settlement between buyer and seller with handling fees introduced by others, (4) prepaid cards for goods without transfer of ownership, such as gas cards, (5) Service-oriented economic activities such as automobile maintenance and telephone card sales, (6) goods returned after purchase, (7) damaged and spoiled goods, (8) waste and used goods of self-use, (9) futures trading commodities, (10) water, electricity and gas supplied by water supply enterprises, electric power enterprises and natural gas supply enterprises.

Inventory of Commodities

refers to total commodities (including value-added taxes) possessed by wholesale and retail enterprises, private and individuals, and total commodities (including value-added taxes) at storage and possessed by their institutional units for the wholesale and retail units with industrial undertakings. It reflects the commodity stock level of various wholesale and retail enterprises (units) and the potential for market supply. It includes: (1) commodities located in storage, garages, counters, and shelves of operating units (such as sale stores, wholesale centers, procurement stations and operating offices) of wholesale and retail enterprises; (2) commodities in the process of selecting, sorting, and packing; (3) commodities not arrived but recorded as purchase in the account, i.e. commodities not arrived but payment receipts for the commodities from the sellers or the banks arrived; (4) commodities deposited in other places rather than places mentioned above, for instance: commodities in the hold of purchasers temporarily due to the refusal of payment and commodities not taken back after going through the formalities; (5) commodities entrusted to other units to sell but not sold yet; (6) commodities purchased for other units but not delivered yet. Commodities not included as: (1)stock not owned by the enterprises (units), such as commodities have been sold but not taken away by buyers, commodities preserved, transported and processed for others, commodities remain unsold by agents (not purchased or transferred); (2)commodities entrusted to other units to process (including entrusted to subsidiary processing plants and other units and not taken back yet); (3) commodities imported from foreign countries agented by foreign trade enterprises and not delivered to the order units; (4) commodities managed on behalf of the state material reserves units.

Classified Standard of Wholesale and Retail Trade, Accommodation and Catering Enterprises above Designated Size

Wholesale enterprises refer to enterprises with revenue from principal business over 20 million yuan. Retail enterprises refer to enterprises with revenue from principal business over 5 million yuan. Accommodation and catering enterprises refer to enterprises with revenue from principal business over 2 million yuan.

Total Value of Imports and Exports in Foreign Trade

is offered by Customs authorities, covering the operations units, or the enterprises involved in import and export, that have registered in the administrative regions where the Customs operate. It reflects the import and export of all the enterprises with import and export rights (foreign trade enterprises) under the administration of Tianjin Municipality. It excludes those commodities of foreign trade enterprises from out of town that underwent customs clearance at Tianjin ports but includes commodities of foreign trade enterprises of Tianjin that underwent customs clearance in non-Tianjin ports.

Utilization of Foreign Investment

includes foreign borrowing, foreign direct investment, and other foreign investment. Foreign capital includes cash, assets, industrial property right, special technique, etc. It includes actual investment in current year or signed in previous years.

Foreign Loans refer to funds borrowed from abroad by the Chinese government, departments, enterprises and other economic units, foreign currency bond issued abroad. Grouped by the category of borrowing, it includes (a) loans of foreign governments, (b) loans of international financial institutions, (c) commercial loans of foreign banks, (d) export credit of foreign banks, (e) bonds, shares issued abroad, etc. The data in this yearbook excludes foreign borrowing of foreign funded and Hong Kong, Macao and Taiwan funded enterprises.

Foreign Direct Investment refers to the investment inside China by foreign funded and Hong Kong, Macao and Taiwan funded enterprises, economic organizations or individuals, following the relevant policies and laws of China and using cash, physical and intangible assets, for the investment of corporations that are not listed in stock market, share ownership of single foreign investor is not lower than 10%.

Other Foreign Investment refers to the investment except foreign direct investment inside China by foreign funded and Hong Kong, Macao and Taiwan funded enterprises, economic organizations or individuals, following the relevant policies and laws of China and using cash, practicalities technology.

Actual Use of Foreign Capital

refers to the actual investment of foreign borrowing, foreign direct investment and other investment by foreign enterprises. It includes actual withdraw of foreign borrowing, actual capital of foreign direct investment (in accordance with the capital report of Accountant Services), actual capital of other investment by foreign enterprises.

Final Consumption of Energy

refers to the consumption of energy at the last link of energy consumption, including the consumption of various energy sources directly used as fuel, raw material and power, which means the sum of a variety of primary energy direct consumption without processing conversion, and the consumption of secondary energy after processing and conversion.It doesn't include the total input of various kinds of energy for transformation or the losses during the process of energy transformation.

Overall Energy Consumption in Industrial Production

refers to the total amount of energy actually consumed by industrial enterprises for industrial production activities. When calculating the overall energy consumption in industrial production, it is necessary to convert the various energy sources into standard fuels before calculating. It has different methods in different enterprises.

a) Non-energy processing conversion industrial enterprises without energy recycling:

Overall energy consumption in industrial production= the total amount of various energy sources (equivalent to standard coal) consumed in industrial production

b) Non-energy processing conversion industrial enterprises with energy recycling:

Overall energy consumption in industrial production= the total amount of various energy sources (including recycling energy consumption, equivalent to standard coal) consumed in industrial production-recycling amount (equivalent to standard coal)

c) Energy processing conversion industrial enterprises without energy recycling:

Overall energy consumption in industrial production= the total amount of various energy sources (including inputs in energy processing & conversion, equivalent to standard coal) consumed in industrial production-total output of energy processing &conversion (equivalent to standard coal)

d) Energy processing conversion industrial enterprises with energy recycling:

Overall energy consumption in industrial production= the total amount of various energy sources (including inputs in energy processing & conversion and recycling energy consumption, equivalent to standard coal) consumed in industrial production-total output of energy processing & conversion (equivalent to standard coal)-recycling amount (equivalent to standard coal)

The Integration of Urban and Rural Household Survey

In the fourth quarter of 2012, the National Bureau of Statistics launched its reform on the household survey programme in order to produce aggregates with the same concepts and definitions for the urban and rural population. This new survey programme is an integrated one whereas there had existed two separate household surveys for the urban and rural households. The reform took a number of measures, including the integration of concepts, classification and standards, which provided a basis for producing data covering households. The survey implemented since 2013, and publish the new standard integrated household survey data since the first quarter of 2014.

Permanent Members

refers to household members, often living at home, or reside during the investigate period for more than half, and the students supported by the household. Permanent members of the household are the survey object.

Disposable Income

refers to the kind of income that households can have at their disposal. It includes income both in cash and in kind from four categories: income from wages and salaries, cash income from household operations, income from properties and income from transfers.

Wages and Salaries refer to employment through various means to get all the labor remuneration and benefits, including employed by units or individuals, is engaged in a variety of freelancing, part-time and sporadic labor to get all the labor remuneration and welfare.

Net Business Income refers to the net income earned by households or household members from production and management activities, which is all operating income deducted operating costs, productive fixed assets depreciation and production tax, and Including the first, second and tertiary industry business net income.

Property Income refers to households or household members should be owned retribution by the financial assets, housing and other non-financial assets, natural resources for other agencies and institutions and deducting costs associated.

Transferred Income refers to income transferred from state, unit, social organization to households or between different households.

Consumption Expenditures

refer to total expenditures of the households for consumption in daily life, which include for consumer goods and service consumer expenditures. According to different purposes, it is classified into 8 categories: food, alcohol and tobacco, clothing, household facilities and articles service, medicine and medical service, transportation and communication, recreation, education and culture service, residence, miscellaneous commodities services, including commodities and service as gift. According to different sources, consumer spending can be divided into cash consumption expenditure, material consumer expenditure (including produce their own, from units, from government and other social organizations)

Food, Alcohol and Tobacco used for various food and tobacco, alcohol, including food and tobacco classes.

Clothing refers to the related expenditure to the residents, including clothing, clothing materials, footwear and other clothing and accessories, clothing related processing services spending.

Residence refers to the expenses related to the living, including rent, water, electricity, fuel, property management, also including home-ownership reduced rents.

Household Supplies and Services refer to the family and personal items and services. Such as furniture and interior decorations, home appliances, home textiles, home daily groceries, personal care and household services.

Transportation and Communication refers to the expenditure on services, maintenance and vehicle insurance used in transportation and communication tools.

Education, Culture and Recreation Services refers to spending for education, cultural and entertainment.

Medicine and Medical Services refer to the total cost of goods and services used in medical treatment and health care drugs, including medical instruments and medicine and medical services.

Other Commodities and Services refer to the other products and services which don't directly classify into all kinds of above.

Number of Urban Residents Entitled to Minimum Living Allowance

refers to the number of urban residents who have been included in the scope of local urban minimum living guarantee and have been granted subsidies by the end of the reporting period.

Number of Rural Residents Entitled to Minimum Living Allowance

refers to the number of rural residents who have been included in the scope of local rural minimum living guarantee and have been granted subsidies by the end of the reporting period.

Number of Service Facilities in Urban Community

refers to the number non-profit welfare facilities set up by urban communities (community offices and residents' committees) to serve the community residents, including, among others, community-based centers that serve senior citizens, the handicapped or children, recreational centers, service centers, nursing homes, apartments for the elderly (nursery for the aged), work and treatment stations for the handicapped, day-care centers for handicapped children, domestic help agencies and dating services, as well as social insurance management agencies for the employees. Different types of community service providers that share the same premise are regarded as one community service facility. The requirements for a social service facility of communities include: (1) independent accounting; (2) fixed employees; (3) provision of services; (4) provision of service premises.

Basic Medical Care Insurance

1. Number of people participating in the insurance programme refers to people participating in the basic medical care insurance programme according to related regulations as at the end of reference period, including number of staff and workers and retirees participating in this insurance programme.

2. Revenue of the insurance programme refers to payments made by employers and individuals participating in the medical care insurance programme in accordance with the basis and proportion stipulated in State regulations, and income from other sources that become source of medical insurance fund, including income of social comprehensive funds paid by employers, income from individual accounts, government financial subsidies, interest income and other income.

3. Expenditure of the insurance programme refers to payment made from social comprehensive funds to those retired and resigned people covered in basic medical care insurance within the scope and standards of expenditure according to related national policies, and medical care payment made from individual accounts to staff and workers and retirees, and other expenses, including medical expenses of hospital inpatients, medical expenses for outpatients and emergency patients, payment from individual accounts and other expenditure.

4. Balance of the basic medical care insurance programme refer to the balance of medical care insurance of

social comprehensive funds and individual accounts at the end of the reference period, including bank savings, special fiscal accounts, investment in bonds and others.

Unemployment Insurance

1. Number of people covered refers to staff and workers in urban enterprises or institutions who have participated in unemployment insurance programme in line relevant policies and regulations, and other people who have participated according to local government regulations, by the end of reference period.

2. Revenue of unemployment insurance refer to payments made by employers and individuals participating in unemployment insurance programme in accordance with relevant regulations and other income contributed to this programme, including unemployment insurance premium made by employers and individuals, interest income, subsidies from higher level agencies, income as transfer from subordinate agencies, transferred income, government financial subsidies and other income.

3. Expenses of unemployment insurance refer to total expenses during thc rcfcrence period to guarantee the basic livelihood of unemployed people and laid-off staff and workers and to encourage their re-employment. Included are unemployment relief, medical fees, funeral subsidies, compensation pension, training expenses, management fees for unemployment insurance agencies, subsidies to lower level agencies, expenses as transfer to higher level agencies, transferred expenditure and other expenditure.

4. Balance of unemployment insurance refer to the balance of unemployment revenue deducting unemployment expenses at the end of the reference period.

Basic Pension Insurance

1. Number of staff and workers covered refer to staff and workers participating in the basic pension insurance programme according to national laws, regulations and related policies at the end of the reference period, who have already had payment records in social security management agencies, including those who have interrupt payment without terminating the insurance programme. Those who have registered in the programmc but with no payment records are not included.

2. Number of retirees participating in the basic pension insurance programme refer to the number of retirees participating in basic pension insurance programmes by the end of the reference period.

3. Revenue of the basic pension insurance programme refers to payments made by employers and individuals participating in the pension insurance programme in accordance with the basis and proportion stipulated in State regulations, and income from other sources that become source of pension insurance fund, including the premium paid by employers and staff and workers, interest income, subsidies from higher level agencies, income as transfer from subordinate agencies, transferred income, government financial subsidies and other income.

4. Expenditure of basic pension insurance programme refers to payment made on pensions and funeral subsidies to those retired and resigned people covered in pension insurancc programmes according to related national policies on scope and standard of expenditure. Also included are expenditure which arises due to shift of the insurance relationship or adjustment of funds among agencies. More specifically, included are pensions for resigned people, pensions for retired people, pension for people quitting jobs, various subsidies, medical fees, funeral subsidies, compensation payments, management fees for social security agencies, expenses on subsidies to lower subordinates, expenses as transfer to agencies at higher level, transferred expenditure and other expenditure.

5. Balance of basic pension insurance programme refers to the balance of basic pension insurance funds at the end of the reference period after deducting expenses from revenue.

Number of Labour Dispute Cases Accepted

refers to the number of cases of labour dispute submitted that, after being reviewed by the labour dispute arbitration committees in line with the relevant national regulations, are accepted and registered for treatment.

Industrial Waste Water Discharged

refers to the volume of waste water discharged by industrial enterprises through all their outlets, including waste water from production process, directly cooled water, groundwater from mining wells which does not meet discharge standards and sewage from households mixed with waste water produced by industrial activities, but excluding indirectly cooled water discharged (It should be included if the discharge is not separated with waste water).

Ratio of Meeting Standard of Industrial Waste Water Discharged

refers to percentage of industrial waste water meeting discharge standards over total industrial waste water discharge. It is calculated as:

$$\text{Ratio of Reaching the Standard of Industrial Waste Wate} = \frac{\text{Industrial Waste Water Meeting Discharge Standards}}{\text{Total Industrial Waste Water Discharge}} \times 100\%$$

Industrial Waste Gas Emission

refers to discharge into atmosphere of waste air containing pollutants generated from fuel burning and production process in enterprises within a given period of time. It is calculated at standard status (273K, 101325Pa) as:

Industrial Waste Gas Emission = Emission through Fuel Burning + Emission through Production Process

Industrial Dust Emission

refers to volume of dust emitted by fuel burning and production process of enterprises and suspended in the air for a given period of time, such as dust from refractory material of iron and steel works, dust from coke-screening systems and sintering machines of coke plants, dust from lime kilns and dust from cement production in building material enterprises, but excluding soot and dust emitted from power plants.

Freight (Passenger) Traffic

refers to the volume of freight (passenger) transported with various means within a specific period of time. This indicator reflects the service of the transport industry towards the national economy and people's living conditions, as well as an important indicator used in formulating and monitoring transport production plans and research into the scale and pace of transport development. Freight transport is calculated in tons and passenger traffic is calculated in terms of number of persons. Freight transport is calculated in terms of the actual weight of the goods and takes no account of the type of freight and distance of travel. Passenger traffic is calculated by the principle that one person can be counted only once in one trip and takes no account of the travelling distance and ticket price. The passengers who travel with a half price ticket or a child's ticket is also calculated as one person.

Turnover Volume of Freight (Passenger) Traffic

refers to the sum of the product of the volume of transported cargo (passengers) multiplied by the transport distance. It is an important indicator to reflect the achievement of the transportation industry. This is an important indicator to show the total results of the transport industry; to prepare and examine the transport plan; and to serve as the main basic data for calculating the efficiency, labour productivity and unit cost of transport. Normally, the shortest distance between the departure station and the destination station (i.e., the payable distance) is the basis in calculating the freight ton-kilometres. The formula is as follows:

Turnover Volume of Freight (Passenger) Traffic =∑Freight (Passenger) Traffic × Distance of Transportation

Freight Handled in Ports

refers to the volume of cargo passing in and out the harbor area and having been loaded and unloaded. The volume of freight handled may be classified as in-port & out-port. It can also be classified as national trade and international trade by the attribute of trade or be classified by the classification of cargo according to the standard of traffic in use "The Classification and Code of Transported Cargo".

Container Handled in Ports

refers to number and weight of containers which are loaded or unloaded within port area via water carriage. It is often calculated by entering and leaving port, respectively. TEU was the abbreviation of twenty foot equivalent unit, which refers to converted number of all kinds of containers. The conversion method is based on respective conversion ratio and the number of all kinds of container is converted to the standard number of 20-foot equivalent unit. The conversion ration is 40-foot container 1︰2, 35-foot container 1︰1.75, 20-foot container 1︰1, 10-foot container 1︰0.5.

Business Value of Post and Telecommunication Services

refer to the total amount of post and telecommunication services, expressed in value terms, provided by the post and telecommunications departments for the society. Post and telecommunication services can be classified as letters, parcels, remittance, issue of newspapers and magazines, fast mail service, express mail service, savings deposits, stamps for collection, public and individual telegraph service, facsimiles, long-distance telephone service, leasing of telephone lines, urban paging service, mobile telephone service, data transfer and transmission, etc. The accounting approach is to multiply the service products of all types with their average unit price (constant price) to get sum of business value, plus income from other services such as leasing of telephone lines and equipment, maintenance of telephone switchboards and lines on behalf of customers. This indicator reflects the overall results of post and telecommunications service during a given period, and is important to study the composition of business service and the development of post and telecommunications service. The formula is as follows:

Business Value of Post and Telecommunication Services = ∑ (Transaction of Post and Telecommunication Service × Constant Price) + Income from leasing, Maintenance and Other Services = Business Volume of Post + Business Volume of Telecommunication

Research and Experimental Development (R&D)

refers to creative and systematic work undertaken in order to increase the stock of knowledge (including knowledge of humankind, culture and society) and to devise new applications of available knowledge. R&D includes 3 categories of activities: basic research, applied research and experimental development. The scale and intensity of R&D are widely used internationally to reflect the strength of S&T and the core competitiveness of a country in the world.

Basic Research refers to experimental or theoretical work undertaken primarily to acquire new knowledge of the underlying foundations of phenomena and observable facts, without any particular application or use in view. Basic research usually formulates hypotheses, theories or laws, and its results are mainly released or disseminated in the form of scientific papers or monographs or research reports.

Applied Research refers to original investigation undertaken in order to acquire new knowledge. It is directed primarily towards a specific, practical aim or objective. Purpose of the applied research is to identify the possible uses of results from basic research, or to explore new (fundamental) methods or new approaches. Results of applied research are expressed in the form of scientific papers, monographs, fundamental models or invention patents.

Experiment and Development refers to systematic work, drawing on knowledge gained from research and practical experience and producing additional knowledge, which is directed to producing new products or processes or to improving existing products or processes. Results of experimental development activities are embodied in patents, exclusive technology, and monotype of new products or equipment.

Patent

is an abbreviation for the patent right and refers to the exclusive right of ownership by the inventors or designers for the creation or inventions, given from the patent offices after due process of assessment and approval in accordance with the Patent Law. Patents are granted for inventions, utility models and designs. This indicator reflects the achievements of S & T and design with independent intellectual property.

Inventions refer to the new technical proposals to the products or methods or their modifications. This is universal core indicator reflecting the technologies with independent intellectual property.

Utility Models refer to the practical and new technical proposals on the shape and structure of the product or the combination of both. This indicator reflects the condition of technological results with certain technical content.

Designs refer to the aesthetics and industrially applicable new designs for the shape, pattern and color of the product, or their combinations. This indicator reflects the appearance design achievements with independent intellectual property.

Expenditure on R&D

refers to the real expenditure of surveyed units on their own R&D activities in reporting period. It is divided into current expenditures and gross fixed capital expenditures for R&D according to the nature of expenditure. It doesn't include the fees transferred to cooperated or entrusted agencies on R&D activities.

Regular Institutions of Higher Education

refer to educational establishments set up according to the government evaluation and approval procedures, enrolling graduates from senior secondary schools and providing higher education courses and training for senior professionals. They include full-time universities, colleges, high professional schools, high professional vocational schools and others. Universities and colleges are mainly providing undergraduate courses; those high professional schools and high professional vocational schools are mainly providing professional trainings.

Secondary Professional Schools

refer to educational establishments, set up in line with relevant rules approved by the government, implementing secondary professional education. Secondary professional schools are original specialized secondary schools (secondary technical schools, secondary teacher training schools) , specialized secondary schools for adults, vocational secondary schools, which are named secondary professional schools after they are merged, constructed together and adjusted to be a kind of education type.

Vocational Secondary Schools

(vocational senior secondary schools, vocational junior secondary schools)

refer to educational establishments approved by county or above education administrative department, enrolling graduates from primary schools and junior secondary schools and providing vocational secondary education courses. They include vocational secondary schools (including vocational senior secondary schools, vocational junior secondary schools, vocational junior & senior secondary schools), vocational secondary schools with regular secondary school classes.

Regular Secondary Schools

(regular senior secondary schools, regular junior secondary schools)

are divided into regular senior secondary schools and regular junior secondary schools. Regular junior secondary schools refer to educational establishments enrolling graduates from primary schools and providing junior secondary education courses. Regular senior secondary schools refer to educational establishments enrolling graduates from junior secondary schools and providing senior secondary education courses. Whole secondary schools refer to educational establishments including senior secondary school and junior secondary school. Successive schools refer to educational establishments providing successive primary and secondary education courses including nine-year successive schools and twelve-year successive schools. (Note: If successive schools can be divided into primary school, junior secondary school and senior secondary school, should fill in respectively, otherwise, should fill in junior secondary school or senior secondary school and have no repetition.)

Primary Education (regular primary schools)

refer to educational establishments approved by county or above education administrative department, enrolling school-age children and providing primary education courses.

Baby Education (kindergartens)

refer to educational units enrolling children aged 3 and over, including all baby education units. Kindergartens take games as basic activities.

Cultural Institutions

refer to units which have their own organizational system and independent accounting system and specialize in or serve cultural development. They exclude other establishments run by these cultural institutions and amateur cultural groups established by various departments.

Medical Technical Personnel

refer to all medical staff and workers employed by medical institutions, including doctors of Chinese and Western medicine, senior doctors who integrate traditional Chinese therapeutics with Western therapeutics in practice, senior nurses, pharmacists of Chinese and Western medicine, laboratory specialists, other specialists, paramedics of Chinese and Western medicine, nurses, midwives, druggists in Chinese and Western medicine, laboratory technicians, other technicians, other practitioners of Chinese medicine, nursing attendants, pharmacological workers of Chinese and Western medicine, laboratory workers, and other primary medical personnel, excluding management personnel.

Licensed (Assistant) Doctors

refer to the medical workers who have obtained the licenses of qualified doctors (assistant doctors) and are employed in medical treatment, disease prevention or healthcare institutions, excluding the licensed doctors (assistant doctors) engaged in management job. The classification of licensed doctors (assistant doctors) is clinician, Chinese medicine, dentist and public health.